致谢

中国社会科学院创新工程项目"口语语篇韵律与认知研究"

国家973高技术项目"互联网环境中文言语信息处理与深度计算的基础理论和方法"子课题"互联网环境中文言语感知与表示理论研究"（编号2013CB329301）

科技部国家重点研发计划政府间国际科技创新合作重点专项"中欧政府间合作项目""量子信息获取—检索的理论和应用研究"子课题"基于类量子认知理论的智能人机对话技术"（编号2017YFE0111900）

汉语口语语篇库
建构与标注

李爱军 ◎ 编著

CHINESE SPOKEN
DISCOURSE CORPUS
CONSTRUCTION AND ANNOTATION

中国社会科学出版社

图书在版编目（CIP）数据

汉语口语语篇库：建构与标注/李爱军编著.—北京：中国社会科学出版社，2021.3

ISBN 978-7-5203-7569-6

Ⅰ.①汉… Ⅱ.①李… Ⅲ.①汉语—口语—专用数据库 Ⅳ.①H193.2

中国版本图书馆 CIP 数据核字（2020）第 244122 号

出 版 人	赵剑英
责任编辑	张　林
责任校对	韩海超
责任印制	戴　宽

出　　版	中国社会科学出版社
社　　址	北京鼓楼西大街甲 158 号
邮　　编	100720
网　　址	http://www.csspw.cn
发 行 部	010-84083685
门 市 部	010-84029450
经　　销	新华书店及其他书店
印刷装订	三河弘翰印务有限公司
版　　次	2021 年 3 月第 1 版
印　　次	2021 年 3 月第 1 次印刷

开　　本	710×1000　1/16
印　　张	21.75
插　　页	2
字　　数	346 千字
定　　价	126.00 元

凡购买中国社会科学出版社图书，如有质量问题请与本社营销中心联系调换
电话：010-84083683
版权所有　侵权必究

目　　录

第一章　引言 …………………………………………………… (1)
第一节　语言与言语 ………………………………………… (1)
第二节　复杂场景中口语语篇的特点 ……………………… (3)
第三节　语音与语言资源建设 ……………………………… (8)
第四节　章节安排 …………………………………………… (9)
第五节　致谢 ………………………………………………… (9)

第二章　术语与理论基础 ……………………………………… (13)
第一节　引用规范和基本术语 ……………………………… (13)
一　规范性引用文件 ………………………………………… (13)
二　术语 ……………………………………………………… (14)
第二节　语篇分析相关理论简述 …………………………… (20)
一　语言学理论基础 ………………………………………… (22)
二　互动语言学 ……………………………………………… (24)
三　言语行为理论 …………………………………………… (29)
四　语境理论 ………………………………………………… (31)
五　话语标记 ………………………………………………… (34)
六　情感理论与情感表示 …………………………………… (38)
七　语调与韵律 ……………………………………………… (43)
第三节　汉语口语语篇研究 ………………………………… (48)
一　汉语语调 ………………………………………………… (48)
二　汉语口语语篇的多层级结构与标注体系 ……………… (60)

第四节　本章小结 ……………………………………………… (64)

第三章　语音库规范 ………………………………………………… (79)
　第一节　语音库的元数据 ……………………………………… (79)
　第二节　语音库制作 …………………………………………… (80)
　　一　语音库规范的制定 ……………………………………… (81)
　　二　语音库收集工作准备 …………………………………… (90)
　　三　语音库收集 ……………………………………………… (94)
　　四　后期处理 ………………………………………………… (95)
　　五　语音库标注 ……………………………………………… (95)
　　六　发音词典 ………………………………………………… (96)
　　七　文档 ……………………………………………………… (96)
　　八　语料库评测 ……………………………………………… (98)
　　九　语音库分发 ……………………………………………… (98)
　第三节　法律与伦理问题 ……………………………………… (98)
　第四节　本章小结 ……………………………………………… (100)

第四章　语音库的语音基础标注规范 ……………………………… (102)
　第一节　音字转写规范 ………………………………………… (102)
　第二节　汉语音段标注规范 SAMPA-C ……………………… (109)
　　一　音段标注符号 …………………………………………… (109)
　　二　音段层级标注 …………………………………………… (116)
　第三节　语音韵律标注 ………………………………………… (121)
　　一　韵律标注原则 …………………………………………… (121)
　　二　韵律标注系统 …………………………………………… (122)
　第四节　小结 …………………………………………………… (128)

第五章　面向自然口语语篇的依存语法标注 ……………………… (131)
　第一节　依存语法简介 ………………………………………… (132)
　第二节　汉语依存语法相关研究 ……………………………… (133)
　　一　依存分析工具比较 ……………………………………… (134)

二　两种标注体系比较 ………………………………………（141）
　第三节　基于自然口语的依存语法标注 ……………………（149）

第六章　面向自然口语语篇的修辞结构标注 ……………………（156）
　第一节　修辞结构理论简介 …………………………………（157）
　　一　修辞关系集定义 …………………………………………（157）
　　二　最小篇章单元的切分 ……………………………………（158）
　　三　标注工具 …………………………………………………（159）
　第二节　修辞关系集 …………………………………………（160）
　　一　英文修辞关系集 …………………………………………（160）
　　二　中文修辞关系集 …………………………………………（164）
　第三节　基于自然口语的修辞结构标注 ……………………（166）
　第四节　本章小结 ……………………………………………（184）

第七章　基于互动意图的对话言语行为和情感标注 ……………（186）
　第一节　发音人信息标注 ……………………………………（187）
　第二节　话轮切分和话轮转换的功能标注 …………………（187）
　第三节　话语标记的功能分类与标注 ………………………（191）
　第四节　功能语段切分 ………………………………………（197）
　第五节　对话行为标注 ………………………………………（200）
　　一　对话行为标注的层级结构 ………………………………（200）
　　二　对话行为标注格式 ………………………………………（201）
　　三　对话行为（DA）标注集 …………………………………（201）
　　四　口语对话的应答交互行为标注规范 ……………………（218）
　　五　邻接对定义与标注 ………………………………………（232）
　　六　主题定义与标注 …………………………………………（233）
　第六节　情感语音标注 ………………………………………（234）
　第七节　标注实例 ……………………………………………（236）

第八章　语音识别语料库 RASC863 ……………………………（242）
　第一节　背景 …………………………………………………（242）

第二节 语音库制作过程和一般规范 …………………… (244)
第三节 方言口音普通话语音库 RASC863 制作介绍 …… (244)
 一 方言区和发音人 …………………………………… (244)
 二 录音语料 …………………………………………… (245)
 三 录音设备和录音软件 ……………………………… (246)
 四 数据存储 …………………………………………… (247)
 五 语料库标注规范 …………………………………… (249)
 六 法律声明 …………………………………………… (250)
 七 语料库评价和分发规范 …………………………… (250)
第四节 连续汉语语音识别语音库 RASC863 的朗读
   语料设计 ………………………………………… (251)
 一 三音子搭配模型及个数统计 ……………………… (252)
 二 语料挑选设计 ……………………………………… (254)
 三 挑选文本分析 ……………………………………… (256)
第五节 RASC863 语音标注规范 ………………………… (257)
 一 标注软件以及标注文件格式 ……………………… (257)
 二 语音标注内容 ……………………………………… (257)
 三 标注规范 …………………………………………… (261)
第六节 即兴口语语言学单元统计 ………………………… (266)
第七节 本章小结 …………………………………………… (271)

第九章 具有深度言语信息标注的口语语篇库 Discourse-CASS …… (274)
第一节 口语语篇库 Discourse-CASS 的基本信息 ……… (274)
 一 Discourse-CASS 数据库采集方法 ……………… (275)
 二 朗读语篇库（ASCCD） …………………………… (276)
 三 自然口语对话库（CADCC） ……………………… (280)
 四 各种真实场景对话库 ……………………………… (283)
第二节 基于 Discourse-CASS 多层级标注信息统计 …… (287)
 一 不同场景对话语料基本信息 ……………………… (288)
 二 不同场景对话语料的基本语言学标注信息统计 ………… (290)
 三 不同场景对话中韵律单元统计 …………………… (315)

四　不同场景对话中各种语言学单元的时长统计 …………(317)
　　五　不同场景对话中言语行为功能与形式标注统计 ………(322)
　　六　不同场景对话情感态度标注统计 ……………………(334)
　第三节　本章小结 ……………………………………………(336)

附　录 ……………………………………………………………(338)

第一章

引　言

当前是互联网、大数据和人工智能（AI）迅速发展和广为应用的时代，数字资源已成为科学研究和 AI 技术应用的重要因素。而语音数据库建设是语音研究以及语音识别、语音合成、口语对话系统、语音翻译、语音评测等诸多应用系统的重要基础。其中，语音数据的标注是语音数据库建设的核心。面向特定应用的语音数据的深度标注，往往体现了语音学和语言学的研究成果，是与言语工程的最好结合点。

本书旨在面向新一代语言认知智能技术，在语音学和语言学的研究成果基础上，对实际言语交际产生的口语语篇进行结构和功能的描述与表示，整合语音和自然语言处理领域的标注规范，建立汉语口语语篇的多层级标注规范，通过对海量中文口语语篇信息的深度标注，为研究提供重要的理论和数据支撑。

第一节　语言与言语

本书研究对象是语音、交际口语，那么首先需要区分"语言"（language）与"言语"（speech）两个概念。瑞士语言学家索绪尔首先用"langue"和"parole"（即英语"language"和"speech"）对这两个概念进行了区分（索绪尔1916）。"语言"是大家非常熟悉的一个概念，它是符号系统，是以语音为物质外壳，以语义为意义内容，以音义结合的词汇为建筑材料，以语法为组织规律的体系。它是思维工具，同思维有密切的联系，是思维的载体和表现形式。它也是一种社会现象，是人类最重要的交际工具、传递信息的工具、保存认识成果的载体。一般来说，各个民族都有自己的语言。汉语、英语、法语、俄语、西班牙语、阿拉伯语是世界上的主要语言，也是联合国的工作语言。汉语是世界上使用人口最多的语言，英语是世界上使用最广泛的语言。

那么"言语"是什么呢？其实在我们的日常生活中，我们对这个概念也不陌生。我们常用的成语中就有很多与言语相关的，例如："流言蜚语""只言片语""风言风语""千言万语""自言自语""花言巧语""豪言壮语""甜言蜜语""前言不搭后语"等，我们发现，这些成语的构成都是用的"×言×语"，而非"×语×言"，而且它们所反映的都是一种语言表达，是语言的具体运用过程。

语言与言语的区别是什么？一般来讲，语言与言语的区别主要有：（1）语言是一个群体（民族）所共有的符号系统，而言语是个体所掌握的语言理解和意识表达的行为，是人们在活动中运用语言和表达意识的过程，因此就出现了"千言万语""甜言蜜语"等不同的运用语言表达的行为。（2）语言是社会现象，具有很大的稳定性，而言语是心理意图的体现，具有个体差异和多变性。（3）语言是交际和思维工具，而言语是交际过程，是运用语言工具的活动过程。

口语言语信息表示和处理，与传统的书面语中文信息处理有很大的不同，我们来看一个口语聊天例子：

例1A：

"你想高亚南嗯那队长嗯蓝天啊这忾了吧"

上面这一串文字是我们根据两个同学之间的聊天对话转写出来的文字。即使口语语音识别系统能正确识别上面的文字内容，它仍然不是我们可以通过声音能理解的对话。主要是没有断词断句和对话中发音人的信息。如果我们把这些信息在从声音到文字的转写过程添加上，就好理解了，实际的对话是：

例1B：

A：你想，高亚南，

B：嗯。

A：那队长，

B：嗯。

Ａ：蓝天。

Ｂ：啊。

Ａ：这仨了吧？

例1B中A和B分别是两个发音人标记。计算机要对这段简短的对话进行正确地断词断句和发音人标注，就涉及如何利用韵律信息进行韵律结构、功能语调的识别以及发音人的识别。这里的"句子"大都与书面语不同，是赵元任先生所说的"零句"："整句只是在连续的有经营的话语中才是主要句型。在日常会话中零句占优势"（赵元任1979）。在汉语里零句是根本，甚至更加常用。但是要理解整个对话的意图或者两个发音人的态度，还需要更多信息，比如对话的语境，包括对话背景和发音人之间的关系；比如言语行为，即每一个对话语段表达的语用功能，包括口语中经常出现的"嗯、啊"等词表达的功能（在篇章语言学中这些语段被称为话语标记）等。

因此，要让计算机能够理解上面这段话，对话语篇表示体系就应该对发音人信息、语境信息、语用信息（言语行为）、句法信息、韵律信息（韵律边界以及语调等）、音段信息等进行标注。

第二节　复杂场景中口语语篇的特点

本书研究对象是口语语篇。不同语言学家对于语篇（discourse）的定义不尽相同。一般来说，语篇由一个以上的话段或者句子构成，具有句法上的组织性和交际上的独立性。我们这里采用 Halliday 和 Hasan（1976）的观点，"语篇"既包括各种口头语言（spoken language in use），也包括各种书面语言（written language in use），即"话语"（utterance）和"篇章"（text），简称"语篇"。口语语篇既包括口语独白（monologue），也包括口语对话（dialogue）。

互联网环境改变了传统的信息交流方式。互联网环境下，人们运用数字化技术对日常交流言语进行重塑，产生了大量互联网语篇。与传统的言语交互模式相比，互联网环境的交互表现出一些新的特点，如弱规范性、虚拟性、隐蔽性、不确定性（党建武、刘宝林、李爱军2013）。网络语篇既有口语的特点，又有书面语的特征（徐赳赳2014），在标点、词语、句式、话轮、话题转换等方面，都与传统的规范语言有不同之处。此外，网络语言可以发送图片、截图、声音、图像，这些多模态的交际方式都是传统的交际方式无法实现的。

下面列举了几个网络聊天的真实例子，以示意互联网交际方式、言语特点以及对语境的依赖性。

例2：A和B同学之间的QQ语音聊天转写文本

B：哎呀，前那一阶段正好是特忙，因为那个，我正好那一阶段正好酝酿着那个跳槽嘛。

A：啊，还酝酿着跳槽哪。

B：我现在已经跳了。[注：边笑边说]

A：你不是现在干得一直不错嘛。

B：还是跳跳更健康嘛。

……

B：对，他们他们一直跟我联系呢。

A：哎呦，哎呦，还行呢！嗯，[OV A：你做……

B：瞎忽悠呗。]

A：呃，做做出点儿名声来了都。

B：没有没有就是瞎忽悠。

例2的QQ语聊中，两个同学在谈论跳槽的事情。例子中［OV…］部分表示了两位说话人的话语重叠，在对话分析中称为"话轮重叠"。从词语上看，除了"跳槽"，还有"跳"也表示"跳槽"，"跳跳更健康"并不是表示健身或者运动，而是表示对"跳槽"的看法，是会话中的言外之意。这些词语之间的关联表示了词语新旧信息的关系。

这些句子中还存在口语中常出现的省略现象。比如，最后两句分别省略了主语"你"和"我"，用方括号［φ］表示如下：

A：呃，[φ] 做做出点儿名声来了都。

B：没有没有 [φ] 就是瞎忽悠。

其实，这里省略的就是零形回指。对零形回指的标注和预测，也是理解对话的关键，同时在机器翻译中也至关重要。此外，对话中存在大量的口语重复现象，如这两句中下划线的部分。还存在口语中不同于书面语的语法现象，如"呃，做做出点儿名声来了都。"中副词"都"

后置。

所以，要让机器对这段对话进行理解，除了需要例1中提到的那些信息外，还需要对口语中的复杂现象，如话轮交叠、重复、口语中特殊的语法现象、篇章中的信息结构（话语的语义结构形式，即话语信息的动态组织方式，比如新信息/旧信息）、名词和代词的指称关系（包括零形回指）等进行分析。在语篇的表示体系中，需要有相应的描写。

再来看例3，这是两位朋友（范山和高路）之间的文字聊天。除了上文提到的大量使用"零句"，对话双方的问答顺序出现了交错现象，违背了会话的合作原则，接着，高路问范山两个问题，但是由于没有问号，使二个问题从字面上根本无法理解为问句。后面范山的回答"还没有啊，一个人很好"，只是间接地回答了第二个问题，言外之意是说我还没有结婚还是单身，最后范山还使用了表情符号和语气词来表达自己的情绪。

例3：两位朋友范山与高路之间的QQ文字对话聊天（数字表示时间信息）

　　范山 13：40：02　　明天休息？
　　高路 13：40：00　　还在北京吗
　　高路 13：40：03　　恩
　　范山 13：40：42　　是啊
　　高路 13：42：23　　还是老师
　　高路 13：42：28　　还单着
　　范山 13：42：41　　还没有啊 一个人很好
　　范山 13：42：43　　😊 哈哈

例4也是范山和高路之间的网聊，对话中除了大量"零句"（见下划线部分），还有许多话轮中出现了流水句（吕叔湘1979；沈家煊2012）。对话中大量会意符号的使用及交际意图的理解依赖于语境。在对话中，交际双方使用大量的情感符号表达感情。此外，还有英文词汇（如"hold"）、网络用语（如"n久"，意即很久），以及复杂的对话（话轮）关系，如吴毅发问"T430那种巧克力键盘 你咋看？"但没有等到范山回答，马上就进行话题转换"最近感冒特多，HOLD住——"。从这段话的字面上来看，由于缺乏吴毅本人的背景信息，所以我们无法得知吴毅忙的真正原因——到底是因为筹备会议忙，还是作为理事要参加这个会而忙。对话中"你还没告诉我答案呢，日立还是西数，笔记本硬盘？"将之前两人交际信息引入本对话中，是一种互文方式（徐赳赳 2018）。因此，这一交际成功的前提是双方一定熟知对方的背景信息，才可以进行有效的理解和交际。

面对如此复杂的输入符号，要机器理解一段对话语篇是一件不易的事情。不但要对当前上下文语境涉及的内容进行理解，还要去处理相关的互文信息，这对当前的汉语语言学理论以及语篇表示体系都是巨大挑战。

例4：两位朋友范山与吴毅之间的 QQ 文字对话聊天

范山20：58：38　吴毅在？

范山20：58：48　<u>不忙了吧？</u>

吴毅21：00：11　Hi——

范山21：00：25　😈忙得你——

吴毅21：01：27　哈哈，月底汉办开理事会。<u>忙死了</u>

范山21：01：48　😈能者多劳——

吴毅21：02：00　👍

范山21：02：12　你还没告诉我答案呢，<u>日立还是西数</u>，<u>笔记本硬盘</u>？

吴毅21：02：28　哦哦——我自己一般都买日立

范山21：02：51　✊T430那种巧克力键盘　你咋看？

范山21：03：15　☕最近感冒特多，<u>HOLD 住</u>——

吴毅21：04：01　我查查看。。。巧克力键盘？。。。

范山21：05：04　🐢看来你最近真的够忙得 T430 X320 都换成有背光的那种巧克力键盘了，老7行键盘变成6行，<u>没有蓝色回车了</u>，都变成<u>黑色</u>。<u>跟苹果电脑键盘似的</u>。

吴毅21：05：55　<u>n 久木有看这些了</u>，，，，就手机那点东西就够我每天忙活了。哈哈哈

范山21：06：30　<u>手机</u>？你还在编游戏啊？

范山21：06：44　👍强。

图 1—1　不同天气背景下的天安门，左边是雾霾下的天安门，
右边是蓝天下的天安门

我们再通过例 5 看看语境信息的重要性。针对图 1—1 中两个不同的背景，例 5 对话的含义就会有明显不同。如果是对雾霾语境（左图），这两句对话就带有讽刺语气——真正的意图用言外之意表达，与字面含义相反，表示"天气太糟糕了！"如果是对右图的语境，这句话含义就与字面意思一致，同时也表达了一种愉悦的心情。由此可见语境信息对对话理解的重要性。

例 5：A：今天天气太晴了！

B：可不是嘛！

通过上文的示例可以看出，互联网打破了传统的言语交互条件。网络言语交互特点与传统口语对话的特点存在显著差异。网络言语交互体现出不同的言语行为规律和语用含义。交际严重依赖语境，在言语交际的解码过程中，交际意图的实现和辨认需要语境信息（包括上下文、会话环境和世界知识等）。

互联网交际展现的新特点使互联网中文言语信息处理面临挑战，同时也给一些传统的语言理论，如句法、语义和语用理论，提出了新的课题和挑战——语言成分在交际中扮演什么角色？是替代文字的功能，还是其他功能？联系到语言理论，网聊交际双方经常违背"合作"的原则，但似乎并不影响相互理解,也不影响网络交际的成功。

现在,随着移动网络应用的日渐强大,各种场景服务中的语言越来越显出旺盛生命力:使用者越来越多,应用范围越来越广,使用频率越来越高,语言表现形式越来越丰富。从语言学理论出发,探讨复杂环境下语篇的表示体系,并构建口语语篇的语音、语义和语用标注体系,对于实现口语交际意图的理解具有重要的意义。

第三节 语音与语言资源建设

当今是"数据为王"的年代,数据资源的重要性不言而喻。因此,围绕语音与语言资源建设,国内外成立了一些专门的机构负责资源的制作、收集和共享,比如美国语言资源联盟 LDC(https://www.ldc.upenn.edu/)、中国语言资源联盟 Chinese LDC(http://www.chineseldc.org/)、欧洲语言资源联盟 ELRA(http://www.elra.info/en/)等。国内外还涌现了一批资源生产的企业,为语言学和语音学的科研、技术发展和产业化做出了重要贡献。

中国社会科学院语言所课题组,从 20 世纪 90 年代就开始参与国家 863 项目,致力于语音合成、语音识别数据库建设及其标注标准的研究,发布了汉语音段标注标准 SAMPA-C(Li, Zheng, Byrne, et af 2000;Chen, Li, et al. 2000)、韵律标注标准 C-ToBI(李智强 1998;Li 2002;Li, Chen, et al. 2000)、言语行为标注标准(Zhou, Li & Zong 2010)、语篇分层表示体系和标注标准(Jia & Li 2016)。它们在学界和产业界被广泛使用。

2000 年,语言所课题组建成了第一个具有语音学标注的自然口语库 CASS(Li, Zheng, Byrne, et al. 2000;Li, Lin, et al. 2000;李爱军、陈肖霞等 2002)。在国家 863 项目、中国社会科学院创新工程项目、国家 973 项目和北京市重点研发项目等支持下,我们还制作了 863 语音合成库和识别库(祖漪清 1999;Li & Zu 2006)、中国十大方言区普通话语音识别数据库 RASC863(李爱军、王天庆、殷治纲 2003;王天庆、李爱军 2003;Li, Yin, wang, et al. 2004)、普通话语篇库 ASCCD(Li, Chen, Sun, et al. 2000)、汉语口语对话库 CADCC(李爱军、殷治纲等 2001;Li, Yin, et al. 2001;刘亚斌、李爱军 2002)、多风格的汉语口语语音库 ESCSC

（Wang, Li & Tao 2007）、电话对话库 CASIA-CASSIL（Zhou, Li, Yin et al. 2010）、973 电话对话库（Li 2016）、具有深度标注的口语语篇库 Discourse-CASS（Jia & Li 2016）、中国方言区英语学习者语音库 AESOP-CASS（贾媛、李爱军、郑秋豫 2013）等。

第四节　章节安排

本书将系统介绍作者以及研究团队 20 多年来在口语语料库建设、标注标准等方面的研究成果，包括语音库制作规范、面向口语语篇的多层级结构表示体系和标注规范。我们将重点介绍口语语篇的多层级深度标注规范，包括语音基础标注、浅层语义的依存关系标注、语篇的修辞结构标注、面向口语对话交际意图理解的言语行为和情感语音标注等。我们还将详细介绍两个语音库的内容设计和标注信息，并在口语对话标注基础上给出各种语音、语言和语用信息统计结果。

第二章介绍在口语语篇库收集以及多层级表示、标注过程中，涉及的术语和一些重要语言学与语音学理论；第三章介绍语音库规范；第四章介绍语音库的基础标注规范，即音段和韵律标注；第五章介绍面向口语语篇的依存语法标注；第六章介绍口语语篇的修辞关系标注；第七章介绍口语对话的互动意图标注，包括对话中言语行为和情感语音标注；第八章和第九章分别介绍两个典型语音库：汉语十大方言区地方普通话语音库 RASC863 和汉语口语语篇库 Discourse-CASS。此外，第九章基于 Discourse-CASS 中大规模多领域实际对话的标注，给出了四种实际应用场景下各种语音学、语言学统计分布信息，包括声、韵、调以及各级韵律单元的出现频度、长度和时长信息，口语对话中言语行为，非规范口语现象，情感分类信息等。

本书适用于从事自然口语交互信息处理、语音学、语言教学等方向的学生、研究人员，或者数据公司的专业标注人员。

第五节　致谢

首先要感谢长期参加我们语音语料库建设的团队成员，有殷治纲、方强、王天庆、华武、梁红丽、田国红、夏玉兰、缪冠琼、赵蓓、郭林等，他们多年辛苦的劳动，为学界和企业界提供了一些非常厉害的语音资源。还有一些同事和学生，他们利用语音库开展了许多有趣的研究，在本书中也都有涉及，比如，贾媛对语篇韵律接口的研究、殷治纲对语音库建设和话语标记词的研究、柳雪飞对口语依存关系和疑问语调的研究、张良对口语修辞关系的研究、黄干对问答关系的研究、王天庆对语音识别库的研究等。还要特别感谢中国科学院自动化研究所的宗成庆研究员和他的学生周可艳，我们的合作开启了对话言语行为的研究，为近十年的口语语篇深度标注和语篇韵律研究奠定了基础；熊子瑜博士无私分享数据分析和处理工具，为本书数据库的统计提供了有力支持；旧金山大学的李智强教授、语言所同事殷治纲和方迪为本书内容提出了很多建设性意见；梁红丽、张司晨和曹冲帮忙整理相关资料。

本书涉及的研究得到了一系列项目支持，比如国家863项目（编号2006AA01Z138）、973项目（编号2013CB329301）、中国社会科学院首批创新工程项目、科技部国家重点研发计划——政府间国际科技创新合作重点专项——中欧政府间合作项目（编号2017YFE0111900）、国家社科基金重大项目（项目15ZDB103）等。感谢中国社会科学院创新工程出版基金的支持！

书中的一些示例可以在网站找到对应的声音或者标注文件，请访问：http：//paslab.phonetics.org.cn/index.php/achievements/resources/chinesediscourse/

参考文献

党建武、刘宝林、李爱军：《言语链：言语生成、感知及其交互》，《中国计算机学会通讯》2013年第9期。

贾媛、李爱军、郑秋豫：《中国方言区英语学习者语音库构建》，《中国语音学报》2013年第4辑。

李爱军、陈肖霞、孙国华、华武、殷治纲：《CASS：一个具有语音学标注的汉语口语语音库》，《当代语言学》2002年第2期。

李爱军、王天庆、殷治纲：《863语音识别语音语料库RASC863——四大方言普通话语音库》，第七届全国人机语音通讯学术会议，2003年。

李爱军、殷治纲、王茂林、徐波、宗成庆：《口语对话语音语料库CADCC和其语音研究》，《新世纪的现代语音学——第五届中国现代语音学学术会议论文集》，清华大学出版社2001年版。

李智强：《韵律研究和韵律标音》，《语言文字应用》1998年第1期。

刘亚斌、李爱军：《朗读语料与自然口语的差异分析》，《中文信息学报》2002年第1期。

吕叔湘：《汉语语法分析问题》，商务印书馆1979年版。

沈家煊：《"零句"和"流水句"——为赵元任先生诞辰120周年而作》，《中国语文》2012年第5期。

索绪尔（Ferdinand de Saussure）：《普通语言学教程》（原名为 *Cours de Linguistique Generale*，1916年出版），高名凯译，商务印书馆1980年版。

王天庆、李爱军：《连续汉语语音识别语料库的设计》，《第六届全国现代语音学学术会议论文集》，2003年。

徐赳赳：《现代汉语互文研究》，北京师范大学出版社2018年版。

徐赳赳：《现代汉语篇章语言学》，商务印书馆2014年版。

赵元任：《汉语口语语法》（*A Grammar of Spoken Chinese* 1968），吕叔湘译，商务印书馆1979年版。

祖漪清：《汉语连续语音数据库的语料设计》，《声学学报》1999年第3期。

Chen, X., Li, A., et al. 2000. An application of SAMPA-C in Standard Chinese. *ICSLP 2000*, Beijing.

Halliday, M. A. K., Hasan, R. 1976. *Cohesion in English*. London: Longman.

Jia, Y., Li, A. 2016. A linguistic annotation scheme of Chinese discourse structures and study of prosodic interactions. *Proc. ISCSLP 2016*, Tianjin.

Li, A. 2002. Chinese prosody and prosodic labeling of spontaneous speech. In B. Bel, I. Marlin (Eds), *Proceedings of the Speech Prosody 2002 Conference* (pp. 39–46). Aix-en-Provence, France.

Li, A. 2016. Chinese telephone conversation corpus. in R. Sybesma, W.

Behr, Y. Gu, Z. Handei, C. -T. J. Huang, J. Myers (Eds.), *Encyclopedia of Chinese Language and Linguistic.* Brill.

Li, A., Chen, X., et al. 2000. Speech corpus collection and annotation. *ICSLP 2000*, Beijing.

Li, A., Chen, X., Sun, G., et al. 2000. The phonetic labeling on read and discourse corpora. *ICSLP 2000*, Beijing.

Li, A., Lin, M., Chen, X., et al. 2000. Speech corpus of Chinese discourse and the phonetic research. *ICSLP 2000*, Beijing.

Li, A., Yin, Z., Wang, M., Xu, B., Zong, C. 2001. A spontaneous conversation corpus CADCC. *Oriental COCOCSDA*, Korea.

Li, A., Yin, Z., Wang, T., Fang, Q., Hu, F. 2004. RASC863—A Chinese speech corpus with four regional accents. *ICSLT- OCOCOSDA*, New Delhi, India.

Li, A., Zheng, F., Byrne, W., Fung, P. N. 2000. Cass: A phonetically transcribed corpus of Mandarin spontaneous. *ICSLP 2000*, Beijing.

Li, A., Zu, Y. 2006. Corpus design and annotation for speech synthesis and recognition. In C-H. Lee, H. Li, L. Lee, R-H. Wang, Q. Huo (Eds.), *Chinese Spoken Language Processing* (pp. 243 – 268). World Scientific Publishing Co. Pte. Ltd.

Wang, X., Li, A., Tao, J. 2007. An expressive speech corpus of Standard Chinese. *Proceedings of OCOCOSDA 2007*, Hanoi, Vietnam.

Zhou, K., Li, A., Yin, Z., Zong, C. 2010. CASIA-CASSIL: A Chinese telephone conversation corpus in real scenarios with multi-leveled annotation. *LREC 2010*.

Zhou, K., Li, A., Zong, C. 2010. Dialogue-act analysis with a conversational telephone speech corpus recorded in real scenarios. *OCOCOSDA 2010*, Nepal.

第二章

术语与理论基础

本章分为三个部分，首先，介绍语音库收集和标注中涉及的规范性引用术语和其他相关的基本术语；其次，介绍语篇库收集和标注中涉及的基本语言学与语音学理论，重点是语篇和会话分析、互动语言学、言语行为、语调韵律等；最后，给出汉语口语语篇的层级结构的表示体系和标注体系。

第一节 引用规范和基本术语

一 规范性引用文件

在语音库的收集和标注中涉及的相关标准，包括国标和行业标准：

GB 12200-90 汉语信息处理词汇

GB 2312-1980 信息交换用汉字编码字符集 基本集

GB 12345-1990 信息交换用汉字编码字符集 辅助集

GB 13000-1993 信息技术 通用多八位编码字符集（UCS）

GB 18030-2000 信息交换用汉字编码字符集

GB/T 16159-1996 汉语拼音正词法基本规则

GB/T 13725 信息处理用现代汉语分词规范

GB/T 21024-2007 中文语音合成系统通用技术规范

GB/T 21023-2007 中文语音识别系统通用技术规范

ISO 3166 country codes

ISO 639 language codes

GF 3006-2001 国家语言文字工作委员会语言文字规范—汉语拼音方

案的通用键盘表示规范

《汉语拼音方案》，1958年2月11日第一届全国人民代表大会第五次会议批准，中国文字改革委员会发布。

《普通话异读词审音表》，国家语言文字工作委员会（今国家教育部）和广播电视部，1985年12月修订发布。

《普通话水平测试大纲》，2003年10月教育部、国家语言文字工作委员颁布。

二　术语

包括引用标准中的术语和定义适用于本书所提到的语音库标准的术语。

［GB/T 12200.1 - 94］汉语、普通话、汉语拼音（方案）、语音、词、词汇、句法

［GB/T 12200.2 - 94］语音、调值、调类、音位、元音、辅音、重音、零声母、声母、韵母、儿化、轻声、方言

［GB/T 21023 - 2007］副语言

［GB/T 21024 - 2007］口语、韵律、音段、声调、音变、音段标注、国际音标

语音库（speech corpus）

按照一定目的与原则收集的发音过程中的语音和相关物理信号，及其标注、描写和技术文档的集合。也常称为语音语料库。

有效性/合格性（validation）

语音库经过检验达到相关规范或具备预期使用效能的性质。

评价（evaluation）

评定语音库质量或价值的高低。

规范（specifaction）

语音库及其标注应符合与遵循的标准，如录音技术指标、标注系统、元数据（metadata）以及文档格式等。

标注（annotate，annotation）

对连续语音或相关物理信号进行离散符号（范畴化）描写。通常按照一定的原则，将规定符号与特定时间点或时间段联系起来；也指这种

描写所生成的符号标示。

转写（transcribe, transcription）

对连续语音或相关物理信号进行无时间点信息的符号描写；也指这种描写所生成的符号标示。

发音文本（prompt）

给发音人发音用的文字内容，可以是音节、词、短语、句子、语篇等。

元数据（metadata）

也称为描述数据。说明、描述语音语料库的数据。如录音信息和发音人信息等。

对话（dialogue）

有两个或两个以上参与者进行的信息交流（这里主要指通过语音或文字形式进行的）活动。根据参与者性质的不同，可分为人机对话、人际对话甚至机器之间对话等形式。

语篇（discourse/text）

一般来说，语篇由一个以上的话段或者句子构成，具有句法上的组织性和交际上的独立性。我们这里采用 Halliday 和 Hasan（1976）的观点，"语篇"既包括各种口头语言（spoken language in use），也包括各种书面语言（written language in use），即"话语"（utterance）和"篇章"（text），简称"语篇"。诗歌、小说、报告、书信、便条，甚至标语都是语篇。口语语篇既包括口语独白（monologue），也包括口语对话（dialogue）。

对话语篇（conversational discourse）

具有交互作用的两个或两个以上参与者间的对话。

独白语篇（monologue discourse）

一个人为向其他人或观众表达自己思想和感情的话语。

副语言（paralanguage）

副语言属于非言语交际（nonverbal communication），通过音高、音质和语调等手段来改变语义、表达态度和交际意图。如嗓音音高、发音速度、嘘嘘声、叹气声、咕哝声、"哎呀"之类的感叹声等；以及种种非语音信号，如姿势、手势、态度和表情、脸色等非语言行为。对副语言的研究称为副语言学（paralinguistics）。

非语言信息（nonlinguistic information）

传递说话人的个人信息和其他信息，比如性别、年龄、身体状况或者情感，一般是交际双方无意识产生的。

韵律（prosody）

从物理角度看，指基频、时长和强度等声学参数；从语言学的角度，指将各种语言单位组织成话语或话语中关联组块的系统组织，并使用音段层次以上特征（超音段特征）来传递后词汇或者句子层次的语用意义。韵律的实现涉及语音的音段和超音段特征，它不但能够传递语言信息，而且能够传递副语言和非语言的信息。

音段特征（segmental feature）

现代语音学中，指跟音色相关的音素特征。

超音段特征或韵律特征（suprasegmental feature, prosodic feature）

现代语音学中，指音高、音强、音长等特征。

调域（tonal range）

某个语言里，音高变化的最大值和最小值的频率差。调域上限和下限由音高特征为高（H）的基频最高点和音高特征为低（L）的基频最低点确定。

调阶（tonal register）

音系上指音调范围的音高特征，通常用［+ Upper］和［- Upper］表示；语音上也指一句话中音调实现的频率，如降阶现象降低高调阶。

音段（segment）

语音学中，指语流中（在物理或听觉上）可识别的任何一个离散的最小语音单位。在音系里，音段被看成一个抽象单位，指音系组织的心理单位——一系列最小单位之一，但不是以简单的线性方式串接在一起。

音段标注（segmental labeling, segmental annotation）

指把话语中的每个语音单元（包括音节、声韵乃至更小的语音单元）逐一进行切分，然后对它们的音色特征分别给予细致如实的描写。

音位（phoneme）

某种语言的语音系统中最小的对立单位，常被定义为"能够区分意义的最小语音单位"。最重要的特性是它与该语音系统中的其他音位相对立。对立、互补、语音相似和系统性是结构主义音位学归纳音位的主要原则。

音素/音子（phone）

音位在具体语音环境里的语音实现。一个音位可能实现为一个或多个音素。可分为元音和辅音两大类。

音节（syllable）

说话时发出的及听话时觉察到的最小语音单位。由一个或几个音素结合而成。在汉语中，包含声母（或零声母）、韵母的单位。

声母（initial）

汉语音节结构中的开头成分。由辅音构成。根据辅音的清浊以及出现与否，可分为清声母、浊声母、零声母等。

韵母（final）

汉语音节结构中声母之后的所有音段成分。韵母的成分包括韵头、韵腹和韵尾。根据组成成分的特点可以分析为单韵母、复韵母和鼻韵母等。

声调（tone）

在某种语言或方言中具有区别词义功能的音高模式。使用声调区分词义的语言称为声调语言，如非洲很多国家的语言。使用音高（调阶）的高低来区分词义的语言叫音阶声调语言（register tone language）；使用音高的曲拱来区分词义的语言叫曲拱调语言（contour tone language）。在汉语等语言中，汉字（音节）里的音高对比具有区别意义的作用，

语流音变（sandhi）

受前后语音环境、轻重、语速等因素的影响而发生的语音变化现象。常见的语流音变现象有同化、异化、增音、减音等。包括音段和超音段的音变。在汉语中，声调因前后环境改变发生的变化，叫声调协同发音（tonal coarticulation）；如果声调发生调位性改变，如普通话的上上相连，前字变阳平，称变调（tone sandhi）。

韵律标注（prosodic labeling，prosodic annotation）

对语音信号中具有语言学功能的韵律特征进行的定性描写。

韵律层级（prosodic hierarchy）

一种研究音系组织的方法。这种方法认为，涉及比音段大的结构的音系现象能按线性排列组成适用于不同韵律域的类型，而且使每一个较

小的域恰好包括在下一个更大的域里。一般认为这些域从小到大依次为莫拉、音节、音步、韵律词（音系词）、韵律短语（音系短语）、语调短语和话语。

韵律词（prosodic word）

某种语言里音系过程的一种韵律域，在音系学中被称为音系词。在无标记的情况下，韵律词与构词法的词在范围上是相同的，有时可能比构词法的词大一些或小一些。汉语韵律词中两音节词占大多数，只有一个词重音，有比较固定的调连模式。

韵律短语（prosodic phrase）

某种语言里音系过程的一种韵律域，音系学中被称为音系短语（phonological phrase）或者次要韵律短语（minor prosodic phrase）。在音系结构中比韵律词大，比语调短语小。

语调短语（intonational phrase）

某种语言里音系过程的一种韵律域，也称为主要韵律短语（major prosodic phrase）或语调结构的音系单位。是应用某个单一语调曲拱的最长言语片段。

边界调（boundary tone）

在某些语调理论中，指出现在语调短语的边界成分上，具有区分陈述、疑问或待续、结束、起始等功能的边界音调。描写时用符号"％"来标识，有前边界调和后边界调两种。通常用H％、L％表示高、低两种特征的边界调。

ToBI（Tone and Break Index）

一种英语韵律标注系统（Silverman et al. 1992），其理论基础是自主音段节律音系学（AM）的英语语调理论（Pierrehumbert 1980；Ladd 2008）。

SAMPA（Speech Assessment Methods Phonetic Alphabet）

一种可以机读的语音字母表，详见 http：//www.phon.ucl.ac.uk/home/sampa/home.htm。

IPA：国际音标符号表

具体内容请参见附件1的国际音标IPA中文版。

英文版说明参见 International Phonetic Association. (1999). *Handbook of the International Phonetic Association*: *A Guide to the Use of the International Phonetic Alphabet*. Cambridge University Press。

汉语方言（Chinese dialect）

汉语的地域性或社会性变体。方言之间在发音、词汇或语法方面存在区别。

普通话（Standard Chinese）

我国国家通用语言，现代汉民族的共同语，以北京语音为标准音，以北方话为基础方言，以典范的现代白话文著作为语法规范。

话轮（turn）

会话中发话人一次发出的话。指在有两个或两个以上参与者进行的交互谈话中发生的转换发话。

邻接对（adjacent pair）

会话中应答话紧接始发话的一对话轮。

语音语料库的分类

语音语料库的分类可以按照语音信道、语体、用途、口音等多种方式进行。例如，从语体上或说话方式上（speaking style）分类：对话语音库（dialogue or conversation speech corpus）、独白语音库（monologue speech corpus）等。

从话语的计划性或即兴自然程度上分类（spontaneity）：有计划的、按照文字朗读的语音库（read speech corpus）；没有计划的自然口语语音库（spontaneous speech corpus）。

从获取信号的信道上分类（speech channel）：固定电话语音库（fix-line speech corpus）、移动电话语音库（mobile phone speech corpus）、网络电话语音库（internet phone speech corpus）等。

从语言或口音上分类（language diversity）：方言语音库（dialectal speech corpus）、地方口音语音库（regional accent speech corpus）、普通话语音库（Standard Chinese speech corpus）、多语种语音库（multi-lingual speech corpus）等。

从应用用途上分类（utility）：语音识别语音库（speech recognition corpus）、语音合成语音库（speech synthesis corpus）、语音评测语音库（speech evaluation corpus）、声纹识别语音库（voice print recognition corpus)、言语与语言病理语料库（speech and language pathological corpus）等。

语音语料库规范（specifications of speech corpus）

语音语料库规范是对语音语料库的设计、制作、标注、评价、发布等各环节、各方面所做的规定。其相关内容应以文档形式成为语音语料库的组成部分。详见第三章。

语音语料库标注规范（Specification of speech corpus annotation）

语音语料库标注通常包括语音到文字的转写、音段标注和韵律标注、语义与语用标注等。其中对声音的文字转写以及正则的拼音（或国际音标）的标注、带有时间点信息的音素或音段切分标注、语音韵律标注等可以视为语音库的基础标注。此外还可以根据具体要求，进行其他多种信息的标注，如：句法词边界、词性（POS）、句法树、对话和语篇结构、非语言学现象（如各种噪音等）、副语言学现象（咳嗽、喘息、笑、哭……）、口语现象（口误、口吃、重复……）、情感或情绪、言语行为和意图、嗓音音质（voice quality）、基音周期（pitch mark）等。

标注规范应写明标注文件格式、标注内容和定义、标注规则、标注符号集、标注工具，必要时应提供标注检查结果及标注一致性检查结果、合格性指标等。

一般来说，多人参加标注的情况下，必须进行标注一致性检查，作为一致性的参考值，如给出允许时间偏差，韵律边界、重音等标注的一致性。

除以上规范外，在语音语料库具体制作与发布过程中，还可以根据实际情况补充其他内容，如法律文件（legal files）和发音人协议（speaker agreement files）、录音语料的设计（speech corpus design）和语料文本（prompt text），以及各种语言学和语音学的统计信息（如词频统计信息、音节出现频度统计信息）等。

第二节 语篇分析相关理论简述

虽然索绪尔和乔姆斯基等人的研究思想和研究理念存在差异，但是他们研究的核心问题仍是语言形式和语言形式的抽象概括，未考虑或不考虑实际语言使用者的需求和语言事实（或者言语）在实际使用中的意义。功能语言学则将语言的功能视为影响语言形式的关键因素，语言形式是为语言功能服务的。

韩礼德承袭 J. R. Firth 的"情境"（context of situation）概念，从人的说话需求先后提出了功能语法、系统语法、系统功能语法。Kress（1976）指出韩礼德学派的三个语言宏观功能反映我们需要语言来做的事情：体验功能（experiential function）——指代经验类别；人际功能（interpersonal function）——在人际关系中发挥作用；篇章功能（textual function）——将上述功能以文本或会话的形式来体现。系统功能语法的出现，将语言研究的范围扩大到了篇章层面。

"篇章语言学是以语言运用为导向的研究，关注交际—社会因素对言谈过程的制约和对语言产出的影响。关注交际—社会因素对交际过程的制约，形成一个自身独立的门类——会话分析（Conversation Analysis）；而关注交际—社会因素对语言产生的影响，则形成另一个自身独立的门类——篇章语法（Discourse Grammar）。"（方梅 2019）

美国以 Sacks、Schegloff 和 Jefferson（1974）为代表的社会学家出于社会学研究的需要试图描写话语的结构，提出了会话分析。他们研究的是实际会话中的会话组织——主要是话语与话轮交替、话语与互动行为等关系。会话分析的研究以真实场景中的自然会话为对象，采用"分析者心态"（analyst mentality），不带预设地考察会话中的话轮（turn）、毗邻对/邻接对（adjacency pairs）以及更大的序列（sequences），并分析话语在会话结构中执行什么行为。

以 Halliday 和 Hasan（1976）为代表的系统功能语言学学者从语篇结构来研究话语的形式和功能关系，认为前后话语在内容和逻辑上彼此连贯，而且可以通过指代、替代、省略、连接和词汇衔接实现连贯。许家金（2004）指出这种考察衔接连贯的篇章研究传统注重从文内寻找前后文的关联，从而揭示所谓话语的篇章性（textuality）；而克里斯蒂娃提出的互文理论（徐赳赳 2018）则关注语篇之间的关系，任何话语篇章都是在前人的话语篇章的基础上形成的，对任何话语和篇章的理解都应跟有关篇章建立联系，这样才能真正理解该篇章（徐赳赳 2018）。

在分析篇章结构时，还有的学者着眼于信息结构（Chafe 1976；Prince 1981）。这些研究通常关注新旧信息在话语中如何分布，使用什么手段

（结构或者韵律等）来标记新旧信息。有的学者更关注叙事方式，关注说话人在讲述一个事件时如何组织他要说的话语，每一个话语在叙事中担当什么角色等，力图找到人叙事行为的一般规律（卫真道 2002）。也有学者着眼于修辞结构（RST：Rhetorical Structure Theory），即从篇章角度描写句子之间的逻辑关系（Mann & Thompson 1987）。我们将在第六章详细介绍。

方梅（2019）总结了 20 世纪 80 年代以来，话语功能语言学研究的几个重要贡献：第一是修辞结构理论；第二是话题结构（thematic stucture）理论，话题链是体现话语结构连贯性的重要方面；第三是关于韵律单位与句法单位的关系，揭示出二者并不是一对一的关系；第四是关于语体特征的差异性；第五是言谈参与者在会话中的句法互动；第六是从在线的角度看互动交际中语句的产出，形成了"行进中的句子的句法"，强调信息是随时间推移不断叠加的。

一　语言学理论基础

索绪尔（Ferdinand de Saussure）被称为现代语言学的鼻祖，他的著作《普通语言教程》（1916），标志着现代语言学的开端。1933 年布隆菲尔德（Lenoard Bloomfield）发表的专著《语言论》，是结构主义语言学的标志之作。结构主义认为语言是建立在行为主义心理学基础上观察到的行为。行为主义的代表人物还有斯金纳（B. F. Skinner），代表作为《言语行为/口头行为》（*Verbal Behavior*, 1957），他试图用行为学理论解释语言问题，将"言语行为"定义为一种从他人那里学习得来的行为，主张语言是"后天"习得的，语言习得与动物行为没有本质区别，可以通过刺激、反应与强化的过程习得。刚出生的婴儿有学习任何一种语言的能力，在后天语言环境的影响下，局限于只能听和说一种语言（或两种语言，即双语者）。

1959 年，乔姆斯基对斯金纳的行为主义进行批评，提出语言的"天赋论"，认为行为主义的观点根本无法解释语言的创造性，要对刺激和行为之间的系统机制进行研究，从此语言学进入转换生成时期。乔姆斯基提出人类具有天生普遍的语言学习能力，语言能力是一个独立的认知模块。无论地域、种族或社会地位差异，健康的婴儿一般都能在三年到五年内基本掌握一门语言。人脑的初始状态不是一张"白纸",而具有一套人类无差别的语言习得机制(LAD：Language Acquisition Device)和天生的普遍语法(UG：Universal Grammar)。普遍语法(UG)包括习得母语必需的基本参数,这些参数会随母语习得而发生变化。因此,儿童习得母语的过程,就是逐步构建母语参数的过程,就是将普遍语法转化为个别语法的过程(杨玉芳 2015)。

乔姆斯基的《句法结构》(Syntactic Structure, 1957)宣告了生成语法的诞生。在《句法理论的若干问题》(Aspects of the Theory of Syntax, 1965)一书中,乔姆斯基又对他的语言理论进行了修正,被他称为"标准理论"。

语言学如果从方法论来进行分类,可以分为形式和功能两派；按照研究语言单位来分类,可以分为句法与篇章语法。比如,上面提到的乔姆斯基的生成语法,就是以句子为研究单位的,是形式语言学研究范式；而功能语言学则将篇章、语篇或者话语纳入研究范围,研究语句在语篇当中的组织结构和相互关系。

1986 年,认知语言学诞生(雷克夫 2017；兰盖克 2014)。认知语言学认为语言是我们人类最复杂的认知系统。认知语言学与生成语法有共同点也有不同点。二者的研究目标都是探寻我们在习得和使用一门语言的时候,其背后的语言知识,都把语言知识看作人的心理活动机制的一部分。但是,生成语法认为语言知识是独立存在的,与其他心理认知活动无关,而认知语言学则认为语言不是一个独立的认知模块,而是人类认知系统的一部分,语言能力与其他心理活动不可分割地联系在一起,语言遵循一般的认知规律。

传统上"语义学"研究的是脱离上文和语境的语义知识,"语用学"研究的是依赖于上下文、语境的语义知识,而认知语言学认为二者之间没有严格界限,不存在脱离上下文和语境而独立存在的语义。

语言可以从三个方面来描写：(1)内在的隐性知识体,乔姆斯基学派称这种内在观为内化语言(I-language)；(2)语言社团共享的社会结构和一套规约；(3)外部世界中存在的自然实体,也称为外化语言(E-language)。I-language 包括说话人大脑中的知识,比如个人语义词典、话语结构规则、内在语法等。有了这些知识,说话人才能将意义和意图进行语言表达的编码,听话人才能对这些语言表达进行解码。语言学家通常在语言的运用模式中去发现语言的"外在形式"(心理的外在表现形式),这与说话人的交际意图息息相关。形式和意义之间的关系非常复杂,对口语的理解需要依赖听者以及话者双方的共享语境和知识,这部分研究就涉及语用学,即对语言运用的研究了。

面向未来的认知人工智能,就是让机器拥有人的认知智能,尤其是同人一样具有言语交互意图表达和理解的能力,这其中涉及几乎所有的语言学理论,甚至心理语言学、神经语言学等多个跨学科理论;针对口语语篇/会话理解,较之传统的自然语言信息处理,从语言学本体看更多涉及真实语境中的语篇/会话互动语义语用功能与语音、句法等形式之间的关系。

二 互动语言学

互动语言学是一门新兴的语言学分支,近年来发展迅速。"互动语言学"这一术语在由塞尔廷(Selting)和库克伦(Cuoper-Kukhlen)所编撰的文集《互动语言学研究》(*Studies in Interactional Linguistics*, 2001)中首次出现。该文集讨论了互动语言学的学科源流、研究方法,并且结合一些经典研究案例加以说明,呼吁更多学者放宽研究视域,共同研究实际互动中的语言规律。其形成和发展可追溯到20世纪80年代美国西海岸人类学家、社会学家和功能主义语言学家的会话研究。

互动语言学是有着跨学科背景的语言学分支。20世纪末,语言人类学家Ochs、社会学家Schegloff和语言学家Thompson合编的《互动与语法》(*Interaction and Grammar*, 1996)展现了在面对自然口语现象时,话语功能语言学与社会学、人类语言学的交会与结合,为互动语言学的兴起奠定了基础。而在此之前,三方的研究是相对独立的,有自己的发展源流。

互动语言学的语言学思想源自早期的语言功能理论。早在20世纪三四十年代,Bühler在《言语的表述功能》(Bühler 1934/1982)中就阐述了语言符号(verbal sign)的以下三种功能:事物和事实的代表符号(symbol)、言者用于表情达意的指征(symptom)和吸引听者注意的信号(signal)。对语言结构的描述应考虑到它们的功能。到20世纪70年代,韩礼德（Halliday 1978）开创的系统功能学派的兴起逐渐使语言的功能观点得到广泛传播。

相同时期，在美国西海岸兴起了与系统功能学派不一样的功能主义语言学派——"西海岸功能主义"或"话语功能句法"学派。这一学派的代表人物是 Givón（1979）、Chafe（1980）、Du Bois（1980）、Hopper 和 Thompson（1980，1984）等。他们的语法研究源于自然产出的叙事或会话，主张在实际使用中观察语法，并在连贯性话语中寻求认知和交流模式的规律。他们将研究范围扩大到对话，从而研究互动中的语法（Fox 1987；Ford & Fox 1993；Ford, Fox & Thompson 1996），互动语言学研究也由此逐渐形成和发展。

但互动语言学的产生并不是话语功能语言学派语言学者单方面努力的结果。在功能会话学派语言学者将语言研究的材料从"规则""合法"的正式书面材料转向真实发生的口语材料同期或之前，社会学家和人类学家就在研究口语材料了。会话分析作为构建主义（constructivism）的社会学方法，很早就用于社会学和人类学研究。在民族学方法论思维的基础上（Garfinkel 1967），会话分析将日常的社会互动视为一种有序（ordered）和守序（orderly）的现象，也是社会秩序的轨迹（locus of social order）。其假设是社会互动中的一切都是有秩序的、有规则的（order at all points），社会互动的参与者有条不紊地输出社会意义（social meaning），进而协作构建社会现实（social reality）（Berger & Luckmann 1966）。在民族学方法论和会话分析中，互动的参与者是基本的社会存在。他们的互动行为不只是"想说就说、想做就做"的个人行为，而是考虑了他人的期望和立场的综合判断结果。当需要合作才能达成目标时，他们经常要表明在做什么，使双方互相理解。既然这种秩序是有条理地产生并遵从一定规律，那它就可以被社会科学研究者发现并重建（Couper-Kuhlen & Selting 2018）。社会互动参与者的行动（action）因适应它所处的语境（context）而调整，而这个语境也因这个行动而延续和更新，因此这些行动既是语境塑造的（context-shaped），反过来它又塑造了语境（context-renewing）（Heritage 1984）。会话分析作为社会学研究方法，关注的是言谈中透露的社会秩序（social order）、社会实践（social practice）和社会行为（social action）的构成规律。人类学家一直都有通过研究语言书面材料进行人种调查的传统，较著名的自然是萨丕尔及其学生沃尔夫。而 Gumperz 和 Hymes（1964，1972）的研究颠覆了这一传统，他们的研究更关注言语社群中个体或不同语言社群之间的交际活动和语境变化，而不是以往研究更关注的民族特质、人种特质。这些社会学和人类学学者在解决自己研究的问题的过程中不约而同地选择将人在互动中的言语活动作为研究材料或研究媒介，事实上也同时在进行互动中的语言研究。语言学、社会学、人类学的学者在研究材料一致，研究思路相似的契机下开展了合作交流，共同推动了互动语言学的形成。

对于互动语言学而言，语言中语音—韵律、词汇、形态句法、语义语用等，都是社会互动的资源（resource）。互动语言学关注社会交际、人际互动和认知因素在真实语言中对语言结构以及规则的塑造，关注言谈参与者的交际意图对语言形式的影响，强调言语交际实际是动态的（dynamic）、在线（on-line）生成的过程，从交际过程中发现语言形式产生的动因（方梅等2018）。互动语言学的目的就是要厘清互动和语言是如何互相塑造的。为此，研究者从两个方面来进行研究（Couper-Kuhlen & Selting 2018）：（1）从社会互动出发，讨论行动是如何用语言资源来实施的，又如何对互动的共同参与者而言可解读；（2）从语言资源出发，讨论语言结构是如何为进行社会互动而调度的。其假设是语言结构既是语境决定的（context-dependent），又是语境更新的（context-renewing）。

由于互动语言学关注的是很短的时域内的有前后因果关系的动态语言现象，这种语言现象的前因后果几乎只涉及最近发生的言语互动行为（前后文、语境），是一种动时（en-chronic）的变化（Levinson 2013）。面对这种非传统的语言学研究对象，互动语言学学者采用会话分析、语境化理论（Contextualization Theory）和语言人类学视角来进行研究。会话分析为互动语言学提供了系统性研究方法、解释依据和验证程序。语境化理论则是对互动语言学不同类型研究材料使用的理论依据，其来源是 Gumperz（Gumperz 1982；Gumperz & Hymes 1964，1972）一系列工作的研究发现——互动中话语说出来的方式至少和话语的内容同样重要；除了词语成分外，韵律或其他非词语成分也会成为"语境化装置"来为口语信息的解读提供方案框架。以下是互动语言学研究的准则（参见 Couper-Kuhlen & Selting 2018，方梅等 2018）：

1. 真实、自然发生的谈话录音或者录像：互动语言学研究是严格经验性的，以数据驱向方法进行的社会互动中的语言调查。数据的形式、体量和类型应根据研究的目的进行调整。

2. 对数据材料进行合理的转写和标注：尽可能忠实地表现互动中各种有意义的特征。

3. 以"分析心态"关注/观察相关现象：避免提出不成熟的理论或假设。

4. 对数据进行汇总整理：可以是用于分析而选择的现象的多个实例的总集，也可以是用于深入分析的单一案例的选集。

5. 严格的数据分析方法：目的是重建互动参与成员意义构建（sense-making）的方法（Weick 1995，2005）。

6. 声明验证的严格标准：通过参考可发现的参与者的理解取向，使分析者能够保证其分析解读的正确性；主要是使用"下一话轮验证程序"（next turn proof procedure）（Sacks et al. 1974；Schegloff 1996）。

表2—1以对比的方式总结了传统语言学与互动语言学理论框架在研究对象、研究视角以及研究手段上的差异（Couper-Kuhlen & Selting 2018）。与传统语言学研究比较，互动语言学：（1）采用即兴的口语语料，而不是书面语语料；（2）分析视角是语境的（context）、在线的（online）、动态的（dynamic）分析。语境敏感（context-sensitive）的分析，要考虑的语境包括话轮、行为、序列（sequence）、投射（projection）等多种与互动组织和语言结构相关的因素；在线视角（online perspective）分析，将语言结构看作即时浮现、通过互动达成的；动态分析，语义和意图传递和理解，需从会话序列中实际呈现的话轮、话轮间关系等方面得到。同时通过参与者取向（participant-orientation）来验证论断，即观察会话中参与者实际表现出的处理方式，将其作为验证相关论断的依据。（3）采用的研究方法基于大规模语料，特别是多模态语料，进行定量和定性多维度分析，而不是仅仅采用内省的、调查式的研究方式。

表 2—1　　传统语言学与互动语言学理论框架对比

	传统语言学	互动语言学
研究对象	书面语	口语
研究视角	静态	语境分析的交互性和动态性视角
研究手段	多为内省式研究，或以朗读字表、调查问卷等形式从本地发音人中得到相关语料以开展研究	采用现实生活真实的大规模互动语料开展研究，会话分析＋语境化理论＋语言人类学等多学科交叉

互动语言学至今已经有了长足的发展，国内也有不少学者开始关注或加入这一研究队伍中。2014 年，《语用学》（*Pragmatics*）杂志推出由 Laury、Etelämäki 和 Couper-Kuhlen 主编的专刊《面向互动语言学的语法研究方法》（*Approaches to Grammar for Interactional Linguistics*），结合近年来语法理论的发展，对互动视角下语言问题的研究方法进行了探索。2015 年，Thompson、Fox 和 Couper-Kuhlen 的合著《日常言谈中的语法：如何构建回应行为》（*Grammar in Everyday Talk: Building Responsive Actions*）对互动行为中回应行为采用的语法格式（grammatical format）进行专题性研究，从社会行为与语法格式关联、会话中的不同位置，以及言谈过程中的互动因素等方面探讨语言形式的动因。2018 年年初，Selting 和 Couper-Kuhlen 又出版了这一领域的最新成果——《互动语言学：社会互动中的语言研究》（*Interactional Linguistics: Studying language in Social Interaction*），作为该领域第一部系统性理论介绍的教科书，它对之前二十多年来互动视角下语言研究成果进行了归纳和总结。

在方梅、乐耀等人的带动下（方梅、乐耀 2017；方梅等 2018），国内互动语言学研究也已经开展，影响力不断扩大。迄今为止已经召开了三届"互动语言学与汉语研究国际讨论会"（会议论文集参见方梅主编 2016，方梅、曹秀玲主编 2018）。研究从互动的视角对汉语语法中的传统问题进行了探讨。比如，互动交谈中的基本语言单位（乐耀 2017b）、复合构词（朴惠京 2011；方梅 2016b）、语气词（方梅 2016a，2016c）、反问句和反问格式（刘娅琼、陶红印 2011；刘娅琼 2004；朱军 2013，2014）、问句与答句的对应（谢心阳 2016）、指称问题（乐耀 2017a）等；

其中既涉及语法结构的重新认识,也涉及话语中意义的解读与变异。一些研究在提升之前研究的深度和效度的同时,还开拓新的研究视角并发掘出更为丰富的语言现象,如方梅、乐耀(2017)在全面系统总结之前研究的基础上,结合序列语境,从规约化角度对汉语立场表达进行了理论阐释与个案研究,为之后相似的研究提供了范本。

三 言语行为理论

言语行为理论(Speech Act Theory)是语言语用研究中的一个重要理论。现代语言学认为,人们运用语言进行交际,以实现某一特定的交际意图,这实际上也是在完成一种行为。言语行为理论首先由奥斯汀(1962)提出,后经塞尔(1969)等人的完善逐渐成熟(何兆熊 2000)。人们以言行事,说出某句话便是做出某件事。言语行为,即话语的言外之力(illocutionary force),体现了说话人的意图,是人类交际的基本单位。言语行为的分类依据通常为:(1)言语行为的目的;(2)言语行为带来的后果;(3)言语行为所反映的说话人的态度及信息状态。例如,塞尔给出的言语行为基本分类包括"阐述""指令""承诺""表达""宣告"。

表达话语时,人们同时要完成三种行为:言内行为、言外行为、言后行为。言内行为表达的是字面意思;言外行为表达的是说话人的意图;言后行为指行为意图一旦被受话人领会就对其产生的影响或效果。

塞尔将言语系统化,阐述了言语行为的原则和分类标准,提出了间接言语行为(indirect speech act)这一特殊的言语行为类型。一个人直接通过话语形式的字面意义来实现其交际意图,这是直接的言语行为;当通过话语形式取得了话语本身之外的效果时,这就称作间接言语行为。简单地讲,间接言语行为就是通过做某一言外行为来做另一件言外行为(顾曰国 1994),也可以说成:"通过施行一个言外行为间接地施行了另一个言外行为"(Searle 1975)。间接言语行为在言语交际中是非常普遍的,如用问句"你还没睡好吗?"来表达快起床吧。

间接言语行为又可以分为规约性间接言语行为(conventional indirect speech act)和非规约性间接言语行为(non-conventional indirect speech act)两种。规约性间接言语行为是指依据习惯由句子的"字面用意"推断出来的间接言语行为。使用规约性间接言语行为往往是出于礼貌的需要，或是为了求得表达上的委婉。例如，在出于礼貌的情况下，一般我们会用疑问句"你能把门关上吗？"表示祈使语气，请求对方把门关上。

我们来看一个人机对话聊天系统里的例子：
A：你能把邮件地址告诉我吗？
B：能。
A：可不可以把电话号码给我？
B：可以。

这里的例子，乍看起来没有问题，但这段言语交际是无效的、不成功的。这是因为A的意图是索要邮件地址和电话号码，而不是要一个简单的是非答案。这里A通过规约性间接言语行为，来请求对方给邮件地址和电话号码。

非规约性间接言语行为是指依据交际双方共知的信息和所处的语境推断出来的间接言语行为。设想外边起风了，说话人想叫对方关上窗户，他可能会对另一方说"风真大呀！"用感叹语气来请求对方去关窗户。互联网聊天中充满了这种非规约性的间接言语行为，如：

A："咱们再聊一会吧。"
B："我得工作了。"

B没有直接回答A的请求，而是用一个陈述句表示否定的回答。这里的间接用意就是依据双方共知的信息通过推断来实现的，这当中包含着一个较为复杂的推理过程，因此在使用时要注意共知信息充足，语境限制明确等条件，否则，就有可能造成歧解，影响听话人对话语间接用意的把握。从这里可以看到，塞尔的间接言语行为理论实际上是引进了格赖斯的"会话含义"理论。

言语行为理论强调话语表达的意义、意图及其效果，突出了以言做事或言语的社会交际功能。会话双方能够领会到交际意图，是因为有一种会话机制在起作用，即"合作原则"。会话合作原则的提出对会话情境中"言外行为"现象给予了科学而又合理的解释，并开启了以动态语用视角来分析会话的行为和意图的分析方法。

在计算语言学尤其是对话系统的研究中，通常采用的概念为对话行为（dialog act）。Bunt（2000）认为对话行为是交际意图与语义的结合。

对话行为的描述范围，包括大部分类别的言语行为，例如请求、主张等（Leech & Weisser 2002，2003），还包括会话意图（conversational function）（Popescu-Belis 2005）。

对话行为属于浅层篇章结构的范畴（Jurafsky et al. 1997），反映了交际意图，为口语对话的理解提供了语用方面的重要信息，口语对话语料的标注通常都包括对话行为信息。对话行为在自然语言处理领域有着广泛的应用，目前已被应用于语音识别系统、人机对话系统、自动文摘系统（Stolcke et al. 2000）和口语翻译系统（Woszczyna et al. 1993；Reithinger & Maier 1995；Lee et al. 1998）中。

四　语境理论

语境指语言使用的环境。语用学认为应结合话语出现的具体语言环境来研究其意义，因此，语境理论是语用学的重要理论。

波兰人类学家 Malinowski 首次提出"语境"（context）这一概念，英国伦敦大学语言学家 Firth 继承并发展了这一观点，英国系统功能语言学家 Halliday 继承了 Malinowski 和 Firth 两人的观点。以下简要介绍语境理论的发展脉络（何兆熊 2000；蔡文辉、赵鸿瑜 2006）。

Malinowski 在位于西南太平洋的海岛考察土著的语言使用情况时，发现应将语言看作"行为模式"，而不应是"思想符号"。他认为对语言的分析离不开对当地各个方面的田野考察，意义只能通过语境进行理解，只有通过语境才能理解话语的意义，语言只能通过语境进行解释。由此提出情景语境（the context of situation）这一概念。他将包括语言环境以及文本发生环境在内的所有环境因素定义为情景语境。理解语言不仅需要情景，还需要文化背景，Halliday 将其称为文化语境（the context of culture），并提出情景语境和文化语境是理解文本的必要条件。Malinowski 还提出了语言的叙述用途（narrative use），他认为由于叙述和当前环境有直接联系，情境语境与叙述时刻（the moment of narration）相关。

Firth 继承并发展了 Malinowski 的情景语境，提出除了语言本身的上下文以及在语言出现的环境中人们所从事的活动之外，整个社会环境、文化、信仰、参加者的身份和历史、参加者的关系等，都构成了语言环境的一部分。情境语境是应用于语言事件（language event）的图式结构

(schematic construct),它由一组不同层级的相互关联,具有相同抽象本质的语法范畴组成。这些语法范畴包括以下三个部分:第一,参与者(participants)相关特征:人物(persons)、性格(personalities)、参与者的言语行为(verbal action)、参与者的非言语行为(non-verbal action)。第二,相关物体(the relevant objects)。第三,言语行为的影响(effect)。

Firth 认为语言事件和参与者在当前情境中的角色影响语言的使用,话语的产出受到当时情境的影响。

Halliday 继承了 Malinowski 和 Firth 的语境理论,研究情境语境对人际交流的影响。他将情境语境分为语场(the field of discourse)、语旨(the tenor of discourse)、语式(the mode of discourse)三种,系统阐述语言和社会环境的关系。语场即社会行为,指实际发生的事情,语言所发生的社会环境;语旨即角色结构,指参与者,包括参与者的社会地位以及他们之间的关系;语式即符号构成,指语言所扮演的角色、文本的组织、语境的作用、修辞方式。Halliday 指出,这种划分能够展示出隐藏在情景语境中产出和理解文本过程中的无意识的过程。

在言语交互中,语境是使用语言的现实环境,交际双方要能够正确地相互理解使交际顺利进行,首先双方一定要具有所使用语言的知识,能够听得懂对方的语言,还要根据对话上下文以及背景知识来理解对话的交际意图,做出正确的交际反应。语境通常包括上文关联和上下文语境、外部环境,即为语言语境和言语语境的总和。它包括语言因素,也包括非语言因素。上下文、时间、空间、情景、对象、话语前提等与语词使用有关的都是语境因素,如图2—1。

(1)上下文:言语行为发生的局部的上下文环境,限于同分析对象前后毗连的语句,也就是我们常说的前言后语。

(2)环境:话语微观使用环境,包括整段话的主题、目的、当时当地的情景、对话双方的关系,等等。

(3)世界知识:言语发生的宏观环境,指的是言语行为所处的广泛的社会和文化背景。

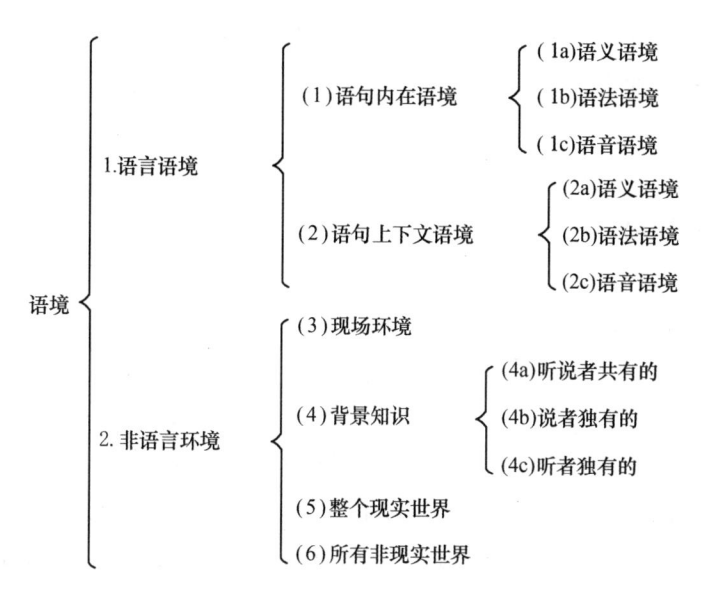

```
                    ┌                ┌ (1)语句内在语境 ┌ (1a)语义语境
                    │                │                │ (1b)语法语境
                    │  1.语言语境    │                └ (1c)语音语境
                    │                │
                    │                │                ┌ (2a)语义语境
                    │                └ (2)语句上下文语境 │ (2b)语法语境
       语境 ┤                                         └ (2c)语音语境
                    │                ┌ (3)现场环境
                    │                │                ┌ (4a)听说者共有的
                    │  2.非语言环境  │ (4)背景知识    │ (4b)说者独有的
                    │                │                └ (4c)听者独有的
                    │                │ (5)整个现实世界
                    └                └ (6)所有非现实世界
```

图 2—1　语境因素

语篇理解离不开语境，离不开作为一种资源的经验（Malinowski 1923；Halliday & Matthissen 1999）。语言研究中，结构主义利用语法形式作为标志研究语法结构，社会语言学利用语音、语调和语篇程式等语篇特征作为语境线索了解说话人意图、态度等人际意义。书面语篇没有任何外部语境，所以必须在阅读过程中创造内在的语境（Halliday & Hasan 1989）。这种内在语境实际上是从语篇通过推理而获得的认知语境，即基于经验的概念化、图式化的知识。由于语篇必须是衔接和连贯的，词语之间存在多种语义关系，因此可以做由此及彼的推理。语境通过语言内在知识体现：语境具体信息会在词汇—语法层次有具体体现，也通过篇章层次体现。语境通过语言外知识体现：社会环境、自然环境、交际场合、交际双方关系等（任绍曾 2003）。

图 2—1 归纳了上述提到的各种语境因素。其中一些语境因素在交际中是变化的、动态的和发展的，比如随着交际的进行，一方拥有的知识可以变成双方共同的知识，作为进一步推进交际的基础。

第一章例 5 就是一个很好的通过"现场环境"消除歧义的例子。在人机交互中，即使机器掌握了标准的语言、丰富的词汇、正确的语法，如果不具有在语境中正确运用语言的语用策略，就不能很好地理解语言，进行成功而有效的交际。因此，语境建模在构建智能言语交互系统中是非常重要的。

五 话语标记

话语标记（discourse markers）指自然话语中，用以标记话语连贯，传递话语互动信息的语言（如"嗯、呃、啊、这个、那个"等）及非语言手段（如点头、身姿等行为手段）。

从话语中出现的位置看，话语标记比较灵活，不依附于某一基本句法成分，从句法上是可以取消的。它们可以出现在话语单位内部（话轮或韵律单位的内部），也可以出现在话语单位外围/边缘（话轮或韵律单位的边界上）。许家金（2005）对话语标记的特征和功能作了具体概括，见表2—2。

20世纪五六十年代，有关口语中话语标记这类特殊现象的研究初露端倪。1953年，Randolph Quirk做了一次名为《随意的交谈——日常口语的一些特征》的讲座，明确地谈到一些经常出现的修饰语"you know、you see和well"等。这类成分从语法角度看没有意义，但是对于听说者间的交流有重要价值。

20世纪70年代到80年代中期，随着语用学、话语分析等研究的发展，人们对口语的研究兴趣增加，话语标记研究开始兴起。研究人员很快发现话语标记虽无多少语义概念，但是它们可以传递说话者的主观信息，保证交际顺利进行，帮助我们获得"最佳的交际效果"。话语标记的使用不是可有可无的，而是有章可循的。

Levinson（1983）虽然没有使用话语标记语这一术语，却提及了它们的语用功能，指出英语和绝大多数语言中，都有很多标记某一话语与前面话语之间所存在的某种关系的词语和短语。它们常常表示对前面话语的回应、延续，如位于句首的but、therefor、still、however、anyway、well、so、after all等。

表 2—2　　　　　　　　　话语标记的特征和功能描述

特征功能	音韵特征	1. 不重读，相对于邻近的音节往往弱读 2. 话语标记前后通常有可感知的停延 3. 常常单独构成韵律单位 4. 汉语话语标记以单音节、双音节居多，一般不会超过四个音节
	语义特征	没有或者较少含有概念意义
	结构特征	1. 句法上难以归入某一类别 2. 不是句法上的必要成分，往往是可以取消的。但就现场即席的互动话语而言，特别是当某些话语标记单独构成话轮时，则是不可取消的 3. 在话语中的位置较为灵活，可出现在话轮（或韵律单位）的开始、中间或末尾，而其中以出现在开始位置居多 4. 汉语话语标记后面一般可再接句末语气词（如啊、吧、呢、呀等）
	功能	1. 示意话轮（或韵律单位）的开始、延续、转换、结束等 2. 可以表达和暗示说话人的态度 3. 可以帮助促成会话双方的互动 4. 提示话题或者信息焦点

资料来源：（许家金 2005）

20 世纪 80 年代中后期是话语标记研究的快速发展时期。1987 年，乔治城大学的语言学系教授 Deborah Schiffrin 发表了专著《话语标记》(*Discourse Markers*)，作成为话语标记研究领域影响最大的开山之作。她从语义—语用角度进行了研究，认为每个话语标记都有其核心意义（core meaning），它们对话语连贯起着重要作用，并提出了话语连贯模式，该模式由五个相互联系的层面构成。由此可见，话语标记语在话语中的作用不完全等同于语法意义，其功能已超出句法意义的范畴。

目前，对话语标记研究，分为两大阵营：以 Schiffrin、Redeker、Fraser 等英美研究人员为首的连贯理论（Coherence Theory）派。他们认为，话语标记语的主要作用是使话语或者语篇更加连贯，将话语单元在各个层面上可能存在的相互联系展现出来，给话语理解提供指引；以 Blakemore、Jucker 等为首的关联理论（Relevance Theory）派。他们认为这一语言现象连接的不是话语单元，而是语境假设。它们的作用是对话语理解进行语用制约，明示语境假设，减少听话人理解话语时可能付出的努力。可见关联理论和连贯理论最大的不同在于关联理论在对这一语言现象进行研究时突破了语篇连贯这一层面，将它们在话语理解中的作用提高到了人类认知心理的高度，强调它们能对听话人的认知推理过程加以制约，引领听话人走向最佳关联（冯光武 2004）。尽管这两大流派有不同的观点，但是他们也有共同点，如都承认话语标记的限制功能（constraining function）；都承认它的功能多样性，即同一个话语标记语可以实现不同的话语功能，不同的话语标记也可能实现同样的话语功能。

Redeker（1991）以话语操作语（discourse operators）对话语标记进行了研究，指出它们是一些在话语中起语用作用的词语或结构，如连词、副词、感叹词以及小句等，其作用就是使听话者注意即将说出来的话语与现时语境之间的某种特殊联系。

Lenk（1998）在 Redeker 的基础上指出话语标记主要是对话语的整体连贯起着重要作用，它不涉及话语的命题意义，而在语用层次上起作用。它不仅可以起到局部的连贯作用，还可以起整体的连贯作用。这不同于 Halliday 和 Hansan 所讨论的语篇衔接机制（cohesive devices）。话语标记会对听话者的话语理解产生制约。

Blackmore（1987，1992）以 Sperber 和 Wilson（1986/1995）所提出的关联理论作为理论依据，从认知—语用角度对话语标记进行研究。关联理论从人的认知角度出发，认为人类的认知有一个总的目标，即在认知过程中力图以最小的投入去获取最大的认知效果。为了实现这一目的，人们必须将注意力集中在最为关联的信息上。这一认识是语言认知研究的巨大进步。

Rouchota（1995，1998）进一步在关联理论基础上提出，话语标记除了连接邻近语句以外，它们还可以直接将话语与语境连接起来，对听话者的推理过程起制约作用。

尽管对话语标记的分歧和争论还有很多，但有一点是肯定的，即越来越多的学者认为，话语标记在话语中的功能主要是语用的，而不是句法的、语义的。在认知上，话语标记语可从局部上或整体上对话语理解起着引导或路标的功能，帮助听话者识别话语的各种语用关系，从而在认知上对话语理解进行制约（冉永平 2000）。

与国外话语标记研究状况相比，国内的研究起步较晚，但发展很快。比如，廖秋忠（1992）研究了篇章中连接成分的语篇功能和篇章管界。他认为连接成分在功能上，表达语言片段间在语义上的种种转承关系；在位置上，多数在句首主语前，少数在句中谓语前。这些可以看作国内与话语标记相关的较早的研究。

国内正式使用"话语标记"这个概念进行研究是从 2000 年开始的，方梅（2000）和冉永平（2000）分别从国外理论引介和汉语事实分析的角度讨论了话语标记的问题，正式开启了我国语言学界对这一问题的研究。

方梅（2000）把话语标记理论运用到汉语具体语言、语用现象的研究中。她对汉语口语中弱化连词的话语标记功能进行了考察。认为在自然口语中，连词在使用中意义常常发生语义弱化，不表达真值语义关系，而被用作组织言谈的话语标记。这些语义弱化的连词用作话语标记主要有两方面的功能：一是话语组织功能（前景化——设立话题和找回话题、话题切分）；二是言语行为功能（话轮转接、话题延续）。

冉永平（2000）从语用学角度概述了话语标记的研究现状和主要成果，指出对话语标记的研究已由"句法/语义—语用"为核心的分析逐步转向"语用—认知"研究。在关联理论和语言顺应理论（linguistics adaptation）框架下对话语标记在话语交际中的作用做了研究，认为它们没有概念意义，只有程序意义。分为：（1）话题相关标记语；（2）话语来源标记语；（3）推理标记语；（4）换言标记语；（5）言语方式标记语；（6）对比标记语；（7）评价标记语；（8）言语行为标记语等。

许家金（2009）通过对现场即席的话语标记研究，提出了 4 类话语标记：（1）回馈标记，如"嗯"及其衍生形式；（2）应答标记，如"好"及其衍生形式；（3）指示标记，如"那（个）"及其衍生形式；（4）连接标记，如"然后"及其衍生形式。并研究了它们在互动中韵律特征的体现、在话语前后语境中出现的位置以及认知意图的体现。他还将"嗯"的语用功能归纳为 9 类：应声回执、简单确认、思索填词、开启话题、求证反问、话段结束、请求回答、自我反问、否定回答以及难以归类。

殷治纲（2007）对许家金话语标记不同功能分类进行了扩充，将9类扩充到了18类，并对其对应的语音特征进行了分析。我们的标注系统将采用这个扩充的分类，在第七章介绍。

侯瑞芬（2019）从去范畴化的角度讨论了现代汉语口语中常用的肯定和否定的话语标记。建立了应答性成分和话语标记之间的联系，研究了应答性成分作为话语标记的不同用法之间的关联，发现应答行为对话语标记的形成和发展起着重要的促进作用，给出了应答性成分的功能发展趋势。她总结话语标记在帮助我们认识话语之间的关系和把握说话人意图等方面，至少有四个作用：（1）促进我们对前后话语之间关系的理解；（2）帮助我们了解说话人的态度和情感；（3）提示我们话轮的开始、结束和转换；（4）话语标记的语音特征增进我们对语言的理解。

李先银（2017）对现代汉语话语否定标记研究进行深入研究，将话语否定的语境划分为感情、刺激、情理、结论、后果、命令等要素，不同的要素采用不同的话语否定标记来导引，从而形成现代汉语话语否定标记系统。

六 情感理论与情感表示

"情感，亦称感情。指人的喜怒哀乐等心理表现。"（《辞海》）我们常说：人有七情六欲。"七情"就是情感。情绪心理学对于情的追问及其回答，极富于启发性。情即感情，被分为情绪与情感两个部分。中国古代对情绪和情感的理论研究，集中在情与心、性的辨析和情与五脏的共振等问题上。

人在交际过程中无时无刻不在对各种模态的信息进行编码、解码和综合理解，语音交流中各种情感表达和感知也是意图表达和感知的主要内容之一。因此，从语音上研究情感情绪表达，是了解人的认知系统的过程，也是言语工程的需要。情感研究涉及：情感语音库的收集建立和标注、情感的认知、情感词典的建立、情感语音的声学特性、情感语音的建模、情感语音的识别、情感语音的合成等。

语言学家偏向于将情绪（或情感）（emotion）与态度（attitude）分开对待。如果情绪或情感是完全释放的情感（full-blown emotion），情绪与态度的区别无疑很清楚，但是态度和内在的情感往往有着紧密的联系，例如友好态度暗含了潜在的热情这种情绪。有的学者认为情感和态度有一种"程度"上的差别，之所以有这种看法，可能是由于对两者的研究传统不同而造成的。我们这里将情感、情绪和态度等统称为情感。

(一) 情感理论

关于情感理论，影响较大的主要有三个（Scherer 2003；Scherer & Ellgring 2007）：(1) 离散情感理论（discrete emotion theories），认为情感表达是由基本情感编程形成，基本情感包括如愤怒、害怕、悲伤和高兴等。(2) 成分情感模型（componential emotion models），认为情感表达的每个成分由评价结果确定并对运动行为产生影响。(3) Brunswikian 透镜模型（Brunswikian lens model），使用透镜模型研究情感的编码、传递和解码过程。

离散情感理论最早可以追溯到达尔文（Darwin & Prodger 1998），认为情感表达是进化的产物。Tomkins（1984）在达尔文理论的影响下，认为情感是由离散的基本情感构成，是进化的结果并具有普遍性。Ekman 和 Izard 对这个理论进行了发展，提出了面部基本情感早期的个体初始化状态，给出了基本情感面部表达的典型模式，假设其他的情感可以由这些基本情感进行混合产生。Griffiths（1997）提出了情感表达的基本情感编程概念，该概念的提出主导了后续很多的研究。这个理论认为存在一定数量的、进化上连续的基本情感，通过特定的条件触发，并通过相互关联的特定情感响应编程加以区分，其中响应编程是普遍的、与生俱来的。

Ekman（1973）和 Izard（1992）对离散情感理论观点进行了详细的描述，研究了生活中人们可以经历的各种情感状态。Izard（1992）认为环境和文化对情感有非常重要的影响，强调认知和情感过程的多种相互关系。Ekman 等（2005）提出了面部表情编码系统（FACS：Facial Action Coding System），认为情感编程（affect programs）是一个开放式的过程，可以通过文化和个体的学习进行修正，他还认为，情感家族成员之间的差别，并不都是通过脸部体现的，正面情感的很多变化是通过声音而不是脸部表情体现的。

离散情感理论尽管强调了基本情感表达的伪—自动产生过程是情感表达系统的进化结果，事实上他们还非常强调情感表达在社会环境中的交际功能。个人通过社会文化表现形式或者情感产生策略来控制和调节情感表达的能力。

成分情感理论以 Scherer（2003）为代表，认为情感面部表达是情感过程的成分表达，是通过评价结果来模式化的，与情感编程模型比较，成分情感理论把情感定义为产生认知活动、运动表达和生理唤醒、运动趋向以及个人情感状态的过程。

成分情感理论的主要特征是实现情感触发和相应模式之间的关联，使之比离散情感理论更为明显。Scherer 等（2007）描述了模型运行机理和过程，一些研究证明了成分理论的串行处理过程的合理性，如 Grandjean 和 Scherer（2008）用 EEG 和 ERP 方法证明了的串行处理的正确性。

这两个理论都认同情感结构是理解情感表达模式所必需的，许多情感运动是普遍的具有遗传性的。离散情感理论认为存在有限的基本情感，原型情感是一定的环境触发的，成分情感理论认为情感是一个不同表达表层成分在不同时间点出现的突发过程。

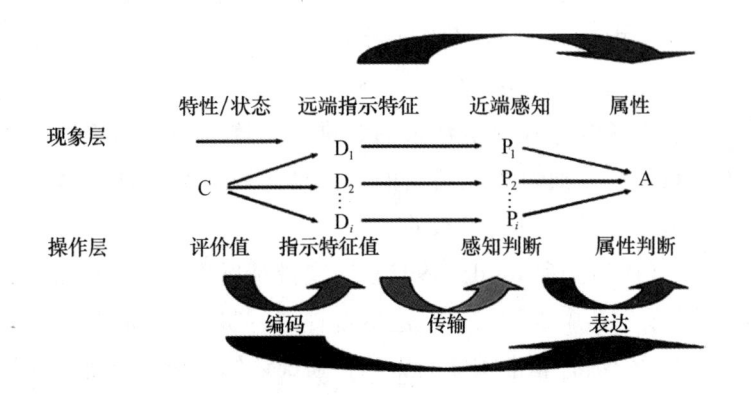

图 2—2　Brunswikian 透镜模型（Scherer 2003）

除了上述两种情感理论之外，Scherer（2003）提倡使用 Brunswikian 透镜模型研究情感的编码、传递和解码过程，模型原理如图 2—2 所示，模型可以解释说话者的意图（情感），通过各种通道环境的传递之后，听话者解码（感知到）的情绪有可能不一样。其中远端特征（distal cues）指说话人对听话人产生影响的特征，如声音的声学特征、面部表情特征；近端感知特征（proximal percepts）指听音人通过知觉系统感知到的特征。

（二）情感范畴离散描写与维度描写

对情感的描述有离散的/范畴的（discrete/categorical）和维度的（dimensional）两种描写。

离散情感理论认为情感表达是对基本情感编程形成的，Ekman 和 Rosenberg（2005）提出六种基本情感，包括愤怒、害怕、悲伤、难过、惊讶和高兴等。与离散情绪理论或者范畴化情绪描写不同的是心理学上提出的多维度的描写，把情绪按各种属性分为几个方面，称为维。最多的是把情绪列为三维。例如，冯特（Wunt）最早把情绪分为愉快—不愉快、激动—平静、紧张—轻松三个维度。斯洛斯伯格（Schlosberg）的三维是：愉快—不愉快；注意—拒绝；激活水平。普拉特奇科（Plutchik）的三维是强度、相似性和极性，如图 2—3 所示。Zei（2002）提出建立在互动主义认识论基础上的认知与情感统一的三维模式。认知本身包括情感空间的三个维度：效价（valence）、唤醒（activation）和应对力（coping power）。

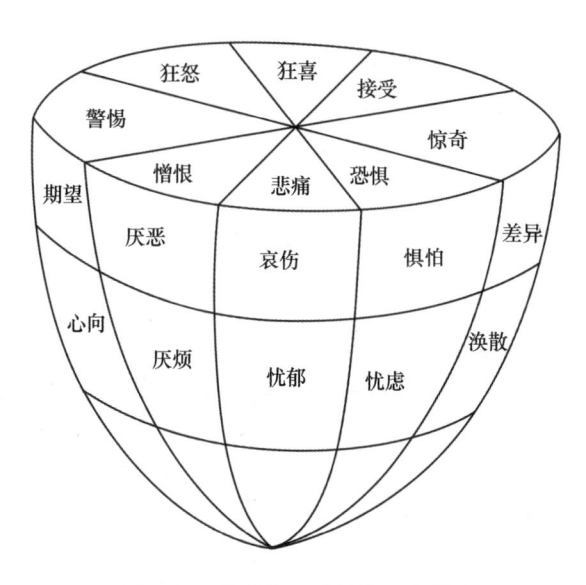

图 2—3　普拉特奇科情绪三维模式

情绪的维度分析为情绪的分类勾画了比较清晰的轮廓，但它难以把复杂的情绪全部包容与合理划分。

Cowie 等（2000）采用了二维的 FEELTRACE 描述情感的变化情况（如图 2—4 所示）。横轴为评价维度"evaluation"表示情感的正负，纵轴为激活度"activation"表示情感激活强度。

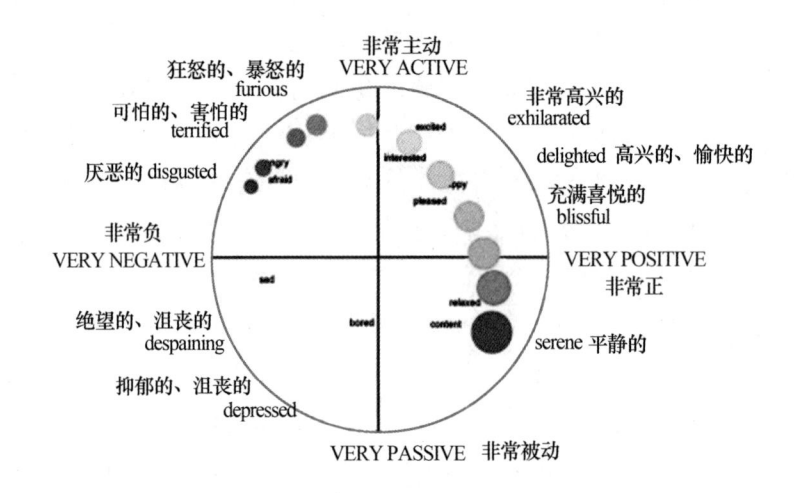

图 2—4　FEELTRACE 情绪模型示例（Cowie et al. 2000）

现常用于言语工程，对情感进行连续维度描写的是 VAD 模型（Schlosberg 1954），三个维度分别是：

效价/评价度（V：Valence, or appraisal, evaluation）：情绪的正负或者愉快不愉快的维度。

唤醒度（A：Activation, or arousal, excitation）：兴奋程度，范围从睡眠到紧张（from sleep to tension）。

控制度（D：Dominance, or strength, power）：说话人在关注—拒绝维度上的强度，用以区分由主体引发的情绪或是由环境引起的情绪。

范畴离散的描写和维度的描写并不矛盾。一个范畴描写的情感，也可以用维度特征进行描写。图 2—4 中的情感标注就表示了离散情感在连续空间中的位置。

七 语调与韵律

连续话语很少是由单个的音段构成，对超过了单个元音和辅音的研究属于超音段（supra-segmental）或者韵律（prosody）研究。超音段（supra-segmental）又称"跨音段"或者"非音段"。指那些作用范围大于音段的语音现象，例如重音、声调和语调等，超音段成分基本上等同于韵律成分。口语的特征中，韵律特征或超音段特征主要指音高、音长和音强等方面的语音特征。从感知上说就是音节的相对突显模式（重音）、感知到的音调（声调和语调）或节奏（时长特性）等。

（一）重音与节奏

重音指音节的相对凸显程度。可分为词重音和句重音。词重音是具有区别词汇意义的重音，根据词内相对凸显程度的不同，可分为主重音、次重音等。句重音指在一个语句中，凸显程度最高的重音，又可以分为语法重音、对比重音和强调重音。

重音是音系上音节的一个属性，它使音节相对更凸显。英语的词重音通常划分三个等级，从最强到最弱分别是主重音、次重音、非重音。汉语是否有词重音，是一个有争议的问题。比如"老子"和"老·子"、"鸭头"和"丫·头"产生对立，因此有的人认为汉语有词重音，还有的观点认为毕竟这样的词比较少，大部分的词听起来有的音节重一些，有的音节强一些，但是强弱的差异并不构成语义的对立，所以汉语没有词重音。

除了音节以外，音步（foot）也是涉及重音的一个重要结构。音步可以定义为由一个重读音节和这个重读音节之后的所有非重读音节构成。重读音节和非重读音节交替出现构成了有节奏的凸显峰。凸显音节和非凸显音节大致这样交替出现的语言被称为重音计时（stress-timed）语言。在重音计时的语言中，又分为固定重音（fixed stress）和自由重音（variable stress）两种。在固定重音的语言里，主重音总是出现在相同的音节上。比如，在捷克语中，重音总出现在单词的第一个音节上；在波兰语中，重音几乎总负载在单词的倒数第二个音节上；在法语中，重音几乎都负载在单词的最后一个音节上。在自由重音的语言中，比如英语和德语，重音并不总是固定在单词的相同位置上，而是不同的单词重音的位置不同（转引 Hayes 1995）。

法语和西班牙语为音节计时（syllable-timed）语言，所有音节，不论是重读音节还是非重读音节，都被认为间隔时间相等。语言学意义上的节奏被认为是音节之间间隔的等时性（the isochrony of syllable）。也就是说，对于音节计时的语言而言，重读音节和非重读音节的时长相差不大。实验证明，音节计时的西班牙语中重读音节和非重读音节的时长差异确实小于重音计时的英语中重读音节和非重读音节时长差异。西班牙语中非重读音节没有弱化这一事实也是重读音节和非重读音节之间的间隔相等的原因之一。但是音节时长并不总是恒定不变的。

日语属于第三种节奏类型——莫拉计时（mora timing）。莫拉是音系上表示长度的节奏单位，每个莫拉的时长大致相等。日语中音节和莫拉之间的区别是一个音节末尾的辅音自己构成一个莫拉，一个长元音的第二部分也构成一个莫拉。

在句子中，音高重音（pitch accent）或者调核重音（nuclear accent）可以使某些重读音节比其他重读音节更显著。音高重音就是任何的一种可以使一个话语中的某个特定音节相对更凸显的音高结构。一个负载了音高重音的音节比其他任何没有负载音高重音的音节更凸显。在英语或其他重音计时的语言中，音高重音音节通常也是一个重读音节。语调短语中最凸显的那个音高重音，被称为调核重音，也就是语句重音。对于英语的语调短语，这个调核重音是最后的一个音高重音，下面有具体的介绍。调核重音的位置由上下文语境和篇章属性决定的，更具体地说就是篇章的信息结构决定的。

（二）声调与语调

声调是在某种语言或方言中具有区别词义功能的音高对比。依靠声调区分词义的语言叫作声调语言（tone language）。

声调语言可以是调域调（register tones）或者是曲折调（contour tones）。非洲的大部分语言属于调域调语言，比如约鲁巴语有三个调域调。汉语属于曲折调语言，通过音高的曲折变化来区分词义，而不是通过音高的音阶变化。每一个声调都有一个特定的形状和特定音高的变化方向。泰语和越南语等许多东南亚的语言也是曲折调语言。两种声调系统的关键差别在于，曲折调系统的声调是音节的一种特性，而调域调系统的声调是较大单元如词的一种特性。

语调是与"字调"相对而言，也叫"句调"。指语句和篇章层面的音高运动模式，具有区分语气、情态、焦点、边界等言语交际功能。Ladd（1996/2008）对语调的概念进行了非常全面的界定："语调指在语言结构方式下，使用超音段语音特征传递后词汇'postlexical'或者句子层面的语用意义。"

语调传递的意义作用于短语或者整个话语（utterance），比如传递句子类型或者言语行为，或者焦点和信息结构。这个定义就把词汇层面的重音、声调等特征排除在外了。但是这些词汇特征与语调特征以各种方式交互作用，它们交互作用的方式和模式一直是大家努力探索和揭示的课题之一。上面说的"语言结构"指：语调特征是按照有区别分类的实体（低调或者边界抬高）和关系（强于/弱于）组织起来的。不包括那些副语言特征。

Ladd（1998/2008）是这样描写副语言和语调的关系的：副语言（paralanguage / paralinguistic）的概念是20世纪50年代言语通信技术中提出来的，有明确的含义，但是没有严格的语言学定义。副语言的信息主要涉及人们交际过程中一些基本方面，如表达进攻、缓和、团结、谦虚等态度和语气，同时涉及说话人的情感状态，如害怕、惊讶、愤怒、高兴和烦恼等。虽然没有精确的定义，但很多情况下能很好地、有效地传递信息。在缺少语言信息的情况下（比如用滤波器将声音的语言学信息滤除时），副语言信息也可以很好地得到体现。说明语音序列在缺少语言信息时，也能表达传递说话人是放松、耐心、好斗或其他的信息。

语调理论和韵律模型可以粗分为叠加观（Superimposed or Superpositional Model）和线性观（Linear Mmodel）两大类。

语调叠加观认为，语调曲线可以分解不同层级的语调成分，这些不同层级的语调成分"叠加"起来就形成了表层的语调曲线。这一类模型典型的例子有，赵元任（Chao 1933）提出的"大波浪加小波浪"的汉语语调模型；Fujisaki模型（Fujisaki & Hirose 1982），一个基于发音机制的分层叠加模型，认为表层音高曲线由短语指令和重音指令叠加而成（图2—5）。短语指令控制描述宏观基频曲线的走势，而重音指令刻画了基频曲线的微观形状。这个模型被广泛地应用于各种语言。

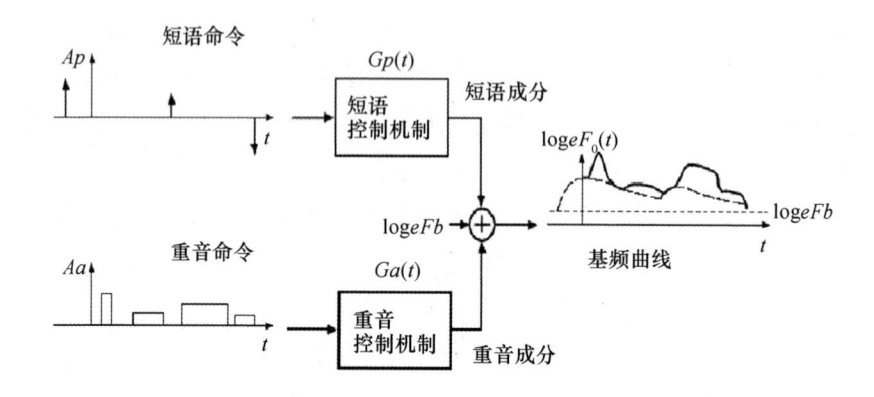

图2—5　Fujisaki 模型框架（Fujisak & Hirose 1982）

SFC（Superposition of Functional Contours）模型是一个基于神经网络的分层叠加模型（Bailly & Holm 2002；Holm & Bailly 2000，2002）。该模型认为语调有划分语音单元和信息传递的作用，这种作用在模型中通过时间和空间上可以伸缩延展的韵律原型曲线来表示；韵律曲线是这些伸缩延展的韵律原型曲线的代数相加。SFC 模型被分成两个模块，其输入输出关系示意图如图2—6 所示。

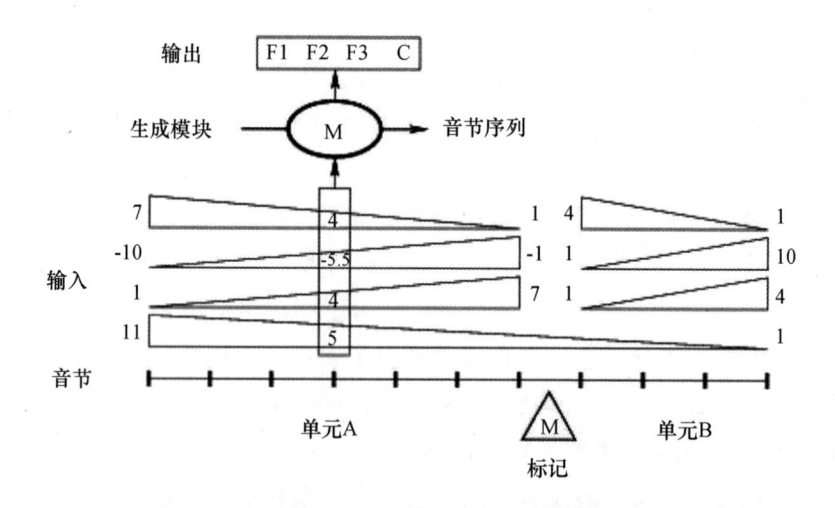

图2—6　SFC 输入输出关系（Holm & Bailly 2000）

语调线性观认为语调曲线是由一串离散的韵律事件按照线性序列组成。典型的语调模型包括英国传统的调群理论，将英语语调从前往后依次切分为调头（head）、调核（nucleus）和调尾（tail）三个部分（Crystal 1969；Palmer 1922）。调核落在突显程度最高的音节上，是语调中唯一不可缺少的部分；以及 Stem-ML（Soft Template Mark-up Language）模型（Kochanski，Shih & Jing 2003），是一套基于标记符号到基频曲线映射的韵律模型。

许毅（Xu 2005，2009）提出并行编码与目标逼近的语调模型 PENTA（Parallel Encoding and Target Approximation）。这个模型有两个假设：（1）语句的韵律在产生的时候，受到生理调节上的限制，音高曲线是由与音节同步的喉部运动，逼近底层的动态或者静态的音高目标值产生的；（2）韵律多种交流功能同时传递和感知，每种功能都能够独立编码。图2—7 就是许毅提出的平行编码和音高逼近的韵律模型框架。

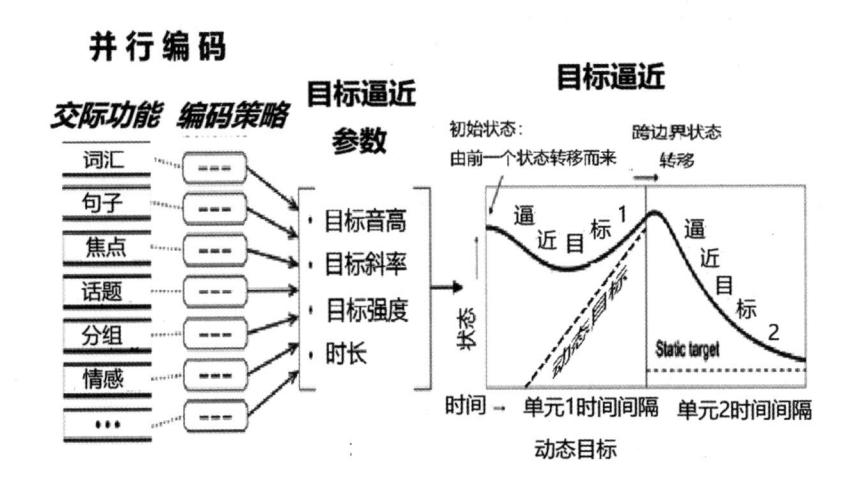

图2—7 许毅 PENTA 语调模型框（Xu 2005；Xu & Liu 2007）

最后一个影响较大的就是基于 AM（Autosegmental-Metrical）理论的语调模型（Pierrehumbert 1980/1987；Pierrehumbert & Beckman 1988；Ladd 1996/2008），如图2—8 所示的基于 AM 理论的英语语调有限状态机结构，将语调视为由一组音高重音（pitch accent）或者声调（tone）组成的音高事件。Ladd（1996/2008）对其进行改进，认为这些音高重音有不同的功能，区分了核心重音和核心前重音，改进的英语语调结构如图2—9所示。

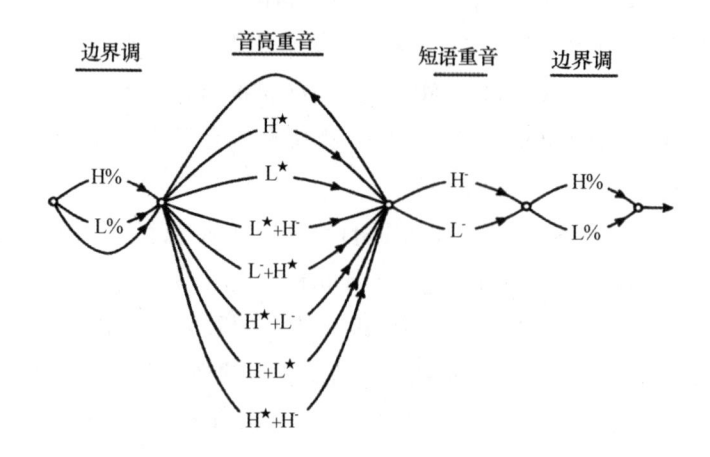

图2—8　基于AM理论的英语语调有限状态文法
(Pierrehumbert 1980/1987; Pierrehumbert & Beckman 1988)

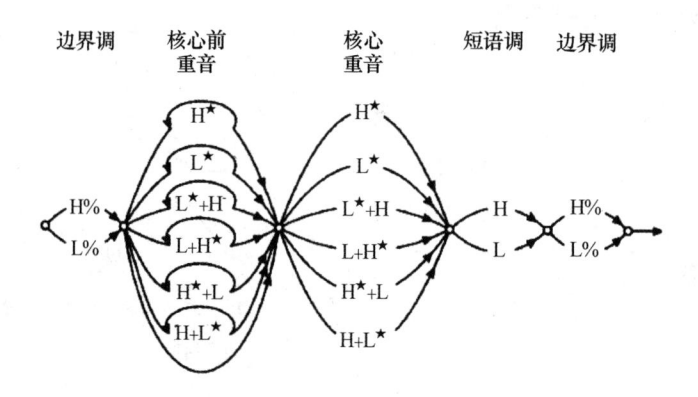

图2—9　基于AM理论改进的英语语调有限状态文法
(Ladd 1996/2008)

第三节　汉语口语语篇研究

一　汉语语调

汉语是声调语言，声调和语调共用一条音高曲线（F0曲线）作为其主要声学特征,因此,对汉语语调的研究,集中在对声调与语调的关系上。赵元任先生首开现代汉语语调系统研究之先河,第一个阐明了声调与语调的关系,为正确认识和掌握汉语语调奠定了坚实的理论基础,同时也为其他语言,尤其是众多声调语言的语调研究提供了理论支持。

(一)主要的汉语语调理论、学术观点

1. 赵元任的语调学说:"小波浪加大波浪""橡皮带"理论

自20世纪20年代开始直至80年代的半个多世纪里,赵元任先生多次从不同角度对汉语语调作了详尽透彻的描述。他关于总语调的音高运动是声调、中性语调和口气语调三种因素代数和的精辟见解,第一次揭开了汉语语调扑朔迷离的神秘面纱,开创了汉语语调结构的科学研究(赵元任1929,1932b)。学界普遍认为,"代数和"关系、"橡皮带"效应、"大波浪加小波浪",浓缩了赵先生语调理论的主要精髓。

赵元任在1929年《北平语调的研究》第一次提出汉语声调与语调的"代数和"主张,他指出,"耳朵所听见的总语调是那一处地方特别的中性语调加上比较的普通一点的口气语调的代数和"。中性语调是"在极平淡极没有特别口气的时候,语句里头的字调也因为地位的不同而经种种的变化"。就口气语调来说,"中国话的短暂口气和结束口气,也是一升一降的"。而且"是几乎全国一样的,甚至于跟外国语言也有好些相同的地方"。

在1932年《国语语调》中,赵元任进一步提出用"橡皮带"比喻音程(音域),"语调里最要紧的变化就是音程跟时间的放大跟缩小。这种变化最好拿一个机械的比方来解释",这个"机械"就是"橡皮带"。"橡皮带"的比喻生动概括了汉语声调在语调影响下,音程发生相应变化的四种基本作用模式:(1)↑音高水平整个提高;(2)↓音高水平整个降低;(3)音高范围扩大;(4)音高范围缩小(赵元任1933)。

综上所述,赵元任语调学说认为:耳朵听到的汉语总语调(实际的音高活动,即通常说的音高曲线)是由声调、中性语调和语调三部分构成的,即耳朵听到的总语调是这三个变量的函数;语调包含重音和语气两个成分,二者缺一不可;语调如何作用于声调和中性语调,就要运用赵元任提出的"代数和"主张和"橡皮带"比喻。

在声调语调的叠加方式上,赵元任提出了"至少有两种声调叠加:同时叠加和连续叠加"。同时叠加的实现方式是音节音高水平整个提高或者降低、音高范围扩大或者缩小,声调的调型保持不变(上文提到的四种作用模式)。赵元任提出了两种连续叠加方式(见表2—3),上升的结尾和下降的结尾,用符号↗和↘分别表示这两种结尾,并用下面的公式表示它们对声调的影响,1—5表示声调的5度值,6表示外加的高音。李爱军(2015)对情感语调中出现的连续叠加边界调进行了语音和音系描写。

表2—3　　　　　　　　汉语声调与语调的两种连续叠加

声调	上升结尾的叠加	下降结尾的叠加
阴平	↗55：=56	↘55：=551
阳平	↗35：=36	↘35：=351
上声	↗214：=216	↘214：=2141
去声	↗51：=513	↘51：=5121

赵元任首次明确提出汉语表情语调(赵元任1929,1932),"中性语调就是最平淡而仍旧连贯成话的语调,这是一切语调的起码货。中性语调里有两种变化,一种是字与字相连所发生的变化,一种是因字音的轻重而发生的声调上的变化,也就是声调的连续变调和轻重音的分别。国语有了中性语调,它的意义就明白了,算是实现了它的达意功用。但是一国的语言除了达意之外,还有表情的公用,特别是在艺术上所用的语言。表情语调比字调和中性语调复杂得多,除了严格的语调只讲声音的高低之外,还包括轻重快慢以及喉音的音程,它们都是表情的成素。"显然这里的表情语调,也包括了上文提到的口气语调。

在《汉语的字调跟语调》(赵元任1933)一文中,他再次强调:"在汉语中,除了因本调和有规则的连字调引起的调节,还存在大量表达说话者情绪(mood)和态度(attitude)的音高运动,一种声调语言的实际旋律或音高运动分为三个层面,由三种因素构成:一个个音节—词(syllable-words)所独有的声调(通常称为声调或词源上的声调);这些声调在连贯的言语中的相互影响(称为中性语调);以及表达说话者的情绪或者态度的音高运动（称为表情语调）。"

赵元任先生在《北平语调的研究》（1929）中把表情语调（口气语调）按照声学特征分成40种，还按照"体式"（form）给出每一种体式对应的一种或几种"功用"（function），其中27种"以音高跟时间的变化为主要的成素"，另外13种"以强度跟嗓子的性质（voice quality）为主要的成素"。他明确指出，表情语调与音高、音长特征相关，同时还与音强和发声特性相关。

赵元任先生的"大波浪和小波浪"的汉语语调理论是一种典型的叠加语调理论（Superimposed or Superpositional Model），把语调曲线视为由不同层级的语调成分叠加而成。

曹剑芬（2002）进一步解释了赵元任先生语调理论。声调跟语调是两种不同的音高运动形式，但两者不可分割。她把两者的关系描述为：声调"小波浪"骑跨在语调"大波浪"上，保持着它的基本调型，同时它的音阶随着大波浪的波动而波动。话语语调的基本模式主要跟话语的总体音阶，即调阶运动有关，它的起伏波动取决于言语产生的生理制约以及语气、情感、语义表达的需要。而声调模式既跟各个局部音节或词的音高变化的曲拱调型相关，又跟它们音高变化的音阶特征有关。在实际话语中，各个局部的音节或词，一方面基本保持它们的音高曲拱模式，以满足词义区别的需要，另一方面通过它们音阶的相对起落变化，满足话语总体语调调阶起伏的需要。也就是说，在实际话语里，局部的声调跟总体的语调是通过它们的音阶的相互叠加而有机结合起来的。

2. 吴宗济的语调观：必然与或然变调

吴宗济（2003）通过实验的手段证实了赵元任关于并合叠加几种方式的描写，同时提出字调或基本单元"一仍本调"，"拱度（调型）不变"。吴宗济分析语音的韵律采用从大到小的韵律单位，也就是：章节（语篇）、句子（语调短语）、短语（基本语调单元）。分析语句韵律，先找出最小韵律单位（直接成分），然后逐层分析到表层韵律。也就是从直接成分韵律逐层展开到其他单字或短语韵律。语音韵律结构跟语法结构不同，单以声调变化而言：（1）短语在句子中，由于连音的依存与制约，而有"必然变调"（方式）："协同发音""单向同化""双向同化"（应用规则:"跳板规则""多米诺规则""音系学规律");(2)句子在章节中,由于语境的不同,而有"或然变调"(语境):"疑问句""祈使句""逻辑重音""感情重音"(应用规则:"调位守恒""移调""变域""韵律互补")。吴宗济得到以上这一套变调规则,包括了语句中词语的连读音变规则、语句中词语间过渡的协调发音规则、语句中着重词语的基调变化规则以及"移调"处理方法、不同情态语句中局部和整体的移调规则等。

3. 沈炯的高低线汉语语调理论

沈炯(1992,1994)提出高低线语调理论,他系统研究了音高的高线和低线变化在表意表态表情等方面的功能,提出语调是由一连串声调音域组织起来的音高调节形式,声调是在声调音域中滑动的曲拱,语调对声调音域有调节作用,声调音域的改变表现在声调曲拱发生的量变上,声调的高音线、低音线受到语调的分别调整,高音线受到语势调节,低音线受到节奏结构的调节,汉语语调有调冠、调头、调核、调尾四部分。"调核是最重要的部分,它是语义中心所在的位置,也可以说,它是言语信息焦点的标志。语调信息主要分布在调核和调尾里,但是,调冠和调头里也有语调信息"(沈炯1992)。调核是语调构造的主体,可能出现在句子的任何一个音节位置上,不限句末附近。调核的主要标记是它属于句中最后强重音,汉语中在它后边的高音线有明显下落。

> 陈述语调是高音线骤落形式和低音线下延形式结合而成的。疑问语调是高音线逐落形式和低音线上敛形式结合而成的。祈使和强势语调也要用这两方面来说明。骤落和上敛造成普通话的祈使语调,全句性的渐落和句末下延造成强势语调。(沈炯1992)

沈炯(1998)对功能语调和口气语调的功能与构造进行了描述(见表2—4),其中尾音指句末正常语素音节,不包括上升尾音、下降尾音等寄生音段。后者在词汇学层面起语气意义的作用,不属于整句性语调调节。

表 2—4　　　　沈炯提出的汉语语调构造与描写符号（沈炯 1998）

功能语调：		口气语调：
A. 陈述语调：散焦型、集焦型		AL. 窄带低语调（不满、同情、拒绝）
B. 疑问语调：散焦型、集焦型		BM. 窄带中语调（安慰、犹豫、亲昵）
C. 祈使语调：短核型、长核型		CH. 窄带高语调（惊慌、告警、求助）
D. 感叹语调：（参见口气语调）		Dw. 宽带语调（欢快、愤怒、威胁）
语调构造的局部调节	调冠类型：	尾音类型
	PL. 低音调冠（无特殊作用）	EL. 尾音低上敛（决然、列举、连贯）
	PH. 高音调冠（有烘托作用）	EH. 尾音高上敛（转折或相关）

4. Gårding 的语调格栅模型

20 世纪 70 年代，隆德大学的 Eva Gårding 教授提出语调格栅（intonation grid model）模型，也称隆德语调模型（Lund intonation model）。如图 2—10 所示，格栅模型是一个语调生成模型，一个语调格栅包括四条线，最外边的两条直线是平直的，表示说话人的音域，一般不画出来；里边的两条线表示说话人的语调变化，可以上升也可以下降，可以扩张也可

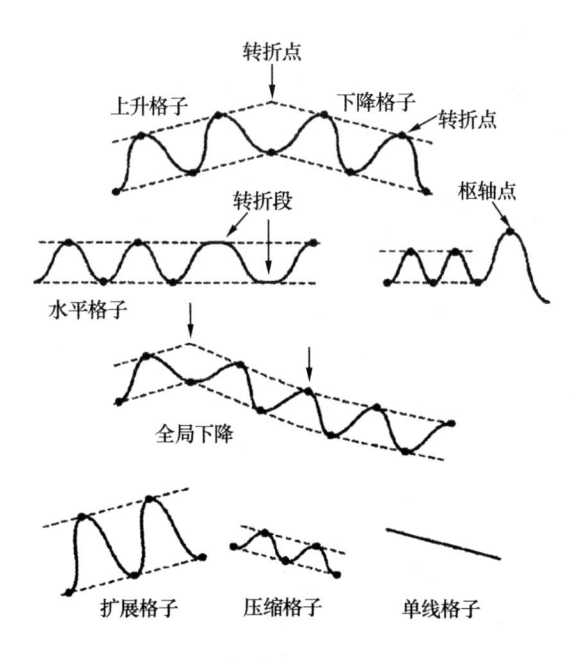

图 2—10　格栅模型（Gårding 1987）

以压缩。格栅语调模型反映语调基本特征，构成它的基本元素是局部基频的最大点和最小点，主要的基频最大点连接成语调顶线（topline），主要的基频最小点连接成语调底线（baseline），语调升降方向或宽窄发生变化的地方称为枢轴点（pivot），语调中的这些关键点都有一定的交际功能（见表2—5）。Gårding 用格栅模型分析汉语疑问、陈述、焦点语调（Gårding 1987）。

表2—5　　　　语调参数对应的交际功能（Gårding 1987）

语调参数＼功能	语义	句法
转折点	词、语素	词、语素
枢轴点	语义成分边界（主位/述位）	句法成分边界（主语/谓语）
格栅：方向	言语行为类型	句子类型
格栅：宽窄，位置	信息权重（焦点）	小句类型

5. 林茂灿的双要素汉语语调模型

林茂灿（2012，2016）从赵元任的语调理论出发，运用语调音系学的自主音段—节律模型（Autosegmental-Metrical Model，简称 AM 模式）提出了汉语语调的"双要素"模型（图2—11）。他认为描写汉语功能语调要从句重音位置和前后边界调入手，重音和边界调是汉语语调的两个要素。句重音的位置通常对应语调短语的信息焦点位置，分为宽焦点和窄焦点。疑问语调和陈述语调主要体现在后边界调，如图2—11所示。林茂灿还给出了形式化的语调特征。

林茂灿指出汉语语调的重音和边界调与声调之间是赵先生提出的叠加（同时叠加）关系，如图2—12所示。重音落在非上声（阴平、阳平和去声）音节上，其音高的高点明显抬高，音域加大；落在上声音节，其音高转折点下压，音域加大；疑问边界调和陈述边界调音高的上升和下降是相对于该边界音节声调音高相应部分的上升和下降。

	前边界调	重音	后边界调
疑问或陈述	RT% or LT%		RT% or LT%
感叹		[+RH] and [+RH][+LL]	
命令			RT%
窄焦点		[+RH] or [+LL]	
宽焦点		[-RH][+LL]	

图 2—11 汉语语调用音高特征表示的双要素模型

说明："R"表示音高抬高，"T"表示声调，"H"和"L"分别表示音高的高低特征，"+"和"-"分别表示特征的增强和减弱。

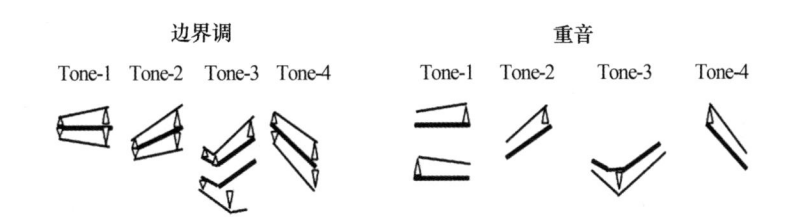

图 2—12 汉语语调的重音和边界调与声调之间叠加关系

说明：左图为不同声调的边界调（粗线）在疑问句和陈述句中的上升和下降情况；右图为重音作用于不同声调（粗线）的变化。三角箭头表示变化方向。Tone–1 至 Tone–4 为四个声调

6. 许毅的并行编码和目标接近语调模型

许毅从汉语声调调连模式研究起，对语调以及音段层次的协同发音进行详细研究后，提出了并行编码和目标接近模型，即 PENTA 模型（Xu 2005，2009），如图 2—7。这个框架提出的理论基础是语言的发音—功能观（articulatory-functional view of speech）：各种语音现象来自交际功能通过发音机制的并行编码。PENTA 把影响 F0 变化的因素分为不自觉的（involuntary）和自觉的（voluntary）两种。前者指音高变化的基本机制和发音器官的个人特性，如音高变化的最大速度、喉与喉上部运动发音部位的协调、元音的固有音高、辅音对 F0 的扰动、发音人的音高范围等，后者指 F_0 载带的语言和副语言信息，包括声调、词重音、焦点、句型、和情感等。音高变化的基本机制由目标接近（target approximation）来模拟，该机制的各个控制参数（包括 target、range、strength 以及 duration）是交际功能编码的基本单元。各种表意功能通过调整目标接近的参数进

行并行编码。PENTA 模型认为各表意功能是相互独立的，每种功能都通过影响目标接近模型的控制参数有效地表现自己。声调（包括轻声）通过与音节同步的音高目标来实现，焦点、新话题通过调整局部目标的调域来体现，多种表意功能在基频中同时、平行存在，表面的整体倾向来自多种相互独立的因素，不存在统一的、以形式为定义的整体语调结构。

Prom-on 等（2009）和 Xu 和 Prom-on（2014）进一步将 PENTA 模型数字化，并开发了能够自动学习音高目标参数的软件——PENTAtrainer（http：//www.homepages.ucl.ac.uk/—uclyyix/PENTAtrainer/）。使用该软件，多个表意功能可以人工分层标注，然后软件的学习功能就可以从整个数据库自动提取全套多功能的音高目标参数。使用这些参数，可以合成整体语调曲线，用在任何一个新的、有功能标注的语句上。其精确度通过与自然语调直接比较检验，自然度和功能表达的准确度可以由感知实验来检验。

通过 PENTAtrainer，并行编码和目标接近语调模型可以将赵元任先生的大波浪、小波浪理论具体化。也可以显示出，由于发音机制的复杂性，多种功能成分对语调的影响不可能是它们的算数和，而是复杂的，只有通过数字模型才能精确总结和预测的。

7. 石锋的汉语语调格局

石锋（2013）提出汉语语调格局，研究语句调型曲线的起伏格式及其所表现的各调群调域本身的宽窄和相互之间的位置关系。语调格局分别以起伏度、停延率和音量比为重要工具和量化参数对语调的音高、音长和音强的定量表现进行系统分析和考察。

（二）汉语语调的其他相关研究

在汉语语调研究中，语调的构成单位、音高下倾、焦点语调等语调现象也得到关注。

首先是汉语语调的基本构成单位。吴宗济（1988）明确提出研究汉语句调必须先弄清单字调和连读变调，并将二字、三字、四字组合的连读调型作为语调基本单元。也有学者认为汉语语调具有层级结构。汉语的韵律单元或者韵律层级如何，各家的认知不尽一致。王洪君和冯胜利在音系和句法层面进行定义，林茂灿、曹剑芬等从语音和音系层面进行定义。一般认为汉语韵律层级从大到小依次为：音节、韵律词、韵律短语及语调短语。

曹剑芬（2001，2016）对韵律单元定义进行了总结：韵律词是三音节以下的语法词或词组，属于一个音步结构；王洪君（2000）认为韵律词一般由两个或三个音节构成。韵律词也就是"语法上凝固的、节律上稳定的单音步"；跨度为1—3个音节，绝大多数为2—3个音节，少数为单音节。韵律词具有类似语法词的连调模式和词重音模式。韵律短语由一个或几个韵律词组成，即"可能多音步"；跨度为7±2个音节；各个韵律词间可能出现韵律上的节奏分界，主要表现为韵律词末尾音节的延长（或伴有较短的无声停顿）和韵律词之间的音高（包括音阈和音域）重新设置；具有相对稳定的短语调模式，即音阶的下倾（declination）及其重置（resetting）；具有相对稳定的短语重音配置模式，即与句法结构相关的常规重音模式。例如，偏正结构一般是偏重，主谓结构一般是谓重，述宾结构一般为宾重，述补结构一般为补重。

音高下倾和普通话语调的关系，有截然不同的两种说法。一种说法认为音高降势中存在以音高下倾为形式的语调结构，石基琳（Shih 2004）的实验证实了除降阶、焦点等之外的音高下倾的存在。另一种观点认为音高降势中不存在以音高下倾为形式的语调结构，如许毅（Xu 1997）认为音高下倾是降阶、焦点和新话题的综合作用，除此之外，不存在具有统一形式定义的语调结构。在韵律短语和语调短语后，低音线的重置是系统变化的，而高音点的变化受重音的影响比较自由（王蓓等2005）。语流中各个韵律层级上的音高下倾模式，下倾曲线的斜率随着音节数目的增加而逐渐减少，下倾曲线并不是线性的下倾，而是一种类似指数形式的下倾形状（王天庆、李爱军2005）。

学者还对各种功能语调进行了研究。关于汉语疑问句的语调特征，各家的看法并不完全相同。以不带疑问结构的是非问句为例，概括起来主要有三种观点：（1）句尾使用高语调，胡明扬和劲松持此种观点；（2）疑问句的句尾音高上升，或者认为疑问句总体的调阶走势是上升的；（3）疑问句语调与陈述句语调的区别在于，前者在调核之后高音线渐落、低音线上敛，后者在调核之后高音线骤落、低音线下延（沈炯1994；王韫佳、阮吕娜2005）。关于感叹语调的语音特征，赵元任（1929）最早进行了归纳，胡明扬（1987）提出感叹语调为低长调，当句终语调内含有次强重音时转为惊叹语调。沈炯（1994）提出，汉语功能语调受全句高音线与低音线走势影响，其中"全句高音线渐落和低音线下延是一种重要的感叹语调"。陈虎（2006）认为强重音和宽调域是汉语无标记类感叹语调构成与感知的两个最重要的要素。较高的调首边界调与较低的调尾边界调也是汉语无标记类感叹句感叹语调的重要特征。祈使句除了沈炯利用高低线模型的分析外，还有用 AM 双要素模型的分析（孙佳，路继伦 2008）。

汉语焦点的语调韵律编码也是语调研究最热点的话题。许毅（Xu 2011）最早对汉语普通话焦点的韵律特征进行了细致而详尽的实验研究。对焦点句语调的研究包括：单焦句在焦点处、焦点前、焦点后对应的音高、时长等韵律特征（Chen 2016；Chen et al. 2010；Wang & Xu 2011）；多焦点句是否可以实现为不同层级的重音及其韵律特征（贾媛 2012；Yuan et al. 2016；王蓓等 2019）。最主要的发现是，焦点后音高压缩（PFC）是北京话以及北方方言和部分南方方言焦点编码的主要手段。这使这些方言跟印欧语言在韵律上相似，从而有可能有历史上共同的渊源（Xu 2011）。

汉语语调的感知与认知机制的研究。通过感知实验探索陈述与疑问语气是由句末音节承载还是整句承载；通过感知实验探讨句末的焦点与疑问语气的竞争关系（Liu & Xu 2005）；通过 ERP、fMRI 等方法，研究大脑处理声调、语调的加工时间进程及神经动力学机制（如 Si, Zhou & Hong 2017）。

汉语语调的建模研究。如藤崎模型（Fujisaki model）、方特模型（Fant model, Fant et al. 2000）、许毅的 PENTA 模型、Stem-ML model 模型等。

汉语方言语调研究虽然起步很早，比如早期成都话（Chang 1958）、广州话（Vance 1976）、长沙话（Shen 1991）语调的研究。但与普通话语调研究相比，汉语方言的语调研究方兴未艾，亟须加强。

（三）汉语语篇韵律研究

吴宗济很早就关注篇章韵律的研究，他指出篇章中短语的移调程度和扩域程度受到语体的制约，而服从篇章韵律的规则，表达逻辑重音和感情重音的任务已基本上由代词、副词承担，而使名词和形容词的韵律变量相应降低了。

郑秋豫（Tseng 2006）提出阶层式多短语韵律句群（Prosodic Phrase Grouping，简称 HPG）的假说，如图 2—13，语篇韵律是来自字调（SYL）、韵律词（PW）、韵律短语（PPh）、呼吸组（BG）、韵律组（PG）到语篇韵律规范的总和。她从篇章角度对语调的表现进行研究，认为篇章韵律组构关系是影响语调变化的原因，提出的三段式语篇韵律，就像句法界定的语调模式一样，语篇结构界定连续语句的韵律结构。

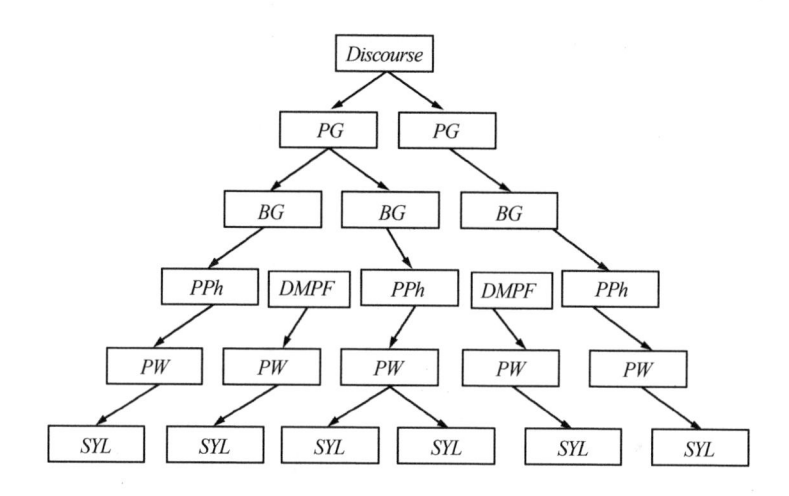

图 2—13　语篇的阶层式多短语韵律句群 HPG（Tseng 2006）

郑秋豫强调语音学研究韵律，必须在语音单位、研究角度和研究重点上更新我们以往的看法。韵律语音单位方面，不能只局限于字调、词而止于句型，必须有大于简单句的语流韵律单位。研究角度方面，不能只采"由下而上"着重小单位的微观研究角度；必须兼容"由上而下"进行较大单位的宏观研究。研究重点不能只采取孤立语音或韵律单位的研究，必须放大语音信号中的语境，检视语音单位间的关联性，在复杂的表面变异中，找出大单位的基型。语流韵律的研究，说明句调单位（IU：Intonation Unit）是韵律语流的次级韵律单位，各短语是姊妹关系，对即使同为叙述短句，成为 PG 的次级单位后，就必须依照 PG 指派的位置修正调整，以产生大语段的韵律语流。这也是语流中短语句调变化多端的原因。在这个跨短语的基型之上，可以再附加焦点，强调、语气等其他语音现象。

李爱军、贾媛等开展篇章韵律接口研究，对语篇中修辞结构、信息结构、对话言语行为的韵律特征进行了系统分析，发现语篇的韵律特征与传达语篇的信息结构、言语交互行为密切相关（李爱军等 2013；Zhang, et al. 2018；贾媛 2019；Liu et al. 2016；Li 2018；Huang et al. 2018）。

二 汉语口语语篇的多层级结构与标注体系

口语是一串物理信号，但是它可以表达不同层次的信息（图2—14），包括语言、副语言以及非语言等信息。这些物理信号的产出和理解（编码和解码），涉及了语言心理认知和发音生理等。因此，对言语的理解和表示同时涉及心理、生理以及物理的多层级表示。

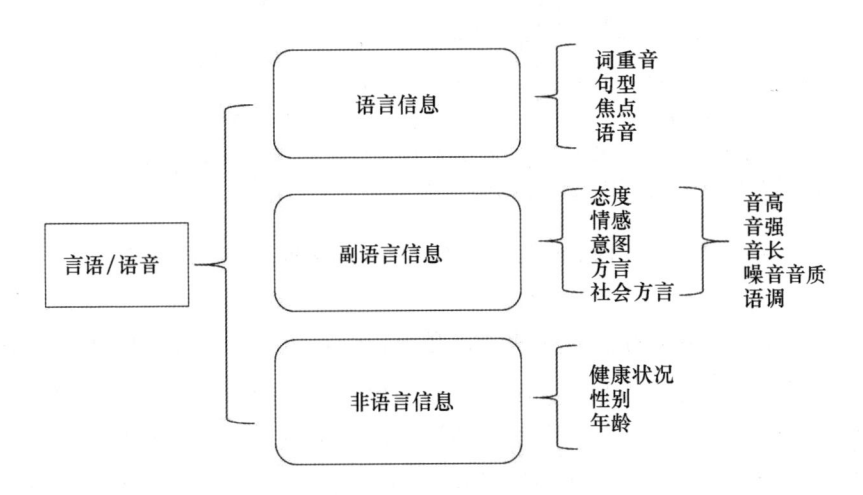

图2—14 言语交际中的多层次信息表达

在汉语口语语篇表示体系中，我们从语义和形式等多层级多维度来关注交际双方如何通过文字或者口语来交流信息、传递意图。

（一）口语语篇结构的多层级表示体系

传统的语篇表示体系都是根据各自研究或者技术应用领域需求来制定的，主要涉及文本语篇的表示，有的已经形成了相对规范的行业标准。

比如，北京大学计算语言学研究所提出的词语切分与词性标注规范（俞士汶等2002）以及知网中对概念和事件定义的标注方法和规定（http：//www.keenage.com/zhiwang/c_zhiwang.html）。

传统的自然语言处理系统，主要针对文本信息的表示，关注分词和词性表示、句法结构和句法关系表示（周强2004）以及浅层的语义表示。比如，面向语篇的理解，有汉语句子的概念复合块标注规范（仵永栩等2016）、汉语复杂句子的话题链分析标注规范（宋柔2013；周强、周骁聪2014）、汉语语篇的连贯性分析标注规范（周强、周骁聪2014）、汉语日常会话的对话行为标注（周强2017）等。

面向自然口语处理技术，如语音识别和语音和合成等，则关注朗读口语或者自然话语的表示，包括音段信息、分词和句法结构以及韵律信息的表示。语言学本体的研究，则有功能和形式之分，一个注重口语材料，一个注重书面语材料，缺少从实际口语语篇出发将二者很好地结合起来的系统表示。

因此，我们有必要整合目前分立的表示体系，从口语语篇处理的角度，基于语言能力（language competence）理论（Ingram 2007），提出一个形式与意义或者说形式与功能整合的表示体系。

口语语篇的表示体系，主要从语言学角度，对汉语口语语篇结构的形式及其对应的功能进行多层级的描写。语言学的研究认为口语语篇是具有层次化结构的，对口语语篇的分层组织结构进行系统地表示并对其表达的交际功能进行描写，有助于我们了解语篇的编码和解码机制，是语篇的意图理解的形式化基础。

我们基于语音学、音系学、句法语义学、篇章语言学以及语用学等多个跨语言学理论，特别是基于认知语言学的联结主义理论，从语言的结构、形式和功能三者关系出发，来构建汉语语篇的分层表示体系。图2—15给出了语言的结构、形式和功能之间的关系，以及语篇层级表示体系与言语感知与产生的关系。

我们将语言表示体系置于层级结构、形式和功能（意义）三维认知空间进行（图2—15左图）。形式和功能（意义）之间是多对多的关系。比如相同的发音可以有不同的意义，称为多音词，如"书"与"叔"；而相同的意义也可以用不同词语来实现，称为同义词如"吝啬"与"小气"。结构与形式和功能之间也是多对多的关系。比如"我喜欢这本书"与"这本书我喜欢"表达的意义相同但是句法结构和信息结构不尽相同。

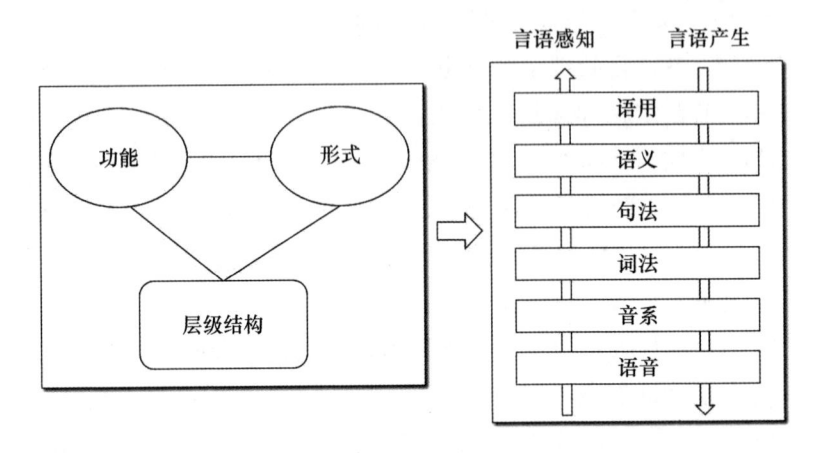

图 2—15　基于认知的语言三维表示空间及其与言语感知和产出关系示意图

从言语理解的言语产出和言语感知看，我们将图 2—15 的左图进行 6 个层次衍化表示为图 2—15 右图，从下而上层次分别是语音、音系、词法、句法、语义、语用层。言语感知是自下而上的过程；言语产出则是一个自上而下的过程，各个模块之间是联结互动的关系。

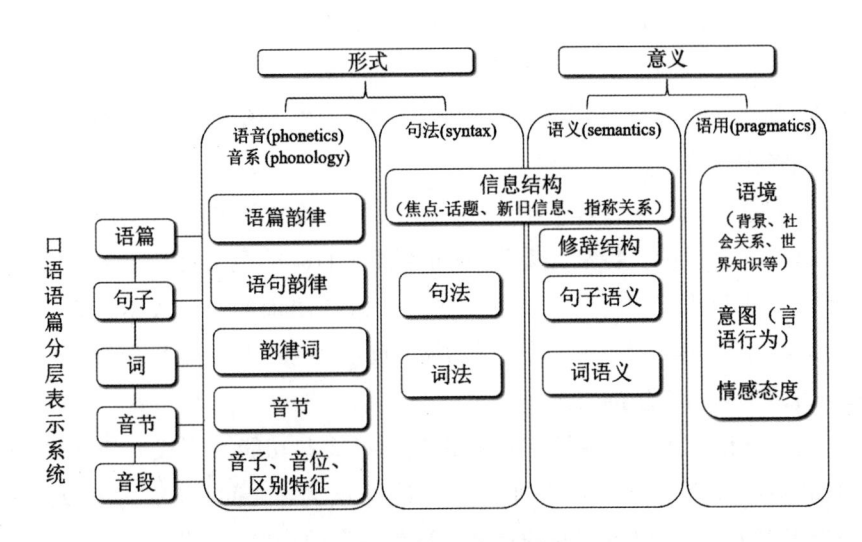

图 2—16　口语语篇的基本层级结构与语言学表示成分

如果我们将口语语篇的形式、意义和结构之间的关系细化，把语言结构层级及其对应的形式和意义的语言成分表示为图2—16所示。对口语语篇的层级结构更为细致的描写参看 Ingram（2007）对语言学表达的基本层级与基本成分的讨论。最左栏从下到上的语言结构层级单元共包括五层，分别是音段（segment）、音节（syllable）、词（word）、句子（sentence）和语篇（discourse）。这些单元在形式上对应语音音系和句法，在意义上对应语义和语用。

（二）汉语口语语篇的多层级标注体系

根据口语语篇的分层表示体系，我们给出了与其对应的分层标注体系（图2—17）。对语篇层级结构的形式和功能标注包括四个部分：音段韵律标注、词法句法标注、语义标注、语用标注。标注体系适用于各种语境中人际和人机之间的语音和语言交互语篇。比如社交网络中的语音和文字语篇、各种客服产生的语音和文字对话、媒体报纸相关的语篇等。

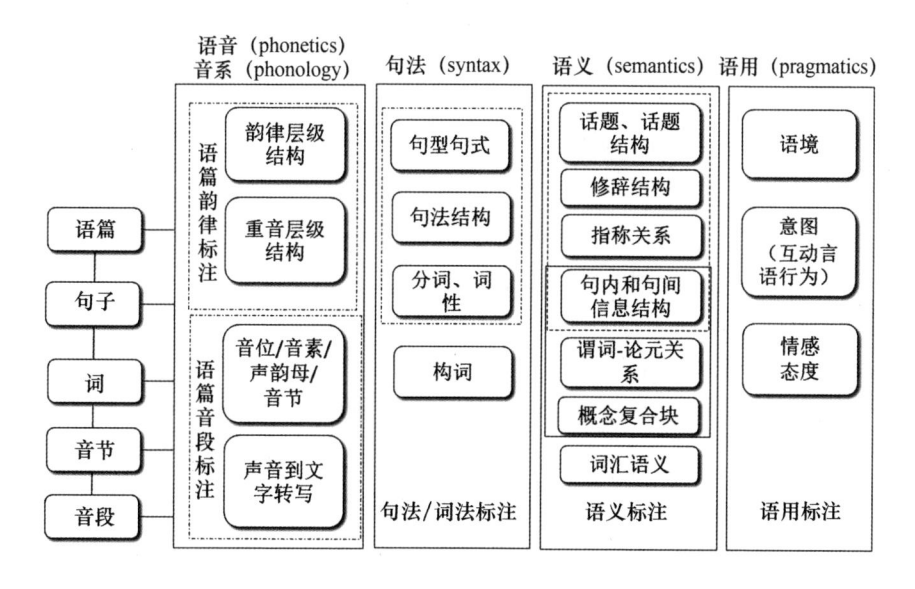

图2—17 口语语篇的分层表示与标注体系关系

图2—18给出了四个标注部分包含的具体的标注层级内容，语音韵律标注包括语音音段和韵律标注（Li 2002）；词法句法标注包括词性和分词

标注、句型句式标注、句法结构标注,句法结构标注除了上下文无关文法标注外,还常常进行具有浅层语义关系的依存句法标注;语义标注包括句内语义关系标注和句间语义关系标注,这部分又可以分为句子语义块标注、信息结构标注、修辞结构标注、话题链(结构)标注、指称关系标注等;语用标注包括语境标注、言语行为标注、情感和态度标注。

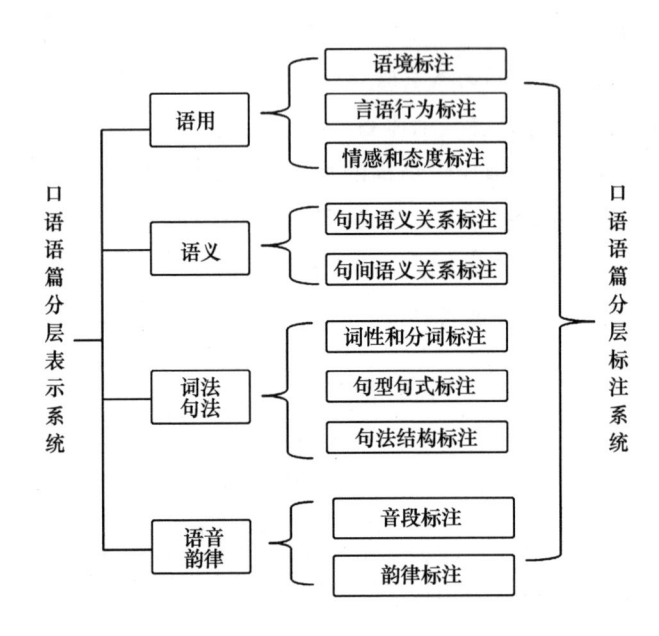

图 2—18　口语语篇的分层标注体系

本书对涉及文本的句法语义标注,不做重点介绍,相关的内容可以参考贾媛《汉语语篇分层表示体系构建与韵律接口研究》(2019)。第四章至第七章将分别重点介绍语音库的音段和韵律标注、口语依存关系标注、口语语篇修辞结构标注、对话言语行为标注。

第四节　本章小结

本章就口语语篇库建设及标注中涉及的术语和部分理论进行了简单介绍。汉语的口语篇库标注,其实是从语音学和语言学层面对口语语篇的结构化表示，是进行大数据语言学和语音学研究以及面向认知智能的语言处理技术的重要工作。标注体系和标注规范，体现了目前对汉语口语语篇在语音、句法、语义和语用各个层面，以及从生成到感知认知不同视角的研究成果。相信通过多维度的跨学科研究，揭示言语交际的认知机制指日可待。

参考文献

布隆菲尔德（Leonald Bloomfield）：《语言论》，袁家骅、赵世开、甘世福译，商务印书馆1980年版。

蔡文辉、赵鸿瑜：《浅谈语境理论的形成与发展》，《山西师大学报》（社会科学版）2006年第S1期。

曹剑芬：《汉语声调与语调的关系》，《中国语文》2002年第3期。

曹剑芬：《汉语韵律切分的语音学和语言学线索》，《新世纪的现代语音学——第五届全国现代语音学学术会议论文集》，2001年。

曹剑芬：《语言的韵律与语音的变化》，中国社会科学出版社2016年版。

曹剑芬：《赵元任语调思想探微》，《中国语音学报》2013年第4辑。

陈虎：《汉语无标记类感叹语调研究》，《第七届中国语音学学术会议暨语音学前沿国际问题国际论坛》，2006年。

方梅：《北京话语气词变异形式的互动功能——以"呀、哪、啦"为例》，《语言教学与研究》2016年第2期。

方梅：《汉语篇章语法研究》，社会科学文献出版社2019年版。

方梅：《"说是"的元话语功能及"X是"的词汇化动因》，第19次现代汉语语法讨论会，浙江温州，2016年。

方梅：《再说"呢"——从互动角度看语气词的性质与功能》，《语法研究与探索》（十八），商务印书馆2016年版。

方梅：《自然口语中弱化连词的话语标记功能》，《中国语文》2000年第5期。

方梅、乐耀：《规约化与立项表达》，北京大学出版社2017年版。

方梅、张伯江：《汉语功能语法研究》，中国社会科学出版社2007年版。

方梅、李先银、谢心阳:《互动语言学与互动视角的汉语研究》,《语言教学与研究》2018年第3期。

冯光武:《汉语语用标记语的语义、语用分析》,《现代外语》2004年第1期。

顾曰国:《John Searle 的言语行为理论与心智哲学》,《当代语言学》1994年第2期。

何兆熊:《新编语用学概论》,上海外语教育出版社2000年版。

侯瑞芬:《基于语料库的汉语应答性成分语义和话语功能研究》,国家社科基金结项报告,2019年。

胡明扬:《北京话初探》,商务印书馆1987年版。

贾媛:《汉语语篇分层表示体系构建与韵律接口研究》,中国社会科学出版社2019年版。

贾媛:《普通话焦点的语音实现和音系分析》,中国社会科学出版社2012年版。

劲松:《北京话的语气和语调》,《中国语文》1992年第2期。

兰盖克(Ronald Langacker):《认知语法基础(第1卷):理论前提》(*Foundations of Cognitive Grammar*, 1987),牛保义等译,北京大学出版社2014年版。

乐耀:《汉语会话交际中的指称调节》,《世界汉语教学》2017年第1期。

乐耀:《互动语言学研究的重要课题——会话交际的基本单位》,《当代语言学》2017年第2期。

雷克夫(George Lakoff):《女人、火与危险事物:范畴显示的心智》(*Women, Fire, and Dangerous Things: What Categorical Review above the Mind*, 1987),李葆嘉等译,世界图书出版公司2017年版。

李爱军、贾媛、柳雪飞、张良:《自然口语对话语境中回声问句的解码初探》,中国语言语音国际会议,2013年。

李先银:《现代汉语话语否定标记研究》,世界图书出版公司2017年版。

廖秋忠:《廖秋忠文集》,北京语言学院出版社1992年版。

林茂灿:《汉语语调实验研究》,中国社会科学出版社2012年版。

林茂灿、李爱军：《英汉语调的相似性与对外汉语语调教学》，《中国语音学报》第 7 辑，中国社会科学出版社 2016 年版。

刘娅琼：《试析反问句的附加义》，《修辞学习》2004 年第 3 期。

刘娅琼、陶红印：《汉语谈话中否定反问句的事理立场功能及类型》，《中国语文》2011 年第 2 期。

朴惠京：《词汇化形式"高频双音节能愿动词 + 说/是"》，《世界汉语教学》2011 年第 4 期。

乔姆斯基（Noam Chomsky）：《句法结构》（*Syntactic Structure*，1957），黄长著等译，中国社会科学院出版社 1979 年版。

乔姆斯基（Noam Chomsky）：《语法理论的若干问题》（*Aspects of the Theory of Syntax*，1965），黄长著等译，中国社会科学院出版社 1986 年版。

冉永平：《话语标记语的语用学研究综述》，《外语研究》2000 年第 4 期。

任绍曾：《词汇语境线索与语篇理解》，《外语教学与研究》2003 年第 4 期。

沈炯：《汉语语调分类和标记方法试说》，《语言文字应用》1998 年第 1 期。

沈炯：《汉语语调构造和语调类型》，《方言》1994 年第 32 期。

沈炯：《汉语语调模型刍议》，《语文研究》1992 年第 4 期。

石锋：《语调格局：实验语言学的奠基石》，商务印书馆 2013 年版。

宋柔：《汉语篇章广义话题结构的流水模型》，《中国语文》2013 年第 6 期。

孙佳、路继伦：《汉语命令句音高、时长与音系模式》，第八届中国语音学学术会议暨庆贺吴宗济先生百岁华诞语音科学前沿问题国际研讨会，2008 年。

索绪尔（Ferdinand de Saussure）：《普通语言学教程》（*Cours de Linguistique Generale*，1916），高名凯译，商务印书馆 1980 年版。

王蓓、刘璐、张夏夏、Féry. C.：《汉语普通话中双焦点的产生和感知》，《声学学报》2019 年第 1 期。

王蓓、杨玉芳、吕士楠：《语篇中大尺度信息单元边界的声学线索》，

《声学学报》2005 年第 2 期。

王洪君：《汉语的韵律词与韵律短语》，《中国语文》2000 年第 6 期。

王洪君：《汉语非线性音系学》（增订版），北京大学出版社 2008 年版。

王天庆、李爱军：《基于 SFC 模型的韵律词音高模式研究》，《声学技术》2005 年第 10 期。

王韫佳、阮吕娜：《普通话疑问句语调的实验研究》，《第八届全国人机语音通讯学术会议论文集》，2005 年。

卫真道（Jonathan J. Webster）：《篇章语言学》（*Text Linguistics*），徐赳赳译，中国社会科学出版社 2002 年版。

吴宗济：《汉语普通话语调的基本调型》，《王力先生纪念论文集》，商务印书馆 1988 年版。

吴宗济：《吴宗济语言学论文集》，商务印书馆 2003 年版。

仵永栩、吕学强、周强、关晓炟：《汉语概念复合块的自动分析》，《中文信息学报》2016 年第 2 期。

谢心阳：《问与答：形式和功能的不对称》，博士学位论文，中国社会科学院，2016 年。

徐赳赳：《现代汉语互文研究》，北京师范大学出版社 2018 年版。

徐赳赳：《现代汉语篇章语言学》，商务印书馆 2014 年版。

许家金：《话语标记的现场即席观》，《外语学刊》2009 年第 2 期。

许家金：《青少年汉语口语中话语标记的话语功能研究》，博士学位论文，北京外国语大学，2005 年。

许家金：《〈语用标记和社会语言学变异〉述评》，《当代语言学》2004 年第 3 期。

杨玉芳：《心理语言学》，科学出版社 2015 年版。

殷治纲：《汉语口语会话中的"嗯"、"啊"类话语标记研究》，硕士学位论文，中国社会科学院，2007 年。

俞士汶、段慧明、朱学锋：《北京大学现代汉语语料库基本加工规范》（续），《中文信息学报》2002 年第 6 期。

赵元任：《北平语调的研究》，原载《最后 5 分钟》附录，中华书局 1929 年版，又见《赵元任语言学论文集》，商务印书馆 2002 年版。

赵元任：《国语语调（讲演）》，原载《广播周报》1932年第23期，又见《赵元任语言学论文集》，商务印书馆2002年版。

赵元任：《汉语的字调和语调》，原载《中研院史语所集刊》第四本第三分，1933年版，又见《赵元任语言学文集》，商务印书馆2002年版。

赵元任：《汉语口语语法》，吕叔湘译，商务印书馆2005年版。

赵元任：《中国言语字调底实验研究法》，原载《科学》1922年第7卷第9期，又见《赵元任语言学论文集》，商务印书馆2002年版。

周强：《汉语句法树库标注体系》，《中文信息学报》2004年第4期。

周强：《汉语日常会话的对话行为分析标注研究》，《中文信息学报》2017年第6期。

周强、周晓聪：《基于话题链的汉语语篇连贯性描述体系》，《中文信息学报》2014年第5期。

朱军：《反问格式"X什么X"的立场表达功能考察》，《汉语学习》2014年第3期。

朱军：《反问格式"有什么X"的否定模式与否定等级——互动交际模式中的语用否定个案分析》，《中国语文》2013年第6期。

Austin, J. L. 1962. *How to do things with words*. Cambridge: Harvard University Press.

Bailly, G., Holm, B. 2002. Learning the hidden structure of speech: From communicative functions to prosody, *Cadernos de Estudos Linguisticos*, pp. 43, 37–54.

Berger, P. L., Luckmann, T. 1966. *The social construction of reality: A treatise in the sociology of knowledge*. New York: Doubleday & Co.

Blackmore, D. 1987. *Semantic Constraints on Relevance*. Oxford: Blackwell.

Blackmore, D. 1992. *Understanding Utterances*. Oxford: Blackwell.

Bühler, K. 1934/1982. *Sprachtheorie: Die Darstellungsfunktion der Sprache* (Language Theory: The Representation Function of Language). Stuttgart: Fischer.

Bunt, H. 2000. Dialogue pragmatics and context specification. In H. Bunt, W. Black (Eds.), *Abduction, Belief and Context in Dialogue: Studies in Com-

putational Pragmatics (pp. 81 – 105). Amsterdam: Benjamins.

Chafe, W. 1976. Givenness, contrastiveness, definiteness, subjects, topics, and point of view. In C. Li (Ed.), *Subject and Topic*. New York: Academic Press, pp. 25 – 55.

Chafe, W. L. (Ed.). 1980. *The Pear Stories: Cognitive, Cultural, and Linguistic Aspects of Narrative Production*. Norwood, NJ: Ablex.

Chang, N. T. 1958. Tone and intonation in the Chengtu dialect (Szechuan, China). *Phonetica*, 2 (1 – 2), pp. 59 – 85.

Chao, Y. R. 1933. Tone and intonation in Chinese. *Bulletin of the Institute of History and Philology Academia Sinica*, 4 (2), pp. 121 – 134.

Chao. Y. R. 1968. *A grammar of spoken Chinese*. Berkeley, CA: University of California Press.

Chen, Y. 2010. Post-focus F0 compression—Now you see it, now you don't. *Journal of Phonetics*, 38 (4), pp. 517 – 525.

Chen, Y., Lee, P. P. L., & Pan, H. 2016. Topic and focus marking in Chinese. In C. Féry, S. Ishihara (Eds.), *The Oxford Handbook of Information Structure*. Oxford: Oxford University Press.

Couper-Kuhlen, E., Selting, M. 2018. *Interactional Linguistics: An Introduction to Language in Social Interaction*. Cambridge/New York: Cambridge University Press.

Cowie, R., Douglas-Cowie, E., Savvidou, S., McMahon, E., Sawey, M., Schröder, M. 2000. "FEELTRACE": An instrument for recording perceived emotion in real time. In *ISCA Tutorial and Research Workshop (ITRW) on Speech and Emotion: A Conceptual Framework for Research*, pp. 19 – 24.

Crystal, D. 1969. *Prosodic Systems and Intonation in English*. London: Cambridge University Press.

Darwin, C., Prodger, P. 1998. *The Expression of the Emotions in Man and Animals*. New York: Oxford University Press.

DuBois, J. W. 1980. Beyond definiteness: the trace of identity in discourse. In W. Chafe (Ed.), *The Pear Stories: Cognitive, Cultural, and Linguistic Aspects of Narrative Production*. Norwood, NJ: Ablex, pp. 203 – 274.

Ekman, P. 1973. *Darwin and facial expression*: *A century of research in review*. New York: Academic Press.

Ekman, P. , Rosenberg, E. L. 2005. *What the face reveals*: *Basic and Applied Studies of Spontaneous Expression Using the Facial Action Coding System (FACS)* (2nd ed.). New York: Oxford University Press.

Fant, G. , Kruckenberg, A. , Liljencrants, J. , Hertegård, S. 2000. Acoustic-phonetic studies of prominence in Swedish. *KTH TMH-QPSR*, 2 (3).

Ford, C. E. 1993. *Grammar in Interaction*. Cambridge: Cambridge University Press.

Ford, E. , Fox, B. A. , Thompson, S. A. 1996. Practices in the construction of turns: The "TCU" revisited. *Pragmatics*, pp. 6, 427 – 454.

Fox, B. A. 1987. *Discourse Structure and Anaphora*. Cambridge: Cambridge University Press.

Fujisaki, H. 2004. Information, prosody, and modelling with emphasis on the tonal features of speech. In G. Fant, H. Fujisaki, J. Cao, Y. Xu (Eds.), *Traditional Phonology to Modern Speech Processing* (pp. 111 – 128). Beijing: Foreign Language and Teaching Research Press.

Fujisaki, H. , Hirose, K. 1982. Modelling the dynamic characteristics of voice fundamental frequency with application to analysis and synthesis of intonation: Preprints of the working group on intonation. *Proceedings of 13th International Congress of Linguists*, Tokyo, Japan, pp. 57 – 70.

Gårding, E. 1987. Speech act and tonal pattern in Standard Chinese. *Phonetica*, pp. 44, 13 – 29.

Garfinkel, H. 1967. *Studies in Ethnomethodology*. Cambridge: Polity Press.

Grandjean, D. , Scherer, K. R. 2008. Unpacking the cognitive architecture of emotion processes. *Emotion*, pp. 8 (3), 341 – 351.

Griffiths, P. E. 1997. *What Emotions Really are*: *The Problem of Psychological Categories*. Chicago: University of Chicago Press.

Givón, T. 1979. *On Understanding Grammar*. New York: Academic Press.

Gumperz, J. J. 1982. *Discourse Strategies*. Cambridge: Cambridge University Press.

Gumperz, J. J., Hymes, D. E. 1964. The ethnography of communication. *American Anthropologist*, 66 (6): part Ⅱ.

Gumperz, J. J., Hymes, D. E. 1972. *Directions in Sociolinguistics: The Ethnography of Communication.* New York: Holt, Rinehart and Winston.

Halliday, M. A. K. 1978. *Language as Social Semiotic: The Social Interpretation of Language and Meaning.* London: Arnold.

Halliday, M. A. K. 1985. Systemic background. In J. D. Benson, W. S. Greaves (Eds.), *Systemic Perspectives on Discourse, Vol. 1: Selected Theoretical Papers from the Ninth International Systemic Workshop.* Norwood, NJ: Ablex.

Halliday, M. A. K., Hasan, R. 1976. *Cohesion in English.* London: Longman.

Halliday, M. A. K., Hasan, R. 1989. *Language, Context and Text: Aspects of Language in a Social-semiotic Perspective* (2nd ed.). Oxford: Oxford University Press.

Halliday, M. A. K., Matthiessen, C. 1999. Construing experience through meaning: A language-based approach to cognition. *Computational Linguistics*, 27 (1), pp. 140 – 142.

Harris, Z. 1952. Discourseanalysis. *Language*, 28, 1 – 30.

Hayes, B. 1995. *Metrical Stress Theory Principles and Case Studies.* Chicago: University of Chicago Press.

Heritage, J. 1984. *Garfinkel and Ethnomethodology.* Cambridge: Polity Press.

Holm, B., Bailly, G. 2000. Generating prosody by superposing multiparametric overlapping contours, *Proceedings of ICSLP* 2000, Beijing.

Holm, B., Bailly, G. 2002. Learning the hidden structure of intonation: Implementing various functions of prosody, *Proceedings of the Speech Prosody 2002 Conference* (pp. 399 – 402). Aix-en-Provence, France.

Hopper, P., Thompson, S. A. 1980. Transitivity in grammar and discourse. *Language*, 56 (2), pp. 251 – 299.

Hopper, P., Thompson, S. A. 1984. The discourse basis for lexical categories in universal grammar. *Language*, 60 (3), pp. 703 – 752.

Huang, G., Zhu, L., Li, A. 2018. Syntactic structure and communicative function of echo questions in Chinese dialogues. *Proceedings of ISCSLP* 2018, Taipei.

Ingram, J. C. L. 2007. *Neurolinguisitics: An Introduction to Spoken Language Processing and Its Disorders.* Cambridge: Cambridge University Press.

Izard, C. E. 1977. *Human Emotions.* New York: Plenum Press.

Izard, C. E. 1992. Basic emotions, relations among emotions, and emotion—cognition relations. *Psychological Review*, pp. 99, 561 – 565.

Jurafsky, D., Bates, R., Coccaro, N., Martin, R., Meteer, M., Ries, K., Shriberg, E., Stolcke, A., Taylor, P., Van Ess-Dykema, C. 1997. Automatic detection of discourse structure for speech recognition and understanding. *Proceedings of the IEEE Workshop on Speech Recognition and Understanding*, pp. 88 – 95.

Kochanski, G., Shih, C., Jing, H. 2003. Quantitative measurement of prosodic strength in Mandarin. *Speech Communication*, 41 (4), pp. 625 – 645.

Kress, G. R. (Ed.). 1976. *Halliday: System and Function in Language.* London: Oxford University Press.

Ladd, D. R. 1996/2008. *Intonational Phonology.* Cambridge: Cambridge University Press.

Laury, R., Etelämäki M., Couper-Kuhlen, E. (Eds.). 2014. Approaches to grammar for interactional linguistics, *Pragmatics*, 24 (3).

Lee, W., Stolfo, S., Mok, K. W. 1998. Mining audit data to build intrusion detection models. *Proceedings of International Conference on Knowledge Discovery and Data Mining.*

Leech, G., Weisser, M., 2003. Generic speech act annotation for task-oriented dialogue. In D. P. Archer, P. Rayson, A. Wilson, T. McEnery (Eds.), *Proceedings of the Corpus Linguistics Conference.* Lancaster University: UCREL Technical Papers.

Leech, G., Weisser, M., 2003. Pragmatics and dialogue. In R. Mitkov (Ed.), *The Oxford Handbook of Computational Linguistics.* Oxford: Oxford University Press.

Lenk, U. 1998. Discourse markers and global coherence in conversation. *Journal of pragmatics*, 30 (2), pp. 245 – 257.

Lenk, U. 1998. *Marking Discourse Coherence: Functions of Discourse Markers in Spoken English* (Vol. 15). Tübingen: Gunter Narr Verlag.

Levinson, S. C. 1983. *Pragmatics*. Cambridge: Cambridge University Press.

Levinson, S. C. 2013. Action formation and ascription. In J. Sidnell, T. Stivers, (Eds.), *The Handbook of Conversation Analysis* (pp. 370 – 394). Malden, MA: Wiley-Blackwell.

Li, A. 2002. Chinese prosody and prosodic labeling of spontaneous speech. *Proceedings of Speech Prosody*, pp. 39 – 46.

Li, A. 2015. *Encoding and Decoding of Emotional Speech: A Cross-cultural and Multimodal Study between Chinese and Japanese (Prosody, Phonology and Phonetics)* (1st ed.). Springer.

Li, A. 2018. Response acts in Chinese conversation: The coding scheme and analysis. *Proceedings of ISCSLP* 2018, Taipei.

Liang, Z., Li, A., Luo Y. 2018. Chinesecausal relation: Conjunction, order and focus-to-stress assignment. *Proceedings of ISCSLP* 2018, Taipei.

Liu, F., Xu, Y. (2005). Parallel encoding of focus and interrogative meaning in Mandarin intonation. *Phonetica*, 62 (2 – 4), pp. 70 – 87.

Liu, X., Li, A., Jia, Y. 2016. How does prosody distinguish wh-statement from wh-question? A case study of Standard Chinese. *Proceedings of Speech Prosody* 2016, pp. 1076 – 1080.

Malinowski, B. 1923. Psycho-analysis and anthropology. *Nature*, 112 (2818), pp. 650 – 651.

Mann, W., Thompson, S. 1988. Rhetorical structure theory: Toward a functional theory of text organization. *Text*, 8 (3), pp. 243 – 281.

Ochs, E., Schegloff, E. A., Thompson S. A. (Eds.). 1996. *Interaction and Grammar*, Cambridge: Cambridge University Press.

Palmer, H. E. 1922. *English Intonation, with Systematic Exercises*. Cambridge: Heffer.

Pierrehumbert, J. 1980/1987. *The Phonology and Phonetics of English Intonation*. Ph. D. dissertation, MIT, Cambridge, MA. [Published in 1987 by Indiana University Linguistics Club, Bloomington].

Pierrehumbert, J., Beckman, M. 1988. *Japanese Tone Structure*. Cambridge, MA: The MIT Press.

Popescu-Belis, A. 2005/2007. Dialogue acts: One or more dimensions. *ISSCO Working Paper*, 62.

Prince, E. F. 1981. Toward a taxonomy of given-new information. In P. Cole (Ed.), *Radical Pragmatics*. New York: Academic Press.

Prom-On, S., Xu, Y., Thipakorn, B. 2009. Modeling tone and intonation in Mandarin and English as a process of target approximation. *The Journal of the Acoustical Society of America*, 125 (1), pp. 405 – 424.

Redeker, G. 1991. Linguistic markers of discourse structure. *Linguistics*, 29 (6), pp. 1139 – 1172.

Reithinger, N., Maier, E. 1995. Utilizing statistical dialogue act processing in VERBMOBIL. *Proceedings of the 33rd Annual Meeting on Association for Computational Linguistics* (pp. 116 – 121). Association for Computational Linguistics.

Rouchota, V. 1995. Discourse connectives: What do they link? In. J. Harris, P. Backley (Eds.), *UCL Working Papers in Linguistics*, 8, 199 – 212.

Rouchota, V. 1998. Connectives, coherence and relevance. In V. Rouchota, A. H. Jucker (Eds.), *Current Issues in Relevance Theory* (pp. 11 – 58). Amsterdam: Benjamins.

Rouchota, V. (1998). Procedural meaning and parenthetical discourse markers. In A. H. Jucker, Y. Ziv (Eds.), *Discourse Markers: Description and Theory* (pp. 97 – 126). Philadelphia: John Benjamins Publishing.

Sacks, H. 1974. An analysis of the course of a joke's telling in conversation. In R. Baumann, J. Sherzer (Eds.), *Explorations in the Ethnography of Speaking* (pp. 337 – 353), Cambridge: Cambridge University Press.

Sacks, H., Schegloff, E. A., Jefferson, G. 1978. A simplest systematics for the organization of turn taking for conversation. *Language*, 50 (4), 696 – 735.

Schegloff, E. A. 1996. Turn organization: One intersection of grammar and interaction. In E. Ochs, E. A. Schegloff, S. A. Thompson (Eds.), *Interaction and Grammar* (pp. 52 – 133). Cambridge: Cambridge University Press.

Scherer, K. R., 2003. Vocal communication of emotion: A review of research paradigms. *Speech Communication*, 40, 227 – 256.

Scherer, K. R., Ellgring, H. 2007. Are facial expressions of emotion produced by categorical affect programs or dynamically driven by appraisal? *Emotion*, 7 (1), 113 – 130.

Schiffrin, D. 1987. *Discourse Markers*. Cambridge: Cambridge University Press.

Schlosberg, H. 1954. Three dimensions of emotion. *Psychological Review*, 61 (2), 81 – 88.

Searle, J. R. 1969. *Speech Acts*. Cambridge: Cambridge University Press.

Searle, J. R. 1975. The logical status of fictional discourse. *Social Sciences in Nanjing*, 6 (2), 319 – 332.

Selting, M., Couper-Kuhlen, E. (Eds.). 2001. *Studies in Interactional Linguistics*. Amsterdam: Benjamins.

Shen, X. 1991. Question intonation in natural speech: A study of Changsha Chinese. *Journal of the International Phonetic Association*, 21 (1), 19 – 28.

Shih, C. 2004. Tonal effects on intonation, *International Symposium on Tonal Aspects of Languages: Emphasis on Tone Languages*, 28 – 30.

Si, X., Zhou, W., Hong, B. 2017. Cooperative cortical network for categorical processing of Chinese lexical tone. *Proceedings of the National Academy of Sciences*, 114 (46), 12303 – 12308.

Silverman, K., Beckman, M., Pitrelli, J., Ostendorf, M., Wightman, C., Price, P., Pierrehumbert, J., Hirschberg, J. 1992. ToBI: A standard for labeling English prosody. *Proceedings of the 1992 International Conference on Spoken Language Processing*, 867 – 870.

Skinner, B. F. 1957. *Verbal Behavior*. New York: Appleton-Century-Crofts.

Sperber, D., Wilson, D. 1986/1995. *Relevance: Communication and Cognition*. Oxford: Blackwell's.

Stolcke, A., Ries, K., Coccaro, N., Shriberg, E., Bates, R., Jurafsky, D. 2000. Dialogue act modeling for automatic tagging and recognition of conversational speech. *Computational Linguistics*, 26 (3), 339 – 373.

Surendran, D., Levow, G. A. 2006. Dialog Act tagging with support vector machines and Hidden Markov Models, *Nineth International Conference on Spoken Language Processing*. Pittsburgh, 1950 – 1953.

Thompson, S. A., Fox. B. A., Couper-Kuhlen, E. 2015. *Grammar in Everyday Talk: Building Responsive Actions.* Cambridge: Cambridge University Press.

Tomkins, S. S. 1984. Affect theory. In K. R. Scherer, P. Ekman (Eds.), *Approaches to Emotion* (pp. 163 – 196). Hillsdale, NJ: Erlbaum.

Tomkins, S. S. 1962. *Affect Imagery Consciousness, vol. 1: The Positive Affects*, New York: Springer.

Tomkins, S. S. 1963. *Affect Imagery Consciousness: vol. 2: The Negative Affects*, New York: Springer.

Tseng, C. 2006. Fluent speech prosody and discourse organization: Evidence of top-down governing and implications to speech technology. *Keynote Speech of Speech Prosody* 2006, Dresden, German.

Vance, T. J. 1976. An experimental investigation of tone and intonation in Cantonese. *Phonetica*, 33, 369 – 392.

Wang, B., Xu, Y. 2011. Differential prosodic encoding of topic and focus in sentence-initial position in Mandarin Chinese. *Journal of Phonetics*, 37, 502 – 520.

Weick, K. 1995. *Sensemaking in Organizations.* Thousand Oaks, USA: Sage.

Weick, K., Sutcliffe, K. M., Obstfeld, D. 2005. Organizing and the process of sensemaking. *Organization Science*, 16, 409 – 421.

Woszczyna, M., Coccaro, N., Eisele, A., Lavie, A., McNair, A., Polzin, T., Tsutsumi, J. 1993. Recent advances in JANUS: A speech translation system. *Proceedings of the Workshop on Human Language Technology* (pp. 211 – 216). Association for Computational Linguistics.

Xu, Y. 1997. Rethinking the basics of declination. *Journal of the Acoustical*

Society of America, 102 (2), 3203.

Xu, Y. 2005. Speech melody as articulatorily implemented communicative functions. *Speech Communication*, 46, 220 – 251.

Xu, Y. 2009. Timing and coordination in tone and intonation—An articulatory-functional perspective. *Lingua*, 119 (6), 906 – 927.

Xu, Y. (2011). Post-focus compression: Cross-linguistic distribution and historical origin. *Proceedings of the 17th ICPhS*, 152 – 155.

Xu, Y., Liu, F. 2006. Tonal alignment, syllable structure and coarticulation: Toward an integrated model. *Italian Journal of Linguistics*, 18 (1), 125 – 159.

Xu, Y., Liu, F. 2007. Determining the temporal interval of segments with the help of F0 contours. *Journal of Phonetics*, 35 (3), 398 – 420.

Xu, Y., Prom-on, S. 2014. Toward invariant functional representations of variable surface fundamental frequency contours: Synthesizing speech melody via model-based stochastic learning. *Speech Communication*, 57, 181 – 208.

Yuan, Y., Li, A., Jia, Y., Hu, J., Surány, B. 2016. Phonetic realizations of post-nuclear accent under dual-focus conditions in Standard Chinese. *Proceedings of Speech Prosody* 2016, 941 – 945.

Zei P. B. 2002. A place for affective prosody in a unified model of cognition and emotion. *Proceedings of Speech Prosody* 2002.

Zhang, L., Li, A., Luo, Y. 2018. Chinese causal relation: Conjunction, order and focus-to-stress assignment. *Proceedings of the 11th International Symposium on Chinese Spoken Language Processing (ISCSLP)*, 339 – 343.

第三章

语音库规范

语音库规范是对语音语料库的设计、制作、标注、评价、发布等各方面所作的规定，其相关内容应以文档形式成为语音语料库的组成部分。本章详细介绍语音库收集、标注、评价和发布规范的主要内容。

第一节 语音库的元数据

元数据（metadata），即"描述性数据"，指有关数据本身的数据。对于语音库而言，元数据指有关语音库的基本参数，也是方便机器识别读取的数据。元数据主要是一些通用类别编码，而不是具体的自由注释。确定语音库元数据的数据类型和对应值是很重要的。用户可以通过察看元数据很快获得信息，选到自己最需要的、最合适的数据。

过去制作的数据库由于没有统一标准，并且制作语音库过于强调制作费用和完成速度，对于元数据的重要性没有给予足够重视，同时还把元数据跟文档常常混为一谈。有的元数据没有结构化、提供的信息也不完整。这导致了数据库可用性下降——因为用户不能够得到有关语音库特性、录音环境等信息。

一般来说，元数据还可以涵盖更大的概念，如整个语言资源（语音库只是其中的一部分）。在应用到语音库时，主要有三个方面的内容：录音协议、说话人特性以及各种注释。

1. 录音协议（recording protocol）

说明所有关于实际录音的重要信息。录音协议应使用标准格式编写，以便在不同设备上读取，比如可以用 XML 格式。如果录音仅仅限于一种相同的情况，那么整个语音库只需要一个录音协议。

有四项基本信息必须包含在语音协议中：（1）录音集 ID：一个录音集（session）往往代表语音库中某个特殊类别的录音。比如"CQM001"表示重庆地区（CQ）男（M）一号（001）发音人的语音。一般情况下，这个 ID 是在录音软件中自动建立的，通过输入相关信息，由程序按照一定的编码原则生成。（2）说话人 ID：每个说话人有一个唯一的 ID 码对应，这样避免使用说话人的真实姓名。（3）录制日期：录音的确切日期和时间。（4）环境条件：录音的声学噪声环境信息，包括具体场所、噪音或背景音来源、是否有语音混响等。另外，还要说明技术指标，即可能影响数据收录状况的技术参数，包括录音设备、信号技术指标、设备放置技术指标等。

2. 说话人特性

说话人信息非常重要，与发音人产出的语音特性密切相关。发音人的基本信息包括：说话人编号 ID、性别、年龄（出生日期）等。此外，还应该尽量多地描述发音人其他方面的信息，如发音人的母语、第二/三语言、父母的语言、父母的第二/三语言、病理情况、牙齿情况、方言分区、具体方言、教育程度、职业、身高、体重、左右利手、是否吸烟、是否口吃、听力状况（特殊病理录音可以附上听力测试结果）。

3. 注释

在元数据中还允许增加一些自由文字说明。

第二节　语音库制作

针对具体任务的语音库的制作过程，按照先后次序大致包括前期准备工作、语料收集、预评价、正式收集标注、构建发音词典/词频词典评价和发布等 9 个具体步骤（Schiel, et al. 2012），详见图 3—1。下面分别介绍这 9 个步骤。

```
音库制作规范的制定
  (针对具体任务)
        ↓
      准备过程
        ↓
        收集
        ↓
       预评价
        ↓
      正式收集
        ↓
        标注
        ↓
  发音词典，词频词典等
        ↓
     有关机构的评价
        ↓
        分发
```

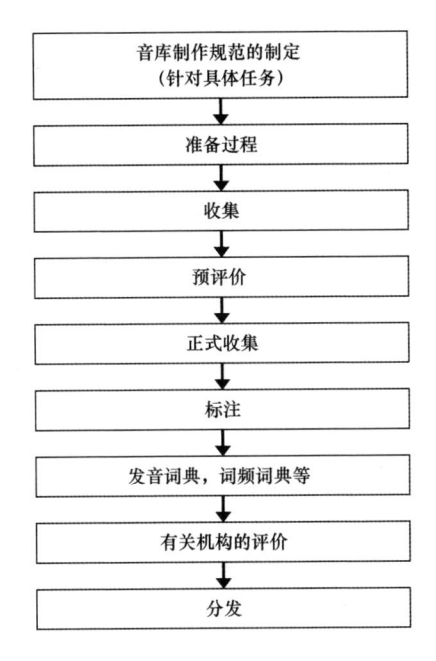

图 3—1　语音库制作流程

一　语音库规范的制定

制作语音库耗时、耗力、耗财，因此应该在制作之前充分准备。第一个步骤就是制定各种规范，如：发音人规范、语料设计/发音内容规范、录音规范、标注规范、质量评价规范、储存和分发规范等。

如果是承担一个语音库项目，必须将所有规范写成文档形式，作为协议（protocal）的技术指标附件。

高质量的语音库应收集尽量多的语音特征信息，如录制朗读库的时候，尽量做到各种语音和语言单元的平衡覆盖，同时可以顺便收集一些口语信息；自然口语对话库尽量涵盖各种应用领域、不同话题；学习者语音库要涵盖不同母语背景和语言水平等的发音人。语音库是否可以重复使用也是至关重要的。下面介绍制作语音库的各种规范，不同项目可以根据具体情况适当补充。

1. 发音人规范

制作语音库要充分考虑到研究目的和数据的代表性，因而需要控制发音人的特性和数量。通常需要控制的特性有：性别比例、年龄分布、母语分布、方言分布、教育背景、职业、生理（病理）状况、说话风格、场景、身份，等等。

发音人数量主要与语音库用途相关：（1）1—5人，合成库，个人数据量较大；（2）5—50人，统计分析；（3）50人以上，语音识别或说话人识别训练。

在真实场景收集的自然口语，如呼叫中心录制的对话、智能音箱收集的语音等，发音人的数量和特性是很难控制的，在处理的时候根据要求进行分类说明。

2. 发音内容或者语料设计规范

发音内容可以用四种方法描述：

词语描述法：用确切的词语描述语音库内容。如"500个发音人每人读10个数字重复5遍共25000个发音"。

话题或应用领域描述法：言语行为发生的领域、场所等。如：天气、神话故事、谈论电视节目等。

任务描述法：让发音人按照一定的任务指令完成某个任务，可以是一个或多个发音人共同完成，也可以是与某个"智能对话（客服）系统"完成。如：制订一个旅游计划，安排一个商务会谈等。

音系（语音）分布描述：有时，制作语音合成库和语音识别库需要设计特定的文本，此时发音内容的描述一般用音素/音位、音节等音系/语音单元说明。比如，对识别训练库的要求是容量最小（即重复最少），同时对各种语音单元覆盖最大。语音合成库则可能需要各种单元搭配关系和句式句型的文本。

3. 说话方式

说话方式直接决定语音库的用途。一般录制两种说话方式会大大提高语音库的适用范围。常用发音方式有以下几种：

朗读语音（read speech）：按照发音提示文本（prompt text）朗读。

应答语音（answering speech）：对问题的回答。如："请说出一个手机号码"，录制回答的手机号码。

命令/控制语音（command/control speech）：控制某个设备。如：车载场景中，"打开空调"，"打开地图"，"请播放一首蓝调音乐"……

描述语音（descriptive speech）：发音人对某事、某物的描述，可以通过看、听等方式激发。

没有提示文本的语音（non-prompted speech）：比如特殊场景中的对话，有一定的限制，虽然没有文本，但有很固定的模式。

自然/即兴语音（spontaneous speech）：发音人自主说话。比如，老师无讲稿讲课语音、朋友之间聊天语音等。

中性和情感语音（neutral vs. emotional speech）：不带情感或带着特定情感去发音。

口语对话（spoken dialogue）：根据对话文本朗读的对话，或即兴对话，或真实场景录制的对话。可以是两人或多人对话。

智能问答/对话系统的对话（dialogue with AI machine or system）：由人—机或机器与机器交互产生的对话。

4. 录音规范

录音工作会影响到数据库的声学特性和用途。录音规范需将主要工作进行详细的说明，形成易于理解和应用的工作手册。录音规范包括说话人的招募途径；声学环境详细要求，背景噪音的要求，话筒的放置位置、距离、类型和数量；发音人录音中的各种动作的规范等。

录音的准备工作可以给出一个检查列表，检查各项录音要求是否达到，并随时根据目的、声学条件进行调整。一般的录音场景有电话录音、现场录音、田野真实场景录音、Wizard of Oz 录音方式（Whittaker et al. 2002）（一种模拟机器的"巫师法"录音，通常在人—机交互场景录音中，为了得到发音人的自然语音或者音视频，参与实验的发音人在不知情的情况下，与由真人来充当"巫师"操控的系统完成交互）。

5. 标注规范

标注规范包括所有跟语音信号相关的符号信息，如文本转写、音素转写和各种音段切分。标注规范需要确定标注的内容以及标注过程、标注质量控制标准等。本书第四章至七章将给出重要的标注规范示例。

6. 技术规范

技术规范用来确定数据库的一般特性,各种信号和相关符号数据都需要确定。下面列出一个标准数据库的一些基本技术参数说明。但是在进行特殊的录音时,如音视频、喉头信号等,需要增加一些相应的规范说明。

采样率:根据香农定理或者奈奎斯特定律,信号采样率必须是高于信号最大频率的两倍。现场或真实场景录音:语音有用的信号大约在8kHz以下,所以采样率>16kHz,常用采样率有16kHz、22.05kHz、44.1kHz。但如果对辅音特性要求较高,尽量采用22kHz以上的采样率,以此保留高频信息。电话的频率<3.4kHz,所以通常用8kHz采样;喉头信号与语音信号相同;电磁发音仪EMA一般为200Hz采样。

语音波形编码(采样类型和带宽):指采样点的编码方式,量化精度等。

通道数:单声道/双声道/多声道。

录音信号文件格式:信号文件、标注文件格式等,表3—1给出了一些常用信号文件格式说明。

表3—1   常见的信号文件格式

媒体格式	扩展名	相关公司或组织	主要优点	主要缺点	适用领域
WAV	wav	Microsoft	可通过增加驱动程序而支持各种各样的编码技术	不适于传播和聆听,占用磁盘空间较大。支持的编码技术大部分只能在Windows平台下使用	音频原始素材保存
mp3(MPEG音频)	mp3(包括mp2、mp1、mpa等)	Fraunhofer-IIS	在低至128kbps下提供接近CD音质的音频质量。有广泛的支持。占用磁盘空间较小	出现得比较早,因此音质不是很好	一般聆听和高保真聆听

续表

媒体格式	扩展名	相关公司或组织	主要优点	主要缺点	适用领域
mp3PRO	mp3	Fraunhofer-IIS, Coding Technologies Thomson Multimedia	在低至64kbps下提供接近CD音质的音频质量。占用磁盘空间较小	专利费用较高,支持的软件和硬件不多	一般聆听和高保真聆听
FLAC	flac	Xiph Foundation	不会破坏原有的音频信息,可以还原音乐光盘音质	只支持定点取样,不支持浮点取样	无损音频压缩
RealMedia	ra, rma	RealNetworks	在极低的比特率环境下提供可听的音频质量让用户能在线聆听	不适于除网络传播之外的用途。音质不是很好	网络音频流传输
Windows Media	wma, asf	Microsoft	功能齐全,使用方便。同时支持无失真、有失真、语音压缩方式	失真压缩方式下音质不高必须在Windows平台下才能使用	音频档案级别保存,一般聆听,网络音频流传输
MIDI	MID MIDI, RMI XMI 等	MIDI Association	音频数据为乐器的演奏控制,通常不带有音频采样。占用磁盘空间较小	没有波表硬件或软件配合时播放效果不佳。不是实际意义上的音频文件,而是音频控制文件,不支持真人原唱或者人声	与电子乐器的数据交互,乐曲创作等

续表

媒体格式	扩展名	相关公司或组织	主要优点	主要缺点	适用领域
Ogg Vorbis	OGG	Xiph Foundation	在低至64kbps提供接近CD音质的音频质量。开放源代码,不需要支付使用许可费用跨平台	发展较慢。推广力度不足。播放兼容性差	一般聆听和高保真聆听
VQF	vqf tvq	NTT Human Interface Laboratories 和 YAMAHA	在低至96kbps下提供接近CD音质的音频质量	相关软件太少	一般聆听
MOD (Module)	mod s3m it-xm mtm ult 669 等	Amiga 和 mod 社区	音频数据由乐器采样和乐谱、演奏控制信息组成。提供了一种具有可以接受的音质水平而又非常廉价的制作音乐的方法。占用磁盘空间小	具体的文件格式太多,影响推广和使用	一般聆听
Monkey's Audio	ape	Matthew T. Ashland	无失真压缩。压缩比高于其他常见的无损音频压缩格式。部分开放代码	由于是个人作品,使用上存在一定风险	高保真聆听和音频档案级别保存
aiff	aiff	Apple	可通过增加驱动程序而支持各种各样的编码技术	一般限于苹果电脑平台使用	苹果电脑平台下音频原始素材保存

续表

媒体格式	扩展名	相关公司或组织	主要优点	主要缺点	适用领域
au	au	Sun	Unix 和 Java 平台下的标准文件格式	支持的压缩技术太少且音频数据格式受文件格式本身局限	Unix 和 Java 平台下音频原始素材保存
voc	voc	Creative	对于目前的音频技术来讲，该格式已经没有什么优点了	与具体的硬件相结合因此没有延续性	淘汰
vox	vox	Dialogic	面向语音的编码	文件格式缺乏足够的信息，因此不适应作存档用途，比较早期的技术	淘汰
ACC	aac	Fraunhofer IIS、杜比实验室、AT&T、索尼	相较于 mp3，音质更佳，文件更小。支持多声道。较高的解析度	属于有损压缩的格式，音质不够高	一般聆听和高保真聆听
FLAC	flac	Banner	免费的并且支持大多数的操作系统。无损压缩	占用磁盘空间较大	一般聆听和高保真聆听

标注文件格式。常用的有：

——SAM 格式 www.icp.inpg.fr/Relator/standsam.html

——EAF（Eudico Annotation Format）：是一种基于 XML 和 Unicode 的标注格式。优点是信号和描述文件分离，XML 容易分析和操作，无需特殊的软件，不依赖于平台，缺点是词间的关系没有描写符号；符号和时间不能同时在一个标注层上，这样做费时间。

——BPF（BASpartitur Format）

——ESPS（ESPS/xwaves 文件格式）

——AGS（Annotation Graphs）：基于 XML 的标注格式，可以存储各种标准图形的格式

——TextGrid（Praat 软件标注文件格式）

——Lab（WaveSurfer 标注文件格式）

元文件格式：一般使用 XML 和 Unicode。

词汇文件格式：一般来说没有统一的格式要求。表 3—2 是一个例子：有 3000 个"个"的发音是去声，有 5000 个"个"发轻声且韵母央化为 [ə]。

表 3—2　　　　　　　　词汇项文件示例

词汇项	正则拼音	实际发音（SAMPA-C）	出现个数
个	ge4	g7_4	3000
个	ge4	g@_0	5000

7. 数据存储规范

数据库存储规范涉及数据库结构关系以及最后库的内部结构、文件命名和分发数据的介质。如果进行长期数据收集，这里必须定义最后发布的数据包格式。

数据库结构，一般根部结构比较固定，一个典型的语音库的根目录结构如下：

- DATA 语音文件
- ANNOT 标注文件
- META 元文件
- DOC 文档
- LEX 词汇
- TOOLS 语音处理、标注等工具

如有需要可以考虑在根目录中添加一些二级目录，如：

- Male/female
- Recording session
- Speakers
- Different acoustical environments
- Languages
- Dialect classes
- Speech types（read，non-prompted…）
- Technical setups（telephone，on-site…）
- Xannotation：different annotation types

存储规范还要给出文件命名规则。提倡使用与内容关联的文件命名原则，但有时候需要遵守 ISO 9960 文件长度限制，尽量避免大小写问题。按照表 3—3 示例文件名"X100PT2F088.WAV"表示厦门第 88 号女发音人在公共场景 100 号对话语料第 2 通道电话麦克风的语音波形文件。

表 3—3　　　　　一个语音库数据存储规范的说明示例

1	2-4	5	6	7	8	9-11
\<dialect\> B：Beijing Q：Chongqing X：Xiamen …	\<dialogue number\> 001—999	\<scenario\> O：office P：public E：entertainment	\<technical definition of recording\> C：close T：telephone	\<channel\> 1—n	\<gender\> M： F：	Speaker ID 000-999

8. 数据分发/质量评测规范

本规范制订分发计划，如果需要进行先期评估（pre-validation）和制作之后的后期评估（final validation），需确定好评估过程和指标。在大型、长期制作过程中，还可以制订阶段性发布计划。

9. 元数据（描述数据）

前面已经讨论过元数据的重要性，规范中至少要说明元数据的内容、文件格式等。让使用者看后对数据库一目了然。元数据中包括一些所谓的变量参数，涉及发音人特性、录音准备和技术规范。

10. 文档

事先确定文档规范对于多家合作参与的数据库制作项目来说是非常重要的，参与者可以按照提前准备好的文档模板进行填写，以提高文档的可用性。

二　语音库收集工作准备

某些录音项目由于内容涉及个人隐私，甚至国家安全，必须首先得到伦理委员会或者项目管理委员会的批准，再开始语音收集的具体准备工作，准备阶段的耗时往往超过真正的录音时间。

1. 录音指南或录音文本的准备

给发音人准备一份录音指南（书面或事先录制的语音），在录音前确保发音人了解录音细节，最好监听人或者录音人亲自示范讲解，比如，告诉发音人录音内容、说话方式、话筒距离、录音技术过程和录音时间长短等。

有的录音项目需要使用提示文本，一般是文字信息：朗读文本、回答的问题、按照文字描写要求产生的特殊声音；也可能是音频和视频信息。

录音过程还需要注意发音文本的顺序，避免前后太多重复，如全部数字；开始部分可以适当加入一些训练发音内容，如前几句用来训练；正式录音前应该测试所有过程，包括指令、录音提示文本、录音程序等。

2. 录音硬件软件等

如果是电话录音，需要详细的录音控制：开始、结束、重复等；确定电话录音卡的型号、手机及耳麦型号；录音程序可以采用开源或者自己开发的软件。

如果在录音间进行现场录音，必须注意以下硬件方面设置：（1）声学环境。录音过程中尽量不要移动房间内物品，可能改变房间的回响指标。（2）麦克风：保持麦克风的位置，注意线或电池等。（3）功放：高质量的麦克风一般需要前级放大器，录音时保证录音幅度小于动态范围的40%，如16位采样，录音音量 $< 0.4 \times 32767 = (\pm) 13106$，如果使用交流电，确保没有50Hz的交流噪声。电容麦克风一般要使用幻象电源（phantom voltage）。

除了硬件外，录音软件及其使用也要详细说明。常用的开源录音软件有 Cooledit、Praat、WaveSurfer 等；自己开发的专用录音软件，往往可以将录制声音文件存成标准格式直接入库，如开源软件 XRECORDER（熊子瑜，2017）。

如果是田野录音/真实场景录音，要注意对环境噪音的要求；车载录音时，可用车载电源来保证笔记本电脑能长时间可靠工作；特殊环境录音（如家庭儿童语音库的制作），发音人可以佩戴便携式无限麦克风；也可同步进行视频录像。人机交互场景录音，一种方式是 Wizard of Oz 录音，通常是有一台仿真机器或系统参与对话录音，使用合成语音或者真人模拟发音进行对话交互，对话中应该尽量让发音人感觉自然；另外也可以是利用真实智能交互系统（或者问答系统）对话录音，如与各种智能音箱对话；利用各种 APP、网络录音平台录音。

下面是一些录音项目中的硬件与环境示例。

表3—4　　五种录音场景三种录音距离的麦克风型号说明

SCENARIO（录音场景）	CLOSE DISTANCE（近距离）		MEDIUM DISTANCE（中等距离）	FAR DISTANCE（远距离）
Office, Entertainment（办公室、娱乐场景）	Sennheiser ME 104	Nokia Lavalier HDC-6D	Sennheiser ME 64	—	Mikrofonbau Haun MBNM-550 E-L
Public places（公共场所）	Sennheiser ME 104	Nokia Lavalier HDC-6D	Sennheiser ME 64	Mikrofonbau Haun MBNM-550 E-L	—
Children（儿童场景）	Sennheiser ME 104	Nokia Lavalier HDC-6D	—	Mikrofonbau Haun MBNM-550 E-L	Mikrofonbau Haun MBNM-550 E-L
Car（车载场景）	Sennheiser ME 104	Nokia Lavalier HDC-6D	AKG Q400 Mk3 T	Peiker ME15/V520-1	—

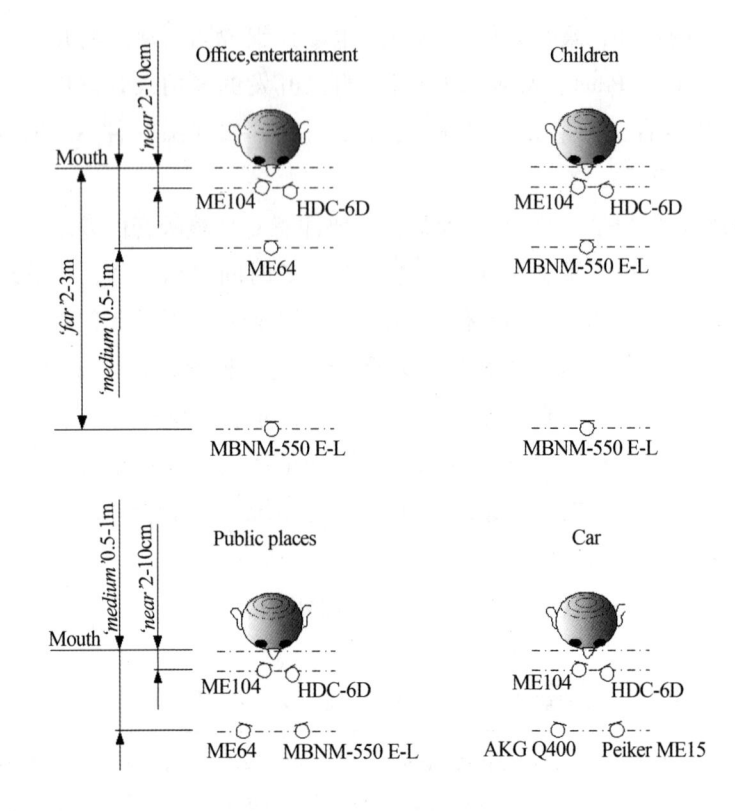

图3—2　不同场景中麦克风安装的位置与型号

资料来源：SpeeCon 录音规范。

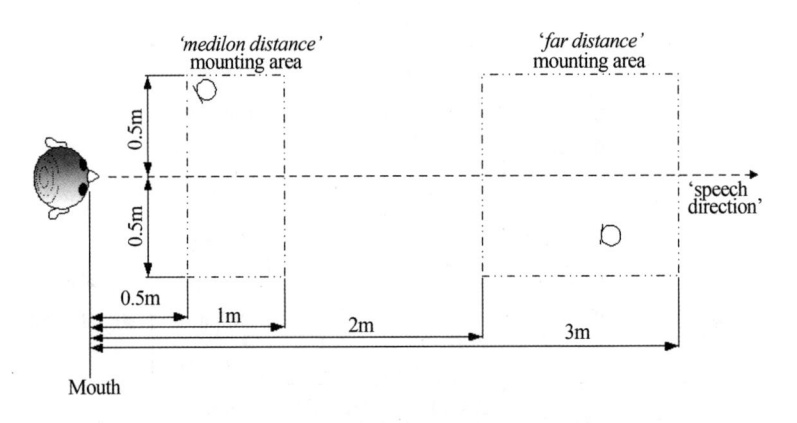

图3—3　中远距离麦克风安装位置范围说明

资料来源：SpeeCon 录音规范。

图3—4 车载场景录音中麦克风的安装位置

资料来源：SpeeCon 录音规范。

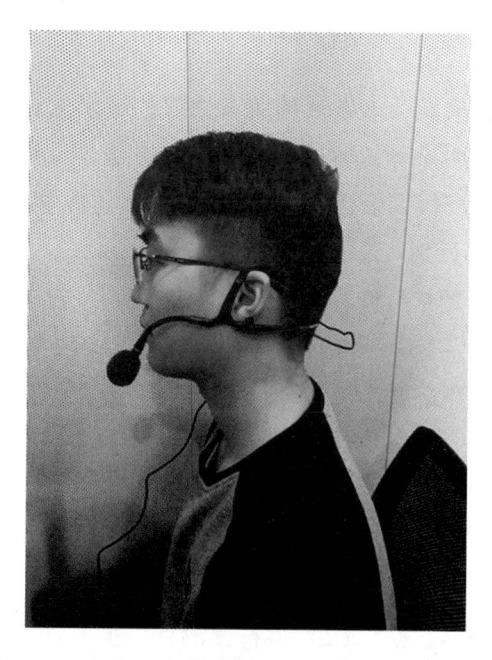

图3—5 发音人的近距离话筒和手机麦克风的佩戴

图3—6　房间录音环境中发音人和麦克风的位置

3. 录音表格和发音人协议

录音表格包括：发音人信息表、录音费发放登记表、录音人登记表等。

发音人协议包括发音人签署的录音协议，属于语音库制作的法律条文之一。协议要说明录音内容的使用用途和方法、录音报偿等。它还包括录音数据的知识产权。录音协议签好后一定妥善保管。

4. 发音人招募计划

大规模录音需要专门负责人完成这项计划。一般录音前提前通过网络等各种形式招募发音人，按照发音人规范要求控制年龄、性别等分布，还要进行录音预约登记。

三　语音库收集

正式收集语音是录音项目的核心部分。需要注意以下几个方面的工作：（1）建立录音日志：包括发音人录音协议、发音人规范、录音过程问题记录、录音统计数据。（2）进行预测评：提前进行少量录音，对录音数据按照录音规范要求进行评测，比如，检查错误率要求，环境噪声要求等是否达标。（3）进行质量控制。对录音过程和内容进行质量控制，减少错误。有时还需补录或重录。(4) 文件和数据存贮与安全。为了防止录音数据和其他数据安全,一般原始数据要在不同介质上进行多重备份。

四 后期处理

后期处理的目的是将录制的原始语音库变成最终可以用来分发的语音库。它可以包括以下几个处理过程:录音文件从录音设备向计算机传输、文件名分配、滤波、切分、改变采样率、格式转换、标注文件格式转换以及自动检错等。

五 语音库标注

语音库的标注通常包括语音到文字的转写、词法句法标注、音段标注、韵律标注、句法语义和对话言语行为标注等。这里简单介绍标注内容、过程和工具,具体的标注规范会在第四章至第七章重点介绍。

拿到语音库后,首先要做文字转写。语音库中的语音通常都会转写成文字,并注上非语言学现象和副语言学现象。数字按照读音也转写成汉字,如"123"可能是"一百二十三"或"幺二三",如果使用XML会更便于文件共享。文字转写可预先用机器完成,人工进行校对,也可直接进行人工转写。标注(tagging)是指不包含时间点信息的标注,如分词和词性标注、句法树标注等。音段或分段标注一般是对一个时间段的语音现象进行标注。标记音段起止时刻的工作叫分段(segmentation),标注在某个时间点上的标记内容可以是韵律边界标记、最大值标记等。标注方法有自动和手动、半自动标注等。

常用的标注工具也是语音分析软件,如Praat(http://www.fon.hum.uva.nl/Praat/)、WaveSurfer和Transcriber等。

需要指出的是,专业语音标注需对标注人员进行培训。正式标注之前要进行标注一致性测试,达到标准后方可进行正式的标注。这样做的目的是保证标注的一致性。标注中,应该有专业标注员进行质量抽检控制。以下是某个语音库的一致性指标,可作参考:朗读文字转写为99%;自然口语文字转写为97%;音节、自然口语电话语音为80%;朗读干净语音的音素为94%;韵律边界、重音位置为66%;边界的时间偏差允许

(read/spontaneous)：±20ms。

六 发音词典

发音词典可以包含语音库中所有出现"词"的正则发音和实际发音，对语音识别系统来说发音词典是很有用的。有的时候需要统计词频信息。比如表3—5例子是对词汇项"的"在一个口语库中出现次数，及其实际发音出现次数的统计。第一种实际发音变体是轻声、声母浊化，表示为"d_v+e0"，出现次数10000次；第二种实际发音念第四声"di4"，出现次数1200次。

表3—5　　　　　　　　　发音词典示例

词汇项	出现次数	拼音	其他实际发音1	出现次数1	其他实际发音2	出现次数2
的	20300	de0	d_v+e0	10000	di4	1200

第八章和第九章的语料库实例中给出了汉语的各种发音单元统计。

七 文档

文档是对跟语音库制作相关的内容以及用途的总结，但是它不包括元数据（meta data）和标注数据。文档由描述性文字和图组成。

文档内容有时候会与元数据混淆，如发音人特性。出现混淆主要是因为有时候发音人的信息对整个语音库来说是固定的，没有必要将每个发音人特性和录音规范一一列出。另外，也可能把发音人信息放到数据库规范中。

我们在前面的语料库规范和语料库收集部分提到过建立文档问题，这里我们简单总结一下文档应该包括的内容（Schiel et al. 2012）：

- ➢ 引言
- ➢ 版权声明
- ➢ 版本和日期
- ➢ 语料库描述

- 数量（发音人数量、录音量）
- 结构
- 内容
- 命名原则
- 信号文件的技术规范
- 语料库其他相关内容：词典……
➢ 发音人的雇用
  - 发音人
  - 雇用方法
  - 法律问题
➢ 录音
  - 准备
  - 文本或者语料设计
  - 软硬件技术说明
  - 日志
➢ 后处理
➢ 标注
  - 内容
  - 过程
  - 文件格式
➢ 元数据
  - 内容
  - 文件格式
➢ 发音文件，发音语料
➢ 原始语料库规范
➢ 评测报告
➢ 有关出版文章或内部报告
➢ 说明
➢ 语料库历史
➢ 发现的错误

八　语料库评测

语料库评测，或称合格性评价，包括内部和外部评测、评测时间、评测内容等。内部评测是指语音库制作之后对音库质量的自我评测。外部评测是指制作者/单位以外的评测机构/使用单位等进行的评测，它比较客观合理。最终的评测结果要写成报告，收入文档。

九　语音库分发

语音库制作的最后环节是确定分发的途径与分发策略，并与分发商签订协议等，保证数据安全。国际上著名的分发商有 LDC（Linguistic Data Consortium）、ELDA（ELRA 的分发商等）；国内有 Chinese LDC 和 CCC（Chinese Corpus Consortium）。专业的数据公司不但是制作者也是分发者，如海天瑞声 Speech Ocean、数据堂 DataTang 等。

第三节　法律与伦理问题

最后，还要强调一下语音库制作中的法律和伦理问题。语料库制作由于要对发音人进行录音，所以会涉及法律、伦理、版权等方面的问题。

关于版权、知识产权等，涉及语音库的语料来源、软件以及整个语音库产品的归属与合法性。因此，在语料库规范中需要对各种语料来源和最终的录音文本合法性和版权进行说明；在录音规范部分使用的录音软件的版权、在标注规范部分对标注软件的版权均需要加以说明；最后，对整个语音库的版权要进行标识，例如："中国社会科学院语言所语音研究室版权所有 2003—2004，北京建内大街 5 号。"

关于发音人和制作人。发音人的声音是一种生物特征，在某种程度上涉及隐私或者伦理问题。因此，制作人在招募发音人之前，往往需要通过相关机构的伦理委员会或者项目管理委员会对录音和研究工作的合法性进行认定或者批准。在招募发音人过程中，需告知他们的声音录制在什么样的介质上，使用用途和方法，是否分发和共享给其他用户。制作人录音之前或之后，还必须得到发音人签字同意的"录音合同"。下面是一个发音人协议书样例。

关于项目合同。很多情况下，语音库是为某些客户定制的，那么就需要签署一份项目合作合同。合同中尽量说明知识产权/版权（属于客户、制作者还是双方共同拥有）、使用权限、向第三方分发的权利、第三方使用时所付版税以及版税如何在版权拥有者之间分配等。往往在合同中附上一些附加文件，比如，语料库的规范（合同技术指标附件）、语料库制作计划、提交质量评估指标等。

声明（Declaration）

姓名（Name）：	年龄（Age）：
住址（Address）：	电话（telephone number）：
E-MAIL 地址（E-mail address）：	
工作单位（work address）：	

本人在此声明：本人同意，通过该单位搜集、储存、整理、使用和传递本人提供的上述任何个人信息或本人参与的语料库搜集项目（以下称"项目"）有关的任何个人信息，无论该语料库以何种语言记载（以下称"个人信息"）。××单位可以为任何合法目的使用和整理个人信息并可以将个人信息透露给任何参与该项目的第三方。

本人进一步同意，××单位可以在该项目期间及以后的任何时候，以任何方式，为××单位认为适宜的目的自由而无偿使用本人在参与项目时所录制的语音样本（以下称"语音样本"），其中包括但不限于：在××单位的业务、产品、数据库、软件和应用中使用该语音样本。××单位可以无限制地复制该语音样本，并可以无限制地将该语音样本向任何第三方发放。

签署（signed by）：

_____

姓名（Name）：

日期（Date）：

签字地点（Signing Place）：

关于版权拥有者和使用者。如语音语料库卖给其他用户或者通过一定方式进行共享的时候，需要保护拥有者的版权，保证用户不向第三者提供拷贝等。一般处理方式是，和用户签署一个合同，说明用户的使用权限；在语音库文档中增加有关版权的文字说明，告诉用户使用语音库等于自动接受所有说明的条件；同用户单位法人签署有效使用合同。

关于用户数据保护。用户数据的保护是一件非常严肃的工作，贯穿于语音库制作的整个过程。包括对录音的语音数据保护、对描述数据保护（如发音人的详细信息的保护）。

　　关于分发商。有的语音库除了自己使用外，还会进行分发共享使用，使其发挥更大的作用。制作者可以自己分发，或委托另外一个分发商，以省去一些存档和分发过程中的麻烦手续。一般情况下，需要和分发商签署一个协议，说明委托分发的语音库的详细信息和价格等。

　　关于共享模式。语音库制作的费用大都十分昂贵，数据库的价值往往还会随着语言和录音环境等变化成倍增加，因此共享数据是很有意义的。大型数据库可以合作完成，通过制定统一的规范，交换数据达到共享数据。可以通过联盟的形式制定一些统一的制作和标注规范，然后联盟成员分头制作不同语言或方言、不同场景等语音库，然后大家交换各自数据达到共享目的。比如，欧洲的 SAM、SpeechDat、SpeeCon 项目就是用这种模式。国家973、863高技术项目支持了几期语音库制作，几个单位分头收集不同的语音库，如电话语音库、地方口音库等。同时也通过一定的方式有偿分发共享（如 http://www.chineseldc.org/）。

第四节　本章小结

　　本章对语音库建设涉及的流程、规范进行了介绍。在进行大规模的语音库制作的时候，遵循严格的制作规范，将使项目事半功倍。随着AI技术的发展，语音库收集模式发生转变，更多通过一些应用平台来收集来自互联网的真实数据。但语音和语言数据作为个人生物特征的一部分，保护个人因私涉及的伦理和法律问题日益凸显。只有合理合法收集和使用数据，才能更有效服务科学研究和技术发展。

参考文献

　　熊子瑜：《语音库建设与分析教程》，西安交通大学出版社2017年版。
　　Li, A., Zu, Y. 2006. Corpus design and annotation for speech synthesis and recognition. In C. Lee, H. Li, L. Lee, R. Wang, Q. Huo (Eds.), *Ad-*

vances in Chinese Spoken Language Processing (pp. 243 - 268). Singapore: World Scientific Publishing Co. Pte. Ltd.

Schiel, F., Draxler, C., Baumann, A., Ellgogen, T., Steffen, A. 2012. *The Production of Speech Corpora*. Retrieved from, http://www.bas.unimuenchen.de/Forschung/BITS/TP1/Cookbook

Whittaker, S., Walker, M., Moore. J. 2002. Fish or fowl: A Wizard of Oz evaluation of dialogue strategies in the restaurant domain. *LREC* 2002, Gran Canaria, Spain.

第四章

语音库的语音基础标注规范

语音库的标注是用离散的语言学符号或范畴对连续的语音信号进行描写的过程。通常语音库标准规范包括一套符号系统和标注原则。标注时需要根据原则，将这些符号与某个时间点或某个时间段联系起来。标注内容包括声音到文字转写、音段标注、韵律标注、句法语义标注、语用信息（信息结构、言语行为等）标注等。其中，音段标注和韵律标注称为语音基础标注。本章围绕语音基础标注，介绍声音到文字的转写规范、汉语的音段标注系统 SAMPA-C 和韵律标注系统 C-ToBI。

第一节 音字转写规范

音字转写就是根据音频文件转写为文字。严格的音字转写还包括副语言和非语言现象的转写。

可以根据自行开发的软件，或者基于开源的语音分析和处理工具如 Praat、WaveSurfer、Transcriber 等工具进行音字转写。比如，用 Praat 转写时可以根据语图进行更准确的音段切分，并可选择性重复播放，且划分语段的长短不受限制，并带有时间点信息。具体使用参见 Praat 语音软件使用手册（熊子瑜 2017）。

转写中要求正确使用汉语标点符号及副语言现象标注符号。《标点符号用法》是 1995 年中国标准出版社出版的图书，作者是国家语委语言文字应用研究所。该书是国家标准，规定了标点符号的名称、形式和用法，对汉语书写规范有重要的辅助作用，表 4—1 在此基础上给出了常用的汉语标点符号。表 4—2 给出了副语言和非语言现象标注符号表，其中的分类标注符号允许根据实际录音场景补充增加。

此外，转写时还需区分语音数据类型。目前主要分两种类型：（1）两人以上对话类型；（2）一个人讲述独白类型。

表4—1　常见汉语标点符号表（国家语委语言文字应用研究所，1995）

序号	名称	符号	用法说明	举例
1	句号	。	1. 用于陈述句的末尾。	我现在向上边_儿反映一下。
			2. 用于语气舒缓的祈使句末尾。	您稍等一下啊。
2	问号	？	用于句子末尾，表示疑问语气（是非问、反问、设问等）。	是南苑机场吗？
3	叹号	！	1. 用于句子末尾，表示感叹语气，也可表示强烈的祈使语气、反问语气等。	好玩儿喽！
			2. 用于拟声词后。	啪！就上那个车，一路开着车。
4	逗号	，	1. 用于复句内各分句之间的停顿。	像奥林匹克运动会一样，它们都在玩儿蹦床的这种蹦跳。
			2. 用于各种语法位置（较长的主语后、较长的宾语前、句首状语后等）。	应该看到，科学需要一个人贡献出毕生的精力。
			3. 用于各种停顿（复指成分、插入语、称谓语、呼唤语、某些序次语后等）。	爸，咱们回头商量，行吗？第一，她始终是个没有受过教育的下等人。
5	顿号	、	1. 用于句子内部并列词语之间的停顿。	北京、昆明只是起点，不是终点。
			2. 用于需要停顿的重复词语之间、某些序次语后。	一月、一月二十几号是吗？

续表

序号	名称	符号	用法说明	举例
6	分号	；	1. 用于复句内部并列分句之间的停顿。	一种是，人们对新的产品总抱着怀疑的态度；另一种呢，就是使人们相信这种酶和菌可以处理非常大的问题。
			2. 用于非并列关系（如转折关系、因果关系等）的多重复句，第一层的前后两部分之间。	你欠了我一笔债，你对我负着责任；你不能丢下我就一个人跑。
			3. 用于分项列举的各项之间。	一是充值卡充值；二是余额查询；三是修改密码；四是挂失。
7	冒号	：	1. 用于总说性或提示性词语后，表示提示下文。	她对我说："过两天就来看我。"
			2. 用于需要说明的词语之后，表示注释和说明。	新地址：沿河大道五十二号。
8	引号	""　''	1. 用于行文中直接引用的话。	这就叫"三百六十行，行行出状元"。
			2. 用于需要着重论述的对象或强调的内容。	每个学年我都被评为"三好"学生，那就是工作好、学习好、身体好。
			3. 用于具有特殊含义的词语。	我会对他说：你最好先去学习学习，用句时髦_儿的话，叫作"充电"。
9	括号	（）	行文中注释性的文字或补充说明，用括号标明。	我校拥有特级教师（含已退休的）17人。

续表

序号	名称	符号	用法说明	举例
10	破折号	——	1. 用于标示注释内容或补充说明。	一会＿儿跟这个——呃，周太太谈谈，比喝什么都强。
			2. 用于话题突然转换。	朴园，你像是有点＿儿瘦了。——矿上罢工的事怎么样了？
			3. 声音延长，象声词后用破折号。	嗯——这戒指，不也是他送给你的吗？
11	省略号	……	1. 表示语意未尽。	您说要是觉得贵呢，可以给您……
			2. 说话断断续续，可以用省略号标示。	就这……就这里就……
			3. 列举或重复词语的省略，用省略号标明。	有绿茶、红茶、白茶、铁观音……
12	着重号	.	标示语段中重要的或需要指明的文字。	信用卡的短信提醒是打电话或者网上开通，柜台是不能开通的。
13	连接号	- — ~	1. 汉语拼音、外来语内部的分合。	y-ang 痒，对吗？
			2. 相关的时间、地点或数目之间，用连接号，表示起止。	海拉尔—北京。 二至十二岁，孩子是六十。
			3. 相关的字母、阿拉伯数字等之间，用连接号，表示产品型号。	安莎航空公司 LH-303 班机九点二十分起飞。

续表

序号	名称	符号	用法说明	举例
14	间隔号	·	用于外国人和某些少数民族人名内各部分的分界；用于书名与篇（章、卷）名之间的分界。	我叫林达·亨特。我名字的首字母是"L"。
15	书名号	《》	1. 用于书名、篇名、报纸名、刊物名等。	对呀，我们读《孙子兵法》呢。
			2. 用于电影、电视、音乐、诗歌、雕塑等名称。	我会唱《昨夜星辰》。
16	专名号	＿	用于人名、地名、朝代名等专名下面。	司马相如者，汉蜀郡成都人也，字长卿。
			专名号只用在古籍或某些文史著作里面。为了跟专名号配合，这类著作里的书名号可以在文字下方或左侧（竖版）用浪线"～～"。	屈原放逐，乃赋离骚，左丘失明，厥有国语。

目前常用 Praat 软件的标注功能对声音进行文字转写。Praat 软件主要用于对数字化的语音信号进行分析、标注、处理及合成等，同时可以生成各种语图和文字报表。音字转写一般设置多个层级，对应不同的信息，如发音人信息、句段编号、讲话人的角色（话轮）、汉字内容等四个层级。

（1）发音人信息（information）

描述发音人的基本状况。包括发音人性别、年龄、职业、籍贯、普通话等级、英语水平等级、录音环境等。有一些特殊语音库，还需提供身高、体重、发音和身体病理状况。如果是对话语音，需要描述对话人之间的关系。如图4—1的第一层INFO标注信息。

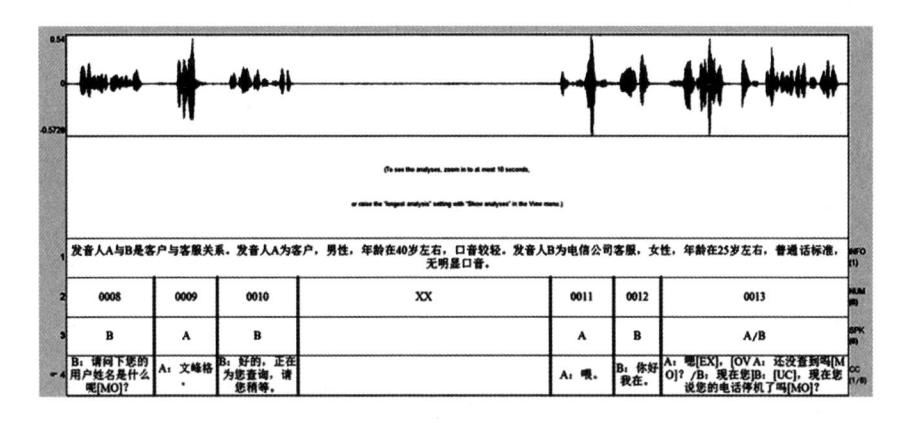

图 4—1　一段对话的音字转写示例

（2）语段编号（number）

语段编号或者标记，其主要目的是进行语段自动切分和抽取对应的内容。根据发音的两种形式标记语段编号。自述式的语音，按照分析和处理要求，对语调单元或者话题单元进行编号标记；对话形式，按照角色话轮进行语段编号标记。如遇到不需要的废弃段，可在此层用符号标记出来（如××），不用标注编号。如图 4—1，第二层 NUM 给出与有效话轮对应的语段编号。

（3）话轮/说话人（turn/speaker）

针对两人以上对话的话轮标注，标注时可用英文字母（A、B、C……），或者说话人姓名缩写（zhangs、lis、wangw……），或者性别加编号（F1、F2、F3……，M1、M2、M3……）等符号。如图 4—1 的第三层 SPK 标注，不同发音人用 A、B、C 表示。

（4）汉字内容（Chinese character）

根据声音进行汉字转写，起始时间与编号、话轮层（说话人）一致。转写过程中要正确使用汉字、标点符号、副语言现象和非语言现象符号。图 4—1 中第 4 层 CC 为汉字转写的内容。副语言和非语言现象主要是针对没有办法直接用汉字进行转写的语音现象。如：笑声、哭声、音乐声等。常用副语言和非语言现象符号见表 4—2。

表 4—2   常见副语言和非语言现象标注符号

编号	类型	符号	编号	类型	符号
1	拖音 lengthening	[LE]	17	扑话筒声音 flapping microphone	[FL]
2	喘息 breath	[BR]
3	笑声 laugh	[LA]	18	噪音 noise	[NS]
4	哭声 cry	[CR]	19	沉默 silence（long）	[SI]
5	咳嗽 cough	[CO]	20	口误 error	[ER]
6	打嗝 burp	[BU]	21	象声词 imitative words/onomatopoeia	[IM]
7	咂嘴音 smack	[SM]
8	重叠发音 overlap	[OV]	22	语气词 mood/modal particle	[MO]
9	打哈欠 yawn	[YA]	23	感叹词 exclamation/interjection	[EX]
10	打喷嚏 sneezes	[SE]
11	清嗓子 hawk	[HA]	24	其他语言 No-Chinese	[NC]
12	吞咽 deglutition	[DE]	25	信号中断 signal interrupt	[IN]
13	唱歌 sing a song	[SO]	26	叹气 sigh	[SG]
14	重复发音 repetition	[RE]	27	网速慢造成的声音卡，不连贯不自然，断断续续 lag	[LAG]
15	含混音 murmur/uncertain	[UC]
16	清鼻子声音 nasal stop	[NAS]	28	废弃段 discarded segment	[DIS]

此外，在转写过程中还需特别注意如下几个事项：

第一，听不清楚的话语。听不清楚的内容可用"x（英文状态下小写的 x）"来代替，一个"x"表示字听不清，两个"xx"表示词或短语听不清，三个"xxx"表示整个句子听不清。也可用含混不确定（uncertain）的缩写［UC］表示。如：

A：坐地铁 x 线到 xx 下车。

A：坐地铁［UC］线到［UC］下车。

第二，对话形式。对话形式的语篇在转写时需要在汉字前加上说话人代号。如：

A：今天中午去哪_儿吃？

B：食堂。

第三，多人同时说话重叠在一起的内容。在对话中如遇两个人或多人同时说话时，需要将重叠在一起的内容标记出来。用重叠（overlap）

的缩写［OV］来标记重叠内容。标注方法如下：

A：能听［OV A：见。B：干］B：吗？

注意：OV 后需要空格，以免跟其他字符重复。

第四，儿化音节。儿化音节转写时需要与单字"儿"进行区分。一般单字是直接转写成"儿"，儿化音节则是在汉字后加"_儿"。如："花儿"表示两音节词"hua1 er2"，"花_儿"表示单音节儿化韵"huar1"。转写示例如："挂牌_儿仪式结束，小院_儿又恢复了往日的平静。"

第五，副语言现象。如副语言现象中遇到两种或多种现象并列出现的情况，依次罗列，中间用"／"分隔，如：［MO］／［NS］。图 4—2 为一个示例。

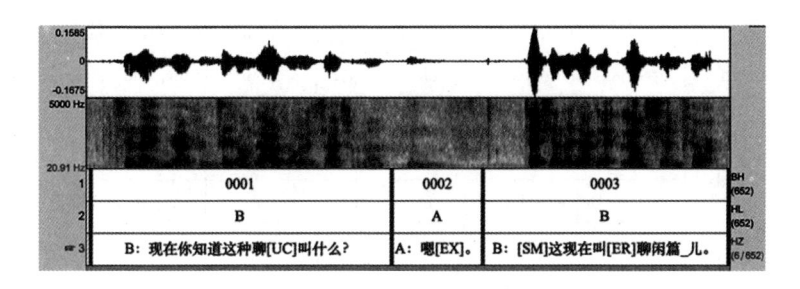

图 4—2　副语言现象转写

第二节　汉语音段标注规范 SAMPA-C

一　音段标注符号

音段标注内容可以是对元音、辅音等音段单元的标注，也可以是对更大的语音单元，如声母、韵母和音节等标注。通常使用的标注符号有国际音标（IPA，International Phonetic Alphabet）、汉语拼音、SAMPA-C（Li et al. 2000）等。

国际音标（IPA）是语音学家创建的一套标音符号，国际音标符号分为严式（用闭合的方括号表示［　］）和宽式两种表示（用双斜线表示／　／）。附录 1 给出了 2006 版 IPA 的中文翻译（由中国语言学会语音学分会翻译，原载《方言》2007 年第 1 期）。

表 4—3　　汉语普通话辅音的拼音、IPA 和 SAMPA-C 符号对照

发音方法	发音部位	拼音	IPA	SAMPA-C	举例
塞音 Stops	唇音 Labial	b	p	p	ba, bi, bu, bai, ……
	舌尖前音 Dentalveolar	d	t	t	de, da, di, du, ……
	舌根音 Velar	g	k	k	ge, gu, ga, ……
塞送气 Aspirated Stops	唇　音 Labial	p	p^h	p_h	po, pa, pu, pan, ……
	舌尖音 Alveolar	t	t^h	t_h	ta, ti, tu, ……
	舌根音 Velar	k	k^h	k_h	ke, ku, kan, kun, …
塞擦音 Affricates	舌尖前音 Dentalveolar	z	ts	ts	zi, zu, zou, za, ……
	舌尖后音 Retroflex	zh	tʂ	ts`	zhi, zha, zhang, ……
	舌面音 Dorsal	j	tɕ	ts\	ji, ju, jiang, ……
塞擦送气 Aspirated Affricates	舌尖前音 Dentalveolar	c	ts^h	ts_h	ci, ca, cong, ……
	舌尖后音 Retroflex	ch	$tʂ^h$	ts`_h	zhi, chu, cha, ……
	舌面音 Dorsal	q	$tɕ^h$	ts_h	qi, qu, qian, ……
鼻音 Nasals	唇音 Labial	m	m	m	ma, mi, men, ……
	舌尖音 Dentalveolar	n	n	n	na, nu, neng, ……
擦音 Fricatives	唇齿音 Labiodental	f	f	f	fa, fu, fou, fang, ……
	舌尖前音 Dentalveolar	s	s	s	si, su, sa, song, ……
	舌尖后音 Retroflex	sh	ʂ	s`	shu, sha, shan, ……
		r	ʐ	z`	ri, ru, re, ruan, ……
	舌面音 Dorsal	x	ɕ	s\	xi, xia, xiang, ……
	舌根音 Velar	h	x	x	ha, he, hu, hun, ……
边音 Laterals	舌尖音 Dentalveolar	l	l	l	la, li, lu, lang, …

　　汉语拼音是一种音位标音符号。SAMPA-C 是依据 SAMPA 符号系统制定的可机读的汉语音段标注符号系统（https：//www.phon.ucl.ac.uk/home/sampa/ipasam-x.pdf）。表 4—3 至表 4—6 是普通话不同语音单位的汉语拼音、IPA 和 SAMPA-C 符号对照表，表 4—7 是声调的符号对照表，表 4—8 是常见 IPA 附加符号对应的 SAMPA-C 符号。对于不同汉语方言，可以参照表 4—9 给出的汉语方言音标表的 IPA 和 SAMPA-C 对照符号表，这个表是基于中国社会科学院语言研究所编写的《方言调查字表》中的

国际音标表制定的（2004）。如果方言中有特殊的发音，可以根据需要参照 SAMPA 进行增补，同时注意增补符号尽量避开计算机编程软件经常使用的符号。

表4—4　元音音位和音位变体的拼音、IPA 和 SAMPA-C 符号对照

音位		音位变体	SAMPA-C	音位		音位变体	SAMPA-C
拼音	IPA			拼音	IPA		
a	A	a	a	i	i	i	i
		A	a_"			ɪ	I
		ɑ	A			j	j
		ɛ	E			ʅ	i`
		æ	{		ï	ʅ	i\
o	O	o	o	u	u	ʊ	U
		ʊ	U			u	u
		u	u			w	w
		ə	@			ʋ	v\
e	ɤ	ɣ	7	ü	Y	y	y
		e	e			ɥ	H
		E	E_r	er	ɚ	ɚ	@`
		ə	@				

表4—5　汉语普通话韵母的拼音、IPA 和 SAMPA-C 符号对照

韵母"四呼"发音分类①	拼音	IPA	SAMPA-C	举例
开口呼	a	A	a_"	ba, a, ……
	o	o	o	po, bo, fo, ……
	e	ɤ	7	e, ke, ge, he, ……
	ai	aɪ	aI	ai, sai, shai, ……
	ei	ei	ei	fei, hei, ……
	er	ɚ	@`	er

---

① "四呼"是根据介音或主要元音给韵母分类的一种方式。其中"开口呼"指不以 i、u、ü 为介音或作韵腹的韵母；齐齿呼指有 i 介音或以 i 作韵腹的韵母；合口呼指有 u 介音或以 u 作韵腹的韵母；撮口呼指有 ü 介音或以 ü 作韵腹的韵母。

续表

韵母"四呼"发音分类	拼音	IPA	SAMPA-C	举例
开口呼	ao	ɑʊ	AU	ao, hao, kao, ……
	ou	əu	@ u	ou, hou, fou, ……
	an	an	a_n	an, fan, kan, san, ……
	en	ən	@ _n	en,
	ang	ɑŋ	AN	ang, pang, bang, ……
	eng	əŋ	@ N	beng, peng, feng, ……
	i(zi)	ɿ	i \	zi, ci, si
	i(zhi)	ʅ	i`	zhi, chi, shi
齐齿呼	i	i	i	yi, bi, ji, xi, ……
	ia	iA	ia_"	ya, qia, xia, ……
	ie	iE	iE_r	ye, qie, jie, pie, ……
	iao	iɑʊ	iAU	yao, qiao, xiao, ……
	iu(iou)	iəu	i@ u	you, qiu, jiu, ……
	ian	iɛn	iE_n	yan, qian, xian, ……
	in	in	i_n	yin, jin, qin, xin, ……
	iang	iɑŋ	iAN	yang, xiang, qiang, ……
	ing	iŋ	iN	ying, xing, qing, ……
	iong	iuŋ	iUN	yong, xiong, qiong, ……
合口呼	u	u	u	wu, fu, gu, hu, …….
	ua	uA	ua_"	wa, kua, hua, ……
	uo	uo	uo	wo, huo, guo, duo, ……
	uai	uaɪ	uaI	wai, kuai, ……
	ui(uei)	uei	uei	wei, gui, ……
	uan	uan	ua_n	wan, duan, suan, ……
	un(uen)	uən	u@ _n	wen, tun……
	uang	uɑŋ	uAN	wang, huang, chuang, …
	ong	uŋ	uN	hong, gong, dong, ……
	ueng	uəŋ	u@ N	weng, ……
撮口呼	ü	y	y	yu, xu, ……
	üe	yE	yE_r	yue, que, xue, ……
	üan	yæn	y{_n	yuan, xuan, quan, ……
	ün	yn	y_n	yun, ……

表 4—6　汉语普通话儿化韵的拼音、IPA 和 SAMPA-C 符号对照表

韵母"四呼"发音分类	拼音	IPA	SAMPA-C	举例
开口呼	ar	ar	a`	par
	or	or	o`	mor
	er	ɤr	7`	ger
	air	ar	a`	bair
	eir	ər	@`	leir
	aor	ɑor	Ao`	daor
	our	our	ou`	gour
	anr	ar	a`	ganr
	enr	ər	@`	genr
	angr	ãr	a~`	gangr
	engr	ə̃r	@~`	dengr
	(z) i	ər	@`	zir
	(zh) i	ər	@`	zhir, shir
齐齿呼	ir	iər	i@`	jir
	iar	iar	ia`	iar
	ier	iEr	iE_r`	jier
	inr	iər	i@`	jinr
	iaor	iɑor	iAo`	jiaor
	iour	iour	iou`	qiur
	ianr	iar	ia`	jianr
	iangr	iãr	ia~`	liangr
	ingr	iə̃r	i@~`	ingr
	iongr	iũr	iu~`	xiongr
合口呼	ur	ur	u`	gur
	uar	ur	u`	guar
	uan	uar	ua`	tuanr
	uair	uar	ua`	guair
	ueir	uər	u@`	gueir
	uenr	uər	u@`	lunr
	uor	uor	uo`	uor
	uangr	uãr	ua~`	kuangr
	uengr	uə̃r	u@~`	uengr
	ongr	ũr	u~`	kongr

续表

韵母"四呼"发音分类	拼音	IPA	SAMPA-C	举例
撮口呼	ür	yər	y@`	yur
	ünr	yər	y@`	qunr
	üer	yEr	yE_r`	yuer
	üanr	yar	ya`	yuanr

表4—7　汉语普通话声调的拼音、IPA 和 SAMPA-C 符号对照

拼音	IPA	SAMPA-C	举例
阴平 ā	˥ 55	1	ba1（八）
阳平 á	˧˥ 35	2	ba2（拔）
上声 ǎ	˨˩˦ 214	3	ba3（把）
去声 à	˥˩ 51	4	ba4（罢）
轻声 a	˩ 10	0	ba0（吧）

表4—8　常见 IPA 附加符号对应的 SAMPA-C 符号

符号含义	SAMPA-C	例子 IPA	说明
鼻化 nasalized	~	ẽ	~
央化 centralized	_"	ë	_"
清化 voiceless	_u	n̥	_u
浊化 voiced	_v	s̬	_v
圆唇化 more rounded	_O	c̹	_O
齿化 dental	_d	t̪	_d
成音节 syllabic	=	n̩	=
咽化 pharyngealized	Ø_?\	tˤ	Ø_?\
增音 inserted	(+)		(+)
减音 deleted	(-)		(-)
送气 aspirated/breathy	_h	tʰ	_h

表4-9 汉语方言音标表的IPA和SAMPA-C对照符号

方法	部位		双唇	齿唇	齿间	舌尖前	舌尖后	舌叶(舌尖及面)	舌面前	舌面中	舌根(舌面后)	小舌	喉壁	喉
塞	清	不送气	p(p)			t(t)	t(t')		ȶ(t\`)	c(c)	k(k)	q(q)		ʔ(?)
		送气	pʻ(p_h)			tʻ(t_h)	tʻ(t\`_h)		ȶʻ(t\`_h)	cʻ(c_h)	kʻ(k_h)	qʻ(q_h)			ʔʻ(?_h)
	浊	不送气	b(b)			d(d)	d(d\`)		ȡ(d\`)	ɟ(J\\)	g(g)	ɢ(G)			
		送气	bʻ(b_h)			dʻ(d_h)	dʻ(d\`_h)		ȡʻ(J_h)	ɟʻ(J_h)	gʻ(g_h)	ɢʻ(G_h)			
塞擦	清	不送气	pf(pf)	tθ(tT)	ts(ts)	tʂ(ts\`)	tʃ(tS)	tɕ(ts_h)						
		送气	pfʻ(pf_h)	tθʻ(tT_h)	tsʻ(ts_h)	tʂʻ(ts\`_h)	tʃʻ(tS_h)	tɕʻ(ts_h)						
	浊	不送气	bv(bv)	dð(dD)	dz(dz)	dʐ(dz\`)	dʒ(dZ)	dʑ(dz\\)						
		送气	bvʻ(bv_h)	dðʻ(dD_h)	dzʻ(dz_h)	dʐʻ(dz\`_h)	dʒʻ(dZ_h)	dʑʻ(dz_h)						
鼻		浊	m(m)	ɱ(F)		n(n)	ɳ(n\`)		ɲ(n\\)		ŋ(N)	ɴ(N\\)		
滚		浊				r(r)						R(R\\)		
闪		浊				ɾ(4)	ɽ(r\`)					ʀ(R)		
边擦		清				ɬ(K)								
		浊				l(l)	ɭ(l\`)			ʎ(L)				
擦		清	ɸ(p\\)	f(f)	θ(T)	s(s)	ʂ(s\`)	ʃ(S)	ɕ(s\\)	ç(C)	x(x)	χ(X)	ħ(X\\)	h(h)
		浊	β(B)	v(v)	ð(D)	z(z)	ʐ(z\`)	ʒ(Z)	ʑ(z\\)	ʝ(j\\)	ɣ(G)	ʁ(R\\)	ʕ(?\\)	ɦ(h\\)
无擦通音及半元音			w(w)	ʋ(P)		ɹ(r\\)	ɻ(r\\\`)		j(j) ɥ(H)		ɰ(M\\) w(w)			

元音		前		央		后
	高	i(i) y(y)	ʉ(H_O) ʉ(H_O\`)	ɨ(1) ʉ(H)		ɯ(M) u(u)
	半高	e(e) ø(2)	ɘ(@\\)	ɘ(@)		ɤ(7) o(o)
	半低	ɛ(E) œ(9)		ɜ(3)		ʌ(V) ɔ(O)
	低	æ(&)		a(a)		ɑ(A) ɒ(Q)

二　音段层级标注

根据实际研究和应用需要，音段的语音标注包括宽式语音标注和严式语音标注两种。宽式语音标注只标注音段对应的词典中正则发音，而不考虑实际的发音。宽式标音没有严式标音那么细致，只包括读这个音节或者词必需的几个音，而不标方言以及个人特征，如普通话的"书" shu／ʂu／。严式语音音段标注是对音段进行实际发音的标注，尽可能多地描写语音的细节，反映说话者的方言特点及个人特征。如普通话音节"书"其辅音发音时的圆唇动作标注为［ʂʷu］、某个发音人将音节"务"的声母双唇近音［wu］发成唇齿音近音［ʋu］。按照需要，还可以进行多个层级的标注，增加发音人性别、口音以及话轮边界等。

现在有很多开源的语音分析和标注软件，如：

PRAAT（http：//www. fon. hum. uva. nl/praat/）

SFS（http：//www. phon. ucl. ac. uk/resource/sfs/index. html）

WaveSurfer（http：//www. speech. kth. se/Wave Surfer/links. html）

ESPS/xwaves +（http：//www. speech. kth. se/software/#esps）

对音段进行语音学标注（annotation）时，标注的语音符号要与语音信号进行时间点的准确对齐。目前采用语音识别技术，自动切分的性能已经很不错，但如果对音段的边界精准度有更高要求，一般要结合语音的三维语图和听音感知来准确确认音段起始点和结束点。所以，对音段的三维语谱图的识别是基本功，需要标注者掌握一定的语音学基本知识，特别是辅音和元音音段、过渡段的声学特征以及各种音段对应的三维语图的特点。相关的语音学基础可以参见一般的语音学教程，如 *Phonetics*：*Transcription*，*Production*，*Acoustics*，*and Perception*（Henning Reetz, Allard Jongman 2009，中文译本见曹梦雪、李爱军译《语音学：标音、产出、声学和感知》，2018），*A Course in Phonetics*（Peter Ladefoge and Keith Johnson, 2014, 2012），中文译本见张维佳译《语音学教程（第 7 版）》，2018）；汉语的语音学方面参见吴宗济、林茂灿主编《实验语音学概要》（鲍怀翘、林茂灿主编增订版，2014），《吴宗济语言学论文集》（2004）。

图 4—3 是用 ESPS/XWAVES 标注的一段自然口语示例，标注了三层信息，第一层是音节边界，用拼音标注，第二层是声母和韵母边界，用 SAMPA-C 符号标注实际的发音（Li et al. 2001），其中用了一些下划线来

标记音变，如"k_v"表示浊化的声母［k］。第三层是杂类层，标注了一些情感态度等副语言或者非语言现象，如呼气音用"breath <"和"breath >"分别标记起始，语气词用"mod <"和"mod >"分别表示起始。

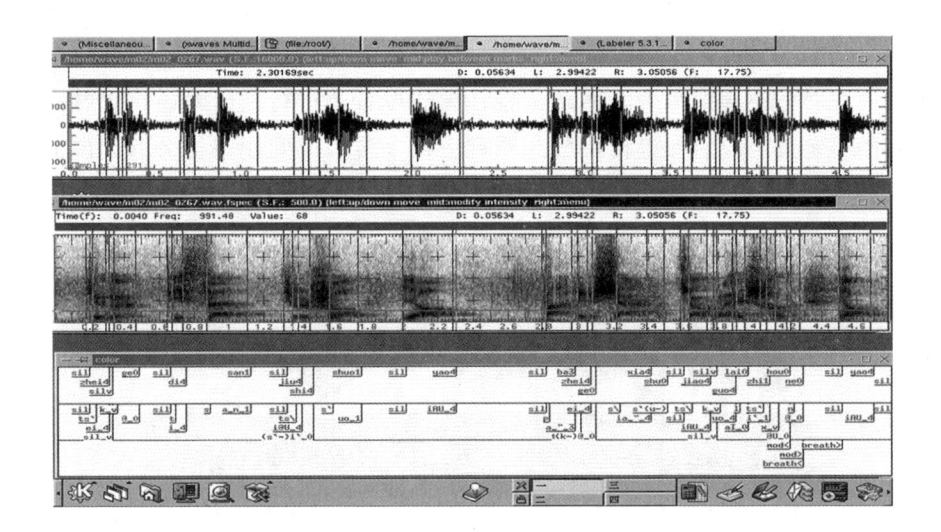

图4—3 一个三层级音段标注的例子："这个第三就是说，要把这下属叫过来之后呢要。"最上面显示的是波形图，中间是三维语谱图，下面三层音段标记层级为正则音节层、声韵母实际发音层（SAMPA-C 符号）以及杂类层（副语言和非语言现象）

下面详细介绍音段各层级标注：

（1）音节层（syllable）

一般是标注正则拼音。可根据语图标记出音节的起始点和结束点，音节间的无声段和可见的成阻段也需进行标注，标注符号见表4—10。

表4—10　　　　　　　无声段和成阻段的标注符号

名称	SAMPA-C
无声段 silence	sil
浊音无声段 voiced silence	sil_v
阻塞音前的成阻段 closure	sp

音节层的拼音需严格按照《现代汉语词典》的拼音规则进行标注。如遇字典上没有的字用音相同或近似的字代替，这一类主要集中在语气词和感叹词中。如：嗯 ng（0—4），或者 n（0—4）、恩 en（0—4）、昂 ang2、盎 ang4、沆 hang4 等，其声调符号其实是语气词对应的语调表现的近似描写。另外，由于汉语拼音韵母中的"ü"不太方便输入，一般采用"v"来代替。

在对话中遇到两个人话语重叠，无法按音节进行划分时，将重叠内容的拼音按照说话人进行拆分和罗列，每个音节中间用空格分开，说话中间用"/"分隔。如图 4—4 中的"视"和"嗯"发音叠接，标注为"shi4/ng1"：

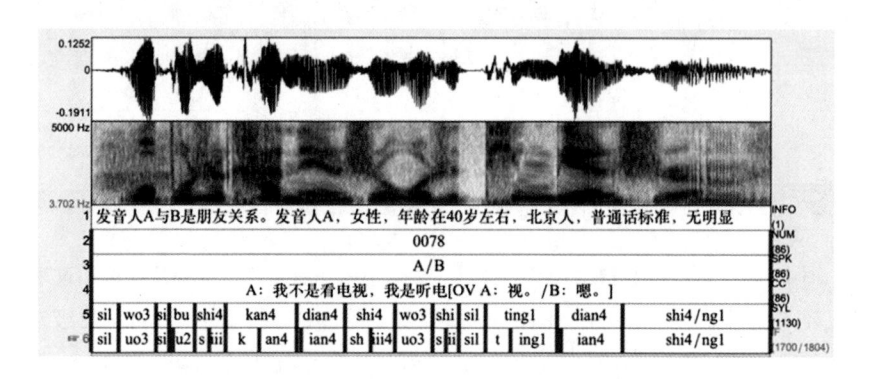

图 4—4　用拼音标注音节层 SYL 和声韵母层 IF 示例

（2）声韵母层（initial and final）

分别标注音节的声母和韵母，声调直接标记在韵母后面。一般如果发生音变现象也可以标注在此层，常用音变现象见表 4—11。另外，此层还需注意零声母和特殊韵母的标注符号，详见表 4—12，比如，为了区分汉语拼音中三个 i 的音位变体，平舌的标为 ii；翘舌的标为 iii。图 4—4 的第 6 层声韵母层中"是"的韵母标为"iii4"；图 4—5 中"们 men0"的韵母丢音，在声韵母层标注为"m(en-)"，"就"的韵母标注为"iou4"；儿化音节"边_儿""bianr1"的韵母标为"ianr"。

表 4—11　　　　　　　　　常用音变现象标注符号

音变现象	符号	样例	注释
浊化	_v	d_v、sil_v	"_v"表浊化
清化	_u	i_u2	"_u"表清化
鼻化	~	a~1	"~"表鼻化
齿化	_[	w_[	"_["表齿化
喉擦	\	h\	"\"表喉擦
增音	(+)	(ng+)	括号里的为增加的音
减音	(-)	(h-) ou4, h (ou-)	括号里的为丢掉的音
声母音变	( )	sh (s)	括号外的为正则拼音 括号里的为实际发音
韵母音变	( )	iii4（ii4）	括号外的为正则拼音 括号里的为实际发音
声调音变		32（本调上声变为阳平）	直接在本调后加变调

表 4—12　　　零声母和特殊声韵母组合的标注符号
（"丨"表示声韵母边界）

类别	音节层	声韵层
零声母	wa1、wai1、wan1、wang1、wei1、wen1、weng1、wo1、wu1	ua1、uai1、uan1、uang1、uei1、uen1、ueng1、uo1、u1
	ya1、yan1、yang1、yao1、ye1、yi1、yin1、ying1、yo1、yong1、you1、yu1、yuan1、yue1、yun1	ia1、ian1、iang1、iao1、ie1、i1、in1、ing1、io1、iong1、iou1、v1、van1、ve1、vn1
平翘舌	zhi1、chi1、shi1、ri1	zh丨iii1、ch丨iii1、sh丨iii1、r丨iii1
	zi1、ci1、si1	z丨ii1、c丨ii1、s丨ii1
复合韵母	liu4、niu2、xiu1……	l丨iou4、n丨iou2、x丨iou1……
	hun1、dun1、cun1……	h丨uen1、d丨uen1、c丨uen1……
	hui2、dui4、cui4……	h丨uei2、d丨uei4、c丨uei4……
"ü"标记为"v"	ju1、jun1、jue1	j丨v1、j丨vn1、j丨ve1
	qu1、qun2、que2	q丨v1、q丨vn2、q丨ve2
	xu1、xun1、xue1	x丨v1、x丨vn1、x丨ve1

(3) 嗓音音质层（VQ：voice quality）

有一些研究涉及嗓音的音质，也就是声带振动的方式，此时需要针对嗓音的音质进行标注，如：嘎裂、假声、耳语、送气等。如遇两种或多种现象并列出现的情况，可以依次罗列，中间用"/"分隔，如：CR/BT。常见现象符号列表见表4—13，标注样例见图4—5。比如"找"出现了嘎列声。

表 4—13　　　　　　　　　　嗓音音质标注

类型	符号
creaky 嘎裂声	CR
falsetto 假声	FA
whisper 耳语	WH
breathy 送气声	BT

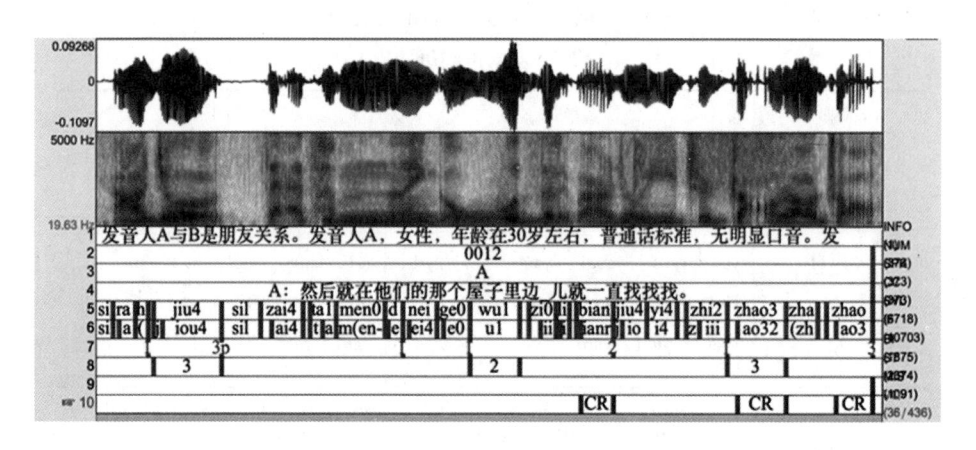

图 4—5　嗓音音质层 VQ 标注实例

(4) 副语言和非语言现象标注（杂类层 Mis：miscellaneous）

对自然口语的音段标注，一般还需要一个杂类层，标记副语言和非语言学现象。常见的现象已经在表4—2中给出。图4—6的第9层（Mis）是一个标注实例。用"LE"表示音节"后"拉长现象。

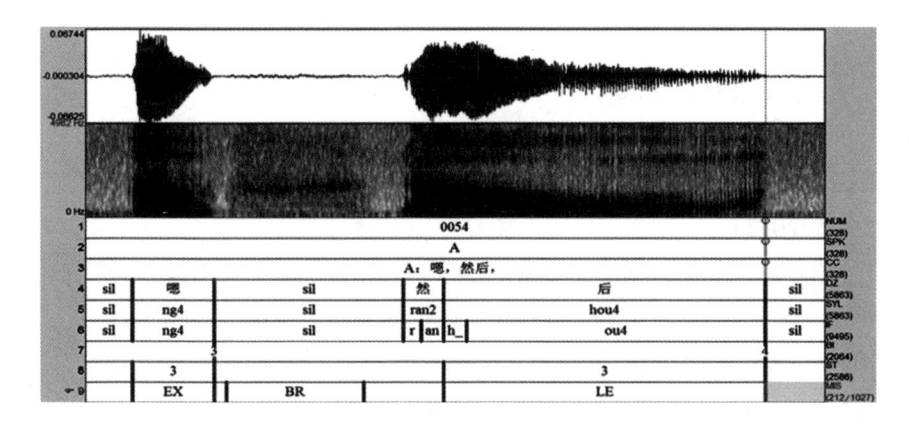

图4—6 最后一层Mis为副语言现象标注

第三节 语音韵律标注

一 韵律标注原则

韵律标注是对语音信号中具有语言学功能的韵律特征进行的定性描写。标注语句中有语言学功能的声调变化、语调模式、重音模式和韵律结构。受轻重音影响的音高变化属于标注内容，而元音内在音高变化和音节间声调协同发音不属于标注内容。

标注规范尽量精确，要建立在大量和长期的研究基础上，其中包括语音学、语调音系学、方言学、语用学和话语分析等。

标注的最小要求：建立在严格的语调音系分析基础上。但标注结果不能代替语音信号，声音是韵律标记系统的一部分。韵律标注系统内容应具有以下几个特性：

可靠性：不同标音人的标注具有较高的一致性。

全面性：覆盖自然语言中最重要的韵律现象。

易学性：可以在短时间内掌握。

兼容性：需考虑语音学、语言学、语音技术研究的需要。

可操作性：标注符号尽量简单，跟语音表层形式尽量接近。

开放性：对没有把握的标注项目允许不确定性存在。

可读性：标注符号具备机器可读性。

二 韵律标注系统

韵律标注从狭义上来说就是语调标注，因此标注系统是建立在对语调的研究基础上的，或者说建立在不同的语调理论基础上的（葛淳宇、李爱军 2018）。

自主音段—节律理论（AM 理论）是目前最流行的语调理论（Ladd 1996；Pierrehumbert & Steele 1989；Pierrehumbert 1980）。AM 理论认为，语言中不同层级之间可能存在不同的音高目标，而语调内部也存在不同的成分。这些不同的成分与其他层级的成分是如何共同实现的呢？AM 理论认为语调由三类主要音高目标组成，分别为音高重音（pitch accent）、短语重音（phrase accent）与边界调（boundary tone），如图 2—8、图 2—9。这三种目标都可以用高（H）、低（L）两种声调特征表示。音高重音可以分为简单型或复杂型，简单的音高重音只有一个目标，复杂的则可以有两个音高目标。音高重音以星号（*）表示。短语重音在中间短语（intermediate phrase，ip）的边界处出现，以连接线（-）表示。边界调则一般在语调短语（Intonational Phrase，IP）的边界处出现，用百分号（%）表示。

韵律结构与句法结构相似，也存在层级结构，一般说来，韵律层级是一种音系组织的方法，涉及比音段大的结构的音系现象能按线性排列组成适用于不同韵律域的类型，而且使每一个较小的域恰好包括在下一个更大的域里。韵律层级由高到低可以分为话语（utterance）、语调短语、韵律短语、音系词（phonological word）、音步（feet）、音节（syllable）等几个层级（Selkirk 1984，1986；Ladd 1996）。

基于该理论最早提出了英语韵律标注系统 ToBI（Tone and Break Indices，声调与间断指示）（Silverman et al. 1992），之后各国学者提出了基于 AM 理论的几十种语言的韵律标注系统（Jun 2007，2014）。下面我们介绍英语韵律标注系统 MAE-TOBI 和汉语韵律标注系统 C-TOBI。

（一）英语韵律标注系统 MAE-ToBI

ToBI 是基于自主音段—节律音系学而提出的对美式英语语调进行标

注的规范系统（Beckman & Ayers 1997）。在 Beckman 的守则中，不仅有对 ToBI 的介绍，而且有详细地对几乎所有音高事件与间断指数的示例。由于 ToBI 标注依赖于事先对特定语言的基于 AM 理论的描写，不同语言所用的标注符号可能不尽相同。基于相当多的语言的考察，Jun 和 Fletcher（2014）列举了所有语言中可能出现的不同标注符号，并对这些符号对应的语音学表现进行了详细的说明。

随着更多语言的语调系统在 AM 框架中的描写不断增多，ToBI 也由英语独有的标注系统变成了包含很多种语言的一个跨语言标注系统，而最初的只适用于英语的 ToBI 也改名为 MAE_ToBI（Mainstream American English ToBI）（Beckman et al. 2007）。

MAE-ToBI 标注包括四层：正则层（orthographic tier）、间断指数层（break-index tier）、声调层（tone tier）、杂类层（miscellaneous tier），可以参见图 4—7 的例子。声调层与间断指数层是韵律的核心成分，杂类层则标注其他内容，如笑声等。

（1）正则层

标注录音内容，图 4—7 给出更为严格的时间点对齐的各种音段标注，包括第 1 层到第 3 层的音素（phone）、词（words）和音节（syllable）。

（2）声调层

主要标注各种不同的音高事件，如音高重音、短语重音与边界调等。表 4—14 列出了 5 种音高重音的标注符号与其说明。

表 4—14　　　　　　　　ToBI 标注的音高重音标注规范

H* (!H*)	降调或高平调
L*	低平调
L+H* (L+!H*)	升调或帽调
L*+H (L*+!H)	下降后升（谷）
H+!H*	重读音段为高平调或降调，其前面的元音音段不承载重音且音高更高

注："*"表示重音作用的声调特征，"!"表示降价。

短语重音标注 H - 或 L - ，具体选用哪个根据该中间短语最后一个元音音段音高的升降及听感来决定，标注与边界对齐。具体情况如表 4—15 所示。

表 4—15　　　　　　ToBI 标注的短语重音标注规范

L -	以相对短语中其他部分较低的音高结尾
H -（! H -）	以相对短语中其他部分较高的音高结尾（降阶）

每个语调短语的最后标边界调，与边界对齐，共有四种情况。具体符号与说明见表 4—16。

表 4—16　　　　　　ToBI 中边界调标注规范

L - L%	音高降至音高域基线，通常但不总是话语结尾
L - H%	升幅不大，听起来言犹未尽
H - H%	音高升至音高域顶线，通常是简单疑问句
H - L%（! H - L%）	降幅很小，未达到基线

间断指数层。标注与不同韵律单位对应的间断等级，切分以听感为主，共五个等级，以 0—4 表示，不同的数字表示不同的间断强度，从而表示不同层级的韵律单位。见表 4—17。

表 4—17　　　　　　ToBI 的间断指数层标注规范

0	两个词在语音上结合得十分紧密
1	韵律词边界
2	音调标记的边界和声学边界停顿的不确定性
3	中间短语边界（韵律短语边界）
4	语调短语边界

在标注过程中，若认为该处停顿不自然，则加"p"以表示错误，如"1p、3p"等。若对某一处停顿长短产生犹豫时，如处于 2 级与 3 级之间时，通常将其划分为高一级的间断，并用"-"表示，如"3 -"。图

4—7展示了用 MAE-ToBI 标注的英语语调例句。

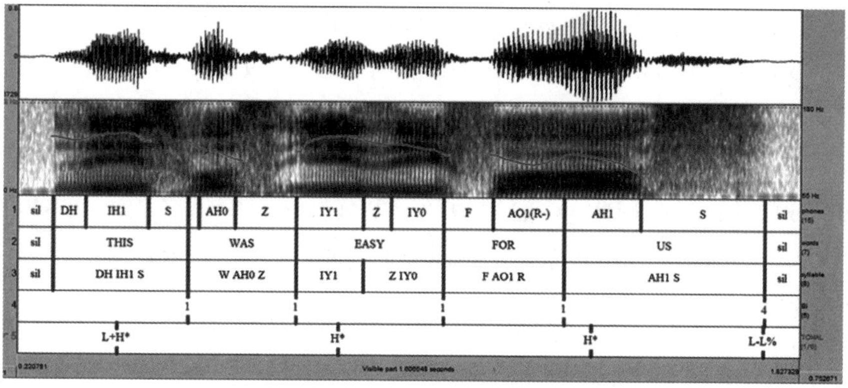

图 4—7　基于 MAE-ToBI 对英语句子 "This was easy for us." 的韵律标注

说明：上为声波，中间是三维语图和 F0（语调）曲线。下面为 5 层标注：1—3 层为音段标注，第 4 层为间断指数层，第 5 层为声调指数层。

（二）汉语韵律标注系统 C-ToBI

ToBI 标注系统也有汉语的变体，包括关于普通话/国语的两种标注体系（Li 2002；Peng et al. 2005）和一种对粤语的标注系统（Wong et al. 2005）。汉语与英语不同，汉语有声调，而且调域（pitch range）等信息在汉语语调中也有丰富的含义（葛淳宇、李爱军 2018）。汉语中还有轻声、变调等现象。汉语的语调标注必须将这些情况考虑在内。

汉语韵律标注也是分层的。音段切分是韵律标注的基础，所以是必不可少的一层，其他层级的标注，要依据实际应用的需求和标注的语音特性确定，这里介绍的 C-ToBI（李智强 1998，Li 2002）是在汉语语调和韵律结构等研究基础上，参考了英语韵律标准系统 ToBI（Silverman et al. 1992）建立起来的。一般来说包括以下层级的标注：韵律边界层、重音层、语句功能层等。根据实际需要，可以选择或者增加标注层级。鉴于汉语的声调和语调之间的关系，汉语"重音"的表现是作用在确定的声调特征上的（Li 2002），因此，一般情况下没有必要按照英语的音高重音那样来进行汉语的声调特征标注，只需给出重音的位置和层级即可。但可以根据研究，进行边界调和整个音高走势的标注（Li 2002）。下面我们重点介绍经常使用的汉语韵律标注层级。

（1）韵律边界层/间断指数层（BI：break index tier）

韵律边界层（间断指数层）标记感知到的韵律边界或者韵律层级结构。汉语韵律结构以及边界征兆的研究有很多（Liu & Li 2003；Li 2003，李爱军 2002；熊子瑜 2003；Tseng 2010），图4—8 给出了同一句话的韵律结构与句法结构。一般来说，语篇韵律结构的韵律层级从下至上为音节（σ）、韵律词（PW）、韵律短语（PP）、语调短语（IP）、韵律组（PG）。分别用 0—4 等数字表示不同级别的间断，"0" 表示音节边界，一般缺省不标。

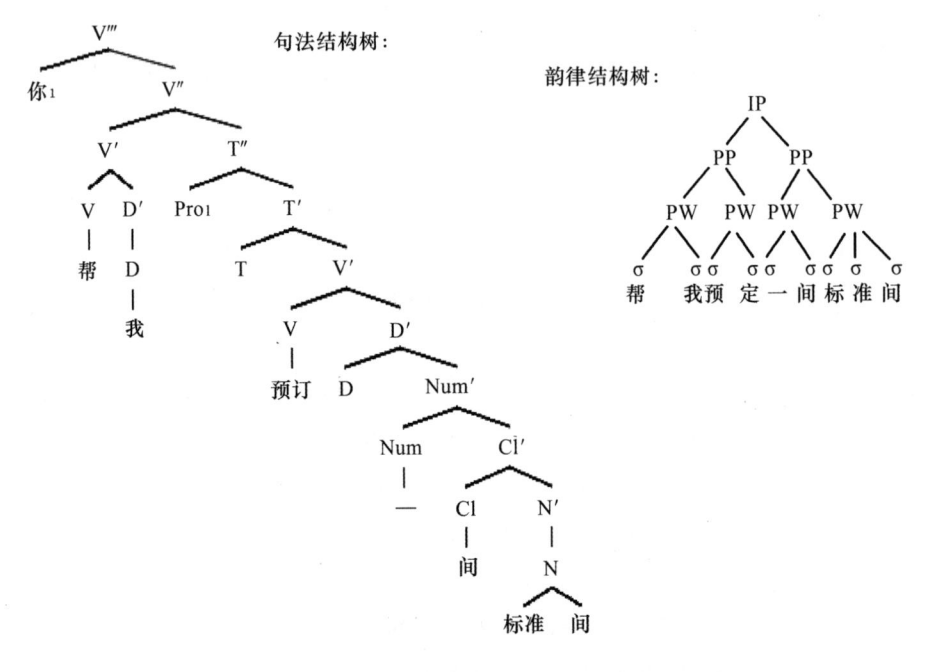

图4—8　"帮我预定一间标准间"的句法结构树和韵律结构树

在韵律边界层，1 表示韵律词之间的停顿；2 表示韵律短语之间的停顿；3 表示语调短语之间的停顿，4 表示语篇中的语调组边界，对话中的话轮转换边界也用 4 标注。在实际标注的过程中还会遇到不确定和非正常停顿两种情况，分别用"?"和"p"表示。"?"表示不确定，包括对话中两个人重叠的情况。在口语中经常出现的异常停顿，用附加符号

"p"来表示非正常停顿，如1p、2p、3p等。需注意的是此韵律边界不是句法停顿边界，而是听感上的广泛定义。

（2）重音层（ST：stress index tier）

重音层标记语句的重音层级模式，如韵律词重音、韵律短语重音、语调短语重音和强调重音等。

汉语重音层级具有层级性（林茂灿2012；贾媛2012），比如用"1、2、3"等分别标记韵律词重音、韵律短语重音、语调短语重音，一般标记在最重的那个音节上。"@"用来标记强调重音。

这里我们要强调的是，英语ToBI中音高重音是标注在声调特征上，但汉语是声调语言，所以，我们通常设立独立的重音层，而且将重音标记在不同层级重音实现的音节上。在进行韵律分析和建模的过程中，重音层和韵律边界层是重点，声调语调的语音变化可以通过标注的各个层次信息加以预测。

在韵律重音层，1表示韵律词中最重的音节，即韵律词重音；2表示韵律短语中最重的音节，即韵律短语重音；3表示当前语调短语中最重的音节，即语调短语重音。韵律重音的判断完全依靠听感。一般而言，韵律重音需要与韵律边界中的1、2、3级数和个数一致。在对话中遇到两人或多人重叠说话时可大概给出韵律重音位置，并标记"?"，情况比较复杂时可不标。当遇到整个句子标记为x，xx，xxx时，只需标注出韵律边界，无需标注韵律重音。

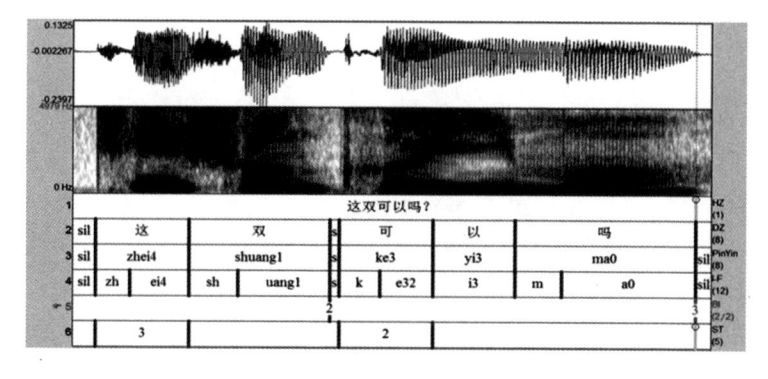

图4—9 朗读句子韵律标注实例：BI和ST分别为韵律边界层和重音层

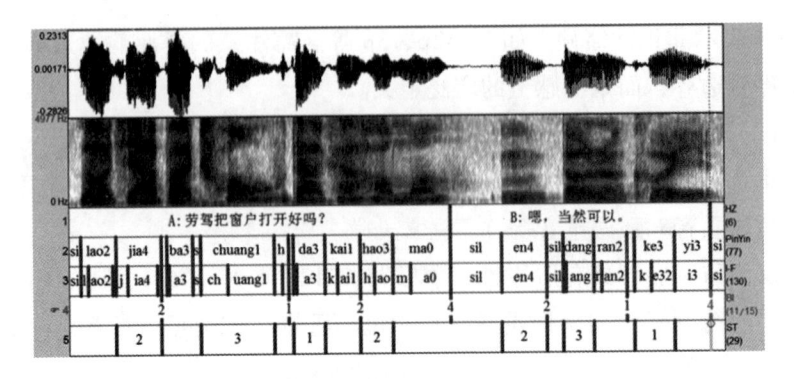

图4—10 对话韵律标注：BI 和 ST 分别为韵律边界和重音层，
A 和 B 是两位发音人的编号

图4—9 和图4—10 分别给出了朗读语篇和口语对话两个韵律标注例子。图4—10 中韵律边界"4"也表示了话轮边界。

第四节 小结

本章介绍了语音的基本标注标准，这些标准在科研和企业级研发中得到了广泛使用。近年来，随着机器学习算法的提高以及数据规模的增加，语音学基础标注在企业级的应用需求也在下降，但在语言和语音本体研究、语音教学、病理语音学研究中，仍十分重要。

参考文献

葛淳宇、李爱军：《语调类型学研究综述》，《中国语音学报》第10辑，中国社会科学出版社2018年版。

国际语音学会：《国际音标》（IPA 修订至2005年），中国语言学会语音学分会译，《方言》2007年第1期。

国家语委语言文字应用研究所：《标点符号用法》，中国标准出版社1995年版。

贾媛：《普通话焦点的语音实现和音系分析》（英文），中国社会科学出版社2012年版。

李爱军：《普通话对话中韵律特征的声学表现》，《中国语文》2002

年第 6 期。

李智强:《韵律研究和韵律标音》,《语言文字应用》1998 年第 1 期。

林茂灿:《汉语语调实验研究》,中国社会科学出版社 2012 年版。

吴宗济、林茂灿(原版)主编,鲍怀翘、林茂灿(增订版)主编:《实验语音学概要》(增订版),北京大学出版社 2014 年版。

吴宗济:《吴宗济语言学论文集》,商务印书馆 2004 年版。

熊子瑜:《语音库建设与分析教程》,西安交通大学出版社 2017 年版。

熊子瑜:《韵律单元边界特征的声学语音学研究》,《语言文字应用》2003 年第 2 期。

中国社会科学院语言研究所:《方言调查字表》,商务印书馆 2004 年版。

Beckman, M. E., Hirschberg J., Shattuck - Hufnagel, S. 2007. The original ToBI system and the evolution of the ToBI framework. In S. Jun (Ed.), *Prosodic Typology* (pp. 9 - 54). Oxford/New York: Oxford University Press.

Jun, S. 2007. *Prosodic Typology: The Phonology of Intonation and Phrasing.* Oxford/New York: Oxford University Press.

Jun, S. 2014. *Prosodic Typology II.* Oxford/New York: Oxford University Press.

Jun, S., Fletcher, J. 2014. Methodology of studying intonation: From data collection to data analysis. In S. Jun (Ed.), *Prosodic Typology II* (pp. 493 - 519). Oxford/New York: Oxford University Press.

Ladd, R. D. 1996. *Intonational Phonology.* Cambridge: Cambridge University Press.

Ladefoged, P., Johnson, K. 2012/2014. *A Course in Phonetics* (7th ed.). Boston: Cengage Learning. (张维佳译:《语音学教程(第 7 版)》,北京大学出版社 2018 年版。)

Li, A. 2002. Chinese prosody and prosodic labeling of spontaneous speech. In B. Bel, I. Marlin (Eds.), *Proceedings of the Speech Prosody 2002* (pp. 39 - 46), Aix - en - Provence, France.

Li, A. 2003. Prosodic boundary perception in spontaneous speech of Standard Chinese. *Proceedings of the 15th ICPHS* (pp. 873 – 876), Barcelona.

Li, A., Yin, Z., Wang, M., Xu, B., Zong, C. 2001. A Spontaneous conversation corpus CADCC. *Oriental COCOCSDA*, Korea.

Li, A., Zheng, F., Byrne, W. Fung, P. N. 2000. Cass: A phonetically transcribed corpus of mandarin spontaneous. In *the Sixth ICSLP*. Beijing.

Liu, Y., Li, A. 2003. Cues of prosodic boundaries in Chinese spontaneous speech. *Proceedings of the 15th ICPHS* (pp. 1269 – 1272), Barcelona.

Peng, S., Chan, M. K M, Tseng, C., et al. 2005. Towards a Pan – Mandarin system for prosodic transcription. In S. Jun (Ed.), *Prosodic Typology* (pp. 230 – 270). Oxford/New York: Oxford University Press.

Pierrehumbert, J. B. 1980. *The Phonology and Phonetics of English Intonation.* Doctoral Dissertation, Massachusetts Institute of Technology, 1980.

Pierrehumbert, J. B., Steele, S. A. 1989. Categories of tonal alignment in English. *Phonetica*, 46 (4), 181 – 196.

Reetz, H., Jongman, A. 2009. *Phonetics: Transcription, Production, Acoustics, and Perception.* Wiley – Blackwell. (曹梦雪、李爱军译：《语音学：标音、产生、声学和感知》，中国社会科学出版社2018年版。)

Selkirk, E. O. 1984. On the major class features and syllable theory. In M. Arnonff, T. Richard (Eds.), *Language Sound Structure* (pp. 107 – 136). Cambridge, MA: MIT Press.

Selkirk, E. O. 1986. *Phonology and Syntax, the Relation between Sound and Structure.* Cambridge, MA: MIT Press.

Silverman, K. E. A., Beckman, M. E., Pitrelli, J. F., Ostendorf, M., Wightman, C. W., Price, P., Pierrehumbert, J. B., Hirschberg, J. 1992. TOBI: A standard for labeling English prosody. *Proceedings of the 2nd ICSLP.*

Tseng, C. 2010. Beyond sentence prosody. In *the 11th Annual Conference of the International Speech Communication Association.* Makuhari, Japan.

Wong, W. Y. P., Chan, M. K., Beckman, M. E. 2005. An autosegmental – metrical analysis and prosodic annotation conventions for Cantonese. In S. Jun (Ed.), *Prosodic Typology* (pp. 271 – 99). Oxford/New York: Oxford University Press.

第五章

面向自然口语语篇的依存语法标注

句子分析在自然语言处理中占据核心地位，一直以来都是自然语言处理研究领域的重点和难点。句子级别的分析主要包括句法分析和语义分析两种（孙茂松等 2014）。

句法分析主要是从句法的角度来对句子的各构成部分进行解析的分析方法。按照所使用的文法的不同，可以分为短语结构文法和依存文法。由于依存语法具有简洁明了、便于标注、时间复杂度低等优势，因此，在自然语言处理中逐渐受到更多的重视。语义分析则是采用语义角色标注的方法来标注句子中主要动词的语义角色（孙茂松等 2014）。

在句法分析中，依存语法较之于短语结构语法表现出较多的优势。图 5—1 和图 5—2 分别是"我实在是没时间"的短语结构语法图和依存语法图。

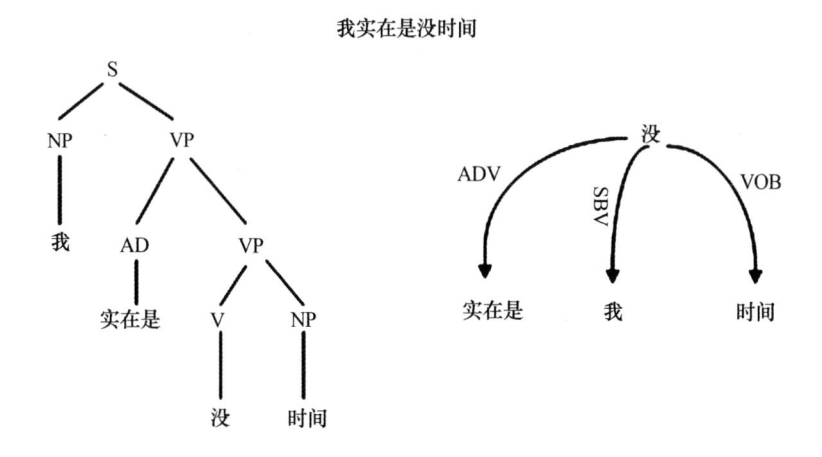

图 5—1　短语结构语法示例　　　　图 5—2　依存语法示例

图 5—1 中的 S 表示句子，NP、VP 分别表示名词性短语、动词性短语，V 和 AD 分别表示动词和副词；图 5—2 中的 ADV 表示状中关系，SBV 和 VOB 分别表示主谓关系和动宾关系。

从图 5—1 和图 5—2 中可以发现，与短语结构语法相比，依存语法具有以下几个特点：

（1）依存语法主要以动词为核心，突出动词在句法语义上的中心作用，短语结构语法则主要采取结构驱动，动词的核心作用不明显。

（2）依存语法能够体现出句子中词与词之间的依存关系，方便直接获取词汇之间的句法关系，短语结构语法则体现不出词语之间的依存关系。

（3）依存语法主要强调各成分之间的功能关系，易于表示句子成分之间的语义关系，短语结构语法只能表现各成分之间的语法关系，无法表现出语义关系。

（4）依存语法的句法树表示清晰、简单。

从上图可以看出，同一个句子，用依存语法标注的句法树的节点数和边数要比利用短语结构语法少得多，这可以大大节省分析树所占的存储空间，更便于计算机处理（冯志伟 2004）。因此，依存语法被广泛用于像英语这样的西方语言的句法分析当中，并在分析过程中构建了许多模型（Zhou 2000）。

第一节　依存语法简介

1970 年，美国计算语言学家 J. 鲁宾逊（J. Robinson）提出了关于依存语法的四条公理：

其一，在一个句子只有仅有一个独立成分。独立成分一般由动词充当，作为整个句子的中心词。

其二，除了独立成分外，其他成分都依存于某一成分。即其他成分都有一个对应的支配词。

其三，任何一个成分都不能同时被两个或者两个以上的成分支配。即任何一个成分都只能依存于单一成分。

其四，如果 A、B 存在依存关系，存在 AB 间的成分 C，成分 C 依存于 A 或 B，或者依存于 AB 之间的其他成分。

依存分析结果是一棵有"根"的树结构。在依存句法理论体系中，每个句子都存在一个唯一的中心词，这个中心词支配着句中的其他词，自身不依赖于任何词。依存树结构具有如下性质：（1）单一父节点性：每个词有且仅有一个父节点；（2）连通性：依存是一个连通图；（3）无环性和可投影性：依存关系不可交叉。

依存关系是一种二元关系，且是一种单向关系。相较于短语结构，依存句法分析的优势在于能够直接地发现句中词间关系，这种词间关系能够对信息提取、语义处理等上层应用提供一定的帮助。

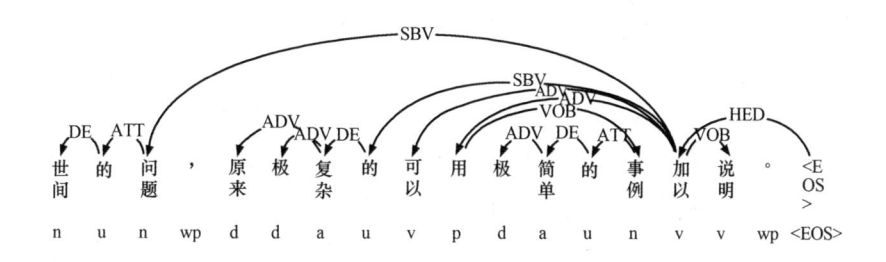

图 5—3 依存语法标注示例

图 5—3 中的 DE、ATT 分别表示"的"字结构和定中关系。句子动词"加以"是整个句子的中心（"根"），其他成分都依存于这一动词，形成不同的依存关系，如主语"世间的问题"与"加以"是 SBV 关系，宾语"说明"与"加以"是 VOB 关系。

第二节　汉语依存语法相关研究

目前，国内的依存语法分析主要沿用国外的分析方法，将英语的依存分析模型直接应用于汉语，然而，由于汉语自身的结构与英语有较大的不同，因此分析的准确率并不高。总结起来，汉语依存语法分析面临的主要问题有：（1）分析单位"句子"的确认问题。汉语标点符号使用灵活，尤其是逗号使用的随意性使句子的长度偏长，进而直接影响到句法分析的准确率（Chen et al. 2008；刘挺、马金山 2009）；（2）右向长距离依存关系的确定比较困难（Jin, Kim & Lee 2005）（支配者与被支配者距离较远)。如:"今年在长江发生的特大洪水就主要是5次连续性特大暴雨过程造成的";(3)由动词引起的歧义问题,即句子中存在两个或两个以上动词时,由于有些动词本身的语法属性难以确定,因此,导致依存关系较难确定(刘挺、马金山2009)。如,加快(运动速度);这个省计划(扩大招商引资);(4)兼语结构、连动结构的存在使得分析的准确率下降,如,请[他]喝啤酒。[去]食堂[吃饭]。以上因素的存在要求汉语句法分析的研究者不能局限于英语句法分析的研究方法,要结合汉语自身的特点来探索适合汉语句法分析的新方法。

此外,不同学者所提出的依存分析系统之间的标准也不同,依存关系有多少种、各个依存关系划分的标准等都没有统一的规范(周明、黄昌宁1994)。中国社会科学院语言研究所曾设计了36种依存关系;清华大学计算机科学系黄昌宁、周强、李涓子等最初把依存语法的关系类型划分为36种,后来扩充到106种,最后又精减到44种;哈尔滨工业大学(哈工大)信息检索研究室则把依存关系分为24种。周明和黄昌宁(1994)、刘海涛和赵怿怡(2009)等学者认为,依存语法关系类型的分类不宜太细,否则会降低标注的效率,引起标注的不一致性,而且,还会造成统计数据的稀疏,进而影响分析器的正确率和适用面;相反,如果类划分得过粗,仅划分"主、谓、宾、定、状、补"等几种关系类型,则无法描述汉语中最常见的一些句法关系,如宾语前置、"的"字结构等。因此,依存关系的划分在一定程度上要作必要的折中。

一 依存分析工具比较

要进行依存语法的标注,首先要有一套相应的依存标注体系。标注体系是否得当会直接影响分析工具的性能和句子句法分析的准确率。目前,针对汉语的依存语法分析主要有斯坦福依存语法分析和哈工大依存语法分析两种。下面就这两种分析体系进行比较。

斯坦福依存语法分析(De Marnffe & Manning 2008)起初主要是针对英语等西方语言的,故应用的范围比较广。目前,国内外众多相关研究项目大多数采用斯坦福依存语法标注体系。针对汉语句子的特点,研究者为汉语设计了一套分析体系(Chang et al. 2009),该体系共包括44种依存关系。这套依存体系虽然关系数目较多,但是类型不够全面,而且有的关系在汉语中用起来比较牵强，如，认为"原是自给自足的经济"中的"是"与"自给自足"是copular（系动词）的关系。而且有些属于汉语特有的句法结构，如，兼语结构、"的"字结构等在此体系中均没有体现，复句结构的依存关系在该体系中也没有体现。

表5—1为根据汉语特点改造的斯坦福句法依存关系，共包含修饰、并列、关联等在内的48种关系。

表5—1　　　　　　　斯坦福句法依存关系说明（汉语）

符号缩写	英文描述	中文描述	示例	说明
advmod	adverbial modifier	副词性修饰语	部门先送上文件 advmod（送上，先）	
amod	adjectival modifier	形容词性修饰语	跨世纪工程 amod（工程，跨世纪）	
assm	associative marker	关联标记	企业的商品 assm（企业，的）	
assmod	associative modifier	关联修饰	企业的商品 assmod（商品，企业）	
asp	aspect marker	体标记	发挥了作用 asp（发挥，了）	
attr	attributive	属性关系	贸易额为二百亿美元 attr（为，美元）	系动词与其后补足语的关系
ba	"ba" construction	"把"字结构	把注意力转向市场 ba（转向，把）	
cc	coordinating conjunction	并列连接	设备和原材料 cc（原材料，和）	取并列结构的后一个成分和连接词
ccomp	clausal complement	从句做补足语	银行决定先取得信用评级 ccomp（决定，取得）	动词或形容词的补足语成分，该从句是一个独立的从句，带有自己的主语，同位语从句的先行词一般是fact、report等

续表

符号缩写	英文描述	中文描述	示例	说明
clf	classifier modifier	量词修饰	七十一件文件 clf（文件，件）	即量词与中心词的关系
comod	coordinated verb compounded modifier	相连的两个动词	颁布实行 comod（颁布，实行）	相连的两个动词是并列关系（顺承关系）
comp		补语修饰前面的形容词或动词	她气得直哭 comp（气，哭）	带有"得"字的补语结构，除了表示结果补语的情况
conj	conjunct（links two conjuncts）	并列关系	设备和原材料 conj（原材料，设备）	连词所连接的两个并列成分
cop	copular	系动词	原是自给自足的经济 cop（自给自足，是）	
cpm	complementizer	补足语标记	开发浦东的经济活动 cpm（开发，的）	从句中主要动词与引导词（that、which、where等）之间的关系，在这个例子中体现为"的"
csubj	clausal subject	从句作主语	他说的不对 csubj（对，说）	
det	determiner	限定词	这些经济活动 det（活动，这些）	
dobj	direct object	直接宾语	浦东颁布了七十一件文件 dobj（颁布，文件）	
dvpm	manner De（地）modifier	"地"修饰	有效地防止流失 dvpm（有效，地）	
dvpmod	a "XP + DEV（地）" phrase that modifies VP	带"地"状语修饰动词	有效地防止流失 dvpmod（防止，有效）	

续表

符号缩写	英文描述	中文描述	示例	说明
etc	etc modifier	列举修饰	科技、文教等领域 etc（文教，等）	
iobj	indirect object	间接宾语	他给我一束花 iobj（给，我）	
lccomp	clausal complement of a localizer	方位标记的从句补足语	中国对外开放中升起的明星。 lccomp（中，开放）	补足语中主要动词与定位标记的关系
lobj	localizer object	方位标记的宾语	近年来 lobj（来，近年）	宾语是名词性的词语
loc	localizer	方位标记（汉语中的方位词）	在北京南边 loc（在，南边）	句子主要动词与定位标记的关系
mark	marker	标记词	尽管开放了，他还是没去 mark（开放，尽管）	引出副词性从句的引导词，与"whether、that"不同的引出从句的连词，如"because、when、although"
mmod	modal verb modifier	情态动词作修饰语	利益能得到保障 mmod（得到，能）	
neg	negative modifier	否定修饰	以前不曾遇到过 neg（遇到，不）	
nn	noun compound modifier	名词作定语	服务中心 nn（中心，服务）	
nsubj	nominal subject	名词性主语	梅花盛开 nsubj（盛开，梅花）	
nsubjpass	nominal passive subject	表示被动的名词性主语	镍被称作现代工业的维生素 nsubjpass（称作，镍）	

续表

符号缩写	英文描述	中文描述	示例	说明
nummod	number modifier	数字修饰	七十一件文件 nummod（件，七十一）	数词和量词的关系
ordmod	ordinal number modifier	序数词修饰	第七个机构 ordmod（个，第七）	
pass	passive marker	被动标记	被认定为高技术产业 pass（认定，被）	
pccomp	clausal complement of a preposition	介词的从句补足语	据有关部门介绍 pccomp（据，介绍）	介词作中心语，介词后跟从句，介词跟从句中主要动词的关系
plmod	localizer modifier of a preposition	介词后的方位修饰语	在这片热土上 plmod（在，上）	
pobj	prepositional object	介词—宾语	根据有关规定 pobj（根据，规定）	介词作中心语
prep	prepositional modifier	介词短语修饰动词	在实践中逐步完善 prep（完善，在）	
prnmod	parenthetical modifier	附加说明，即放在括号里的	"八五"期间（1990—1995） prnmod（期间，1995）	
prtmod	particles such as 所、以、来、而	小品词	在产业化所取得的成就 prtmod（取得，所）	小品词后面跟动词原形，介词后面是名词性的词语

续表

符号缩写	英文描述	中文描述	示例	说明
punct	punctuation	标点符号	海关统计表明 punct（表明,,)	
range	dative object that is a quantifier phrase	数量短语充当的与格宾语	成交药品一亿多元 range（成交,元）	与格通常表示动词的间接宾语
rcmod	relative clause modifier	关系从句作修饰语	不曾遇到过的情况 rcmod（情况,遇到）	关系从句中的主要动词与中心语的关系
rcomp	resultative complement	结果补语	研究成功 rcomp（研究,成功）	
tmod	temporal modifier	时间修饰语	以前不曾遇到过 tmod（遇到,以前）	
top	topic	话题（即主语和系词）	建筑是主要活动 top（是,建筑）	
vmod	verb modifier	动词作修饰语	其在支持外商企业方面的作用 vmod（方面,支持）	含有动词的短语作修饰语,即定语中又套了一个从句
xsubj	controlling subject	支配性主语	银行决定先取得信用评级 xsubj（取得,银行）	开放性从句的中心语与该从句外在主语之间的关系（不定式to）

资料来源：Discriminative reordering with Chinese grammatical relations features, Pi-Chuan Chang et al., 2008；Stanford typed dependencies manual, Marie-Catherine de Marneffe & Christopher D. Manning, 2008.

哈工大依存标注体系（Ma et al. 2004；Liu, Ma & Li 2006；刘挺等

2006）是由哈工大信息检索研究中心开发设计的主要针对汉语的标注体系，该体系共包含24种依存关系。标注系统以哈工大信息检索研究中心汉语树库（Research Center for Information Retrieval Chinese Treebank，简称CIRCTB）中的语料为研究对象。CIRCTB共包含1万个汉语句子，每个句子以句号（。）、问号（？）、叹号（！）、分号（；）或回车符结尾，全部句子来源于《人民日报》。CIRCTB的依存语法标注采用先由机器自动标注，然后由人工进行校对的方式进行。在进行具体标注时，主要遵循两个原则：一是语义原则，即句子中语义上有联系的词语之间存在依存关系，如，"海尔具有先进的经营管理经验"中，"具有"和"经验"这两个词在语义上存在联系，因此，它们之间存在依存关系；二是主干原则，即尽量保证句子中主要的词作为依存关系的核心，其附属成分依存于该核心词。如，"海尔具有先进的经营管理经验"，这一句中的主干成分就是"海尔具有经验"。

表5—2为哈工大针对汉语特点开发的依存标注体系，改进之前共包含主谓、动宾、兼语等14种关系。

表5—2　　　　　　　哈工大句法依存关系说明

关系类型	标记代码	示例
主谓关系	SBV（subject-verb）	我送她一束花（我 <-- 送）
动宾关系	VOB（verb-object）	我送她一束花（送 --> 花）
间宾关系	IOB（indirect-object）	我送她一束花（送 --> 她）
前置宾语	FOB（fronting-object）	他什么书都读（书 <-- 读）
兼语	DBL（double）	他请我吃饭（请 --> 我）
定中关系	ATT（attribute）	红苹果（红 <-- 苹果）
状中结构	ADV（adverbial）	非常美丽（非常 <-- 美丽）
动补结构	CMP（complement）	做完了作业（做 --> 完）
并列关系	COO（coordinate）	大山和大海（大山 --> 大海）
介宾关系	POB（preposition-object）	在贸易区内（在 --> 内）
左附加关系	LAD（left adjunct）	大山和大海（和 <-- 大海）
右附加关系	RAD（right adjunct）	孩子们（孩子 --> 们）
独立结构	IS（independent structure）	两个单句在结构上彼此独立
核心关系	HED（head）	指整个句子的核心

资料来源：哈工大语言云简介，http：//www.ltp-cloud.com/intro/.

改进后的哈工大标注体系，增加了定语后置（AB）、语态结构（MT）、数量关系（QUN）、关联结构（CNJ）、同位关系（APP）、比拟关系（SIM）、连谓结构（VV）、独立分句（IC）、依存分句（DC）、独立结构（IS）10种关系。

二 两种标注体系比较

综上，斯坦福依存句法分析虽然针对汉语特点进行了改进，但是，其应用主要是面向英语，故汉语虽有涉及，但并不全面。而哈工大依存句法分析，则主要是针对汉语研发的，不管在广度还是深度上，都比较适用于汉语分析。两种标注体系的具体区别主要体现在以下几个方面：

其一，斯坦福依存语法分析主要是针对英语，汉语虽有涉及但并不详细，应用范围比较广泛；哈工大（改进后）主要是针对汉语，针对性较强，但是应用范围没有斯坦福的广。

其二，斯坦福总结出48种关系（有些太细）；哈工大（改进后）总结出24种关系。

其三，有些主要的关系斯坦福没有体现出来，且分类不够详细，有的关系在汉语中用起来比较牵强；哈工大（改进后）主要是针对汉语，故关系类型比较全面。

其四，汉语的句子结构较英语复杂，比如"把"字结构、"被"字结构、"的、地、得"字结构等，这些关系在斯坦福依存关系中没有完全表示出来；哈工大（改进后）主要是针对汉语的情况，故能够表示出汉语特有的句子句式。

其五，斯坦福无法表示汉语的复句结构，而哈工大（改进后）可以表示汉语的复数结构。

其六，斯坦福依存关系所用的标注工具加关系比较困难，即使可以在斯坦福依存关系中加关系，后期还要训练分析器（parser），比较浪费时间和精力，哈工大则可以随改随加。

表5—3为两种依存关系的比较。[下划线部分表示哈工大（改进后）比斯坦福新增加的关系；斜体部分表示斯坦福比哈工大（改进后）新增加的关系。]

表5—3　　两种依存关系的比较

哈工大（改进后）依存句法关系	斯坦福依存句法关系
主谓关系（SBV）： 常见形式：父亲逝世10周年之际（父亲←逝世，SBV） 体词性成分充当谓语：人口仅三万的美丽国家（人口←三万，SBV） 主谓谓语句：我头疼（头←疼，SBV）（我←疼，SBV） 中国十四个边境开放城市经济建设成就显著（成就←显著，SBV）	nominal subject（nsubj） 梅花盛开 nsubj（盛开，梅花） nominal passive subject（nsubjpass） 镍被称作现代工业的维生素 nsubjpass（称作，镍） topic（top） 建筑是主要活动 top（是，建筑） controlling subject（xsubj） 银行决定先取得信用评级 xsubj（取得，银行）
动宾关系（VOB）： 历时三天三夜（历时→天，VOB） 双宾语：我送她一束花（送→她，VOB）（送→花，VOB） 宾语从句：胡富国当即对省教委负责同志说："答应孩子们的要求吧，他们这是干事业啊！"（说→答应，VOB） 兼语：他请我吃饭（请→我，VOB）（请→吃饭，VOB） 我有个弟弟今年考大学（有→弟弟，VOB）（有→考，VOB）	direct object（dobj） 浦东颁布了七十一件文件 dobj（颁布，文件） attributive（attr） 贸易额为二百亿美元 attr（为，美元） copular（cop） 原是自给自足的经济 cop（自给自足，是） dative object that is a quantifier phrase（range） 成交药品一亿多元 range（成交，元）

续表

哈工大（改进后）依存句法关系	斯坦福依存句法关系
定中关系（ATT） 配套改革（配套←改革，ATT） 表时间：在美国总统抵达欧洲前夕（抵达←前夕，ATT） 表处所：从投资者手中（投资者←手中，ATT） 表方位：在贸易区内（贸易区←内，ATT） "的"字结构（DE1） 上海的工人（上海←的，DE）（的←工人，ATT）	adjectival modifier（amod） 跨世纪工程 amod（工程，跨世纪）
	associative modifier（assmod） 企业的商品 assmod（商品，企业）
	determiner（det） 这些经济活动 det（活动，这些）
	clausal complement of a localizer（lccomp） 中国对外开放中升起的明星 lccomp（中，开放）
	localizer object（lobj） 近年来　lobj（来，近年）
	noun compound modifier（nn） 服务中心　nn（中心，服务）
	relative clause modifier（rcmod） 不曾遇到过的情况 rcmod（情况，遇到）
	verb modifier（vmod） 其在支持外商企业方面的作用 vmod（方面，支持） classifier modifier（clf） 七十一件文件 clf（文件，件）

续表

哈工大（改进后）依存句法关系	斯坦福依存句法关系
状中关系（ADV） 连夜安排就位（连夜←安排，ADV） 人口仅三万的美丽国家（仅←三万，ADV） "地"字结构（DE2） 方便地告诉计算机（方便←地，DI）（地←告诉，ADV）	adverbial modifier（advmod） 部门先送上文件 advmod（送上，先）
	manner De（地）modifier（dvpm） 有效地防止流失 dvpm（有效，地）
	a "XP + DEV（地）" phrase that modifies VP（dvpmod） 有效地防止流失 dvpmod（防止，有效）
	modal verb modifier（mmod） 利益能得到保障 mmod（得到，能）
	negative modifier（neg） 以前不曾遇到过 neg（遇到，不）
	passive marker（pass） 被认定为高技术产业 pass（认定，被）
	temporial modifier（tmod） 以前不曾遇到过 tmod（遇到，以前）
动补结构（CMP） 努力学习以报效祖国（学习→以，CMP） 无法划分到其他关系中且对动词在语义上起补充作用的词都作为动补结构： 连夜安排就位（安排→就位，CMP） "得"字结构（DE3） 讲得很对（讲→得，CMP）（得→对，DEI）	resultative complement（rcomp） 研究成功 rcomp（研究，成功）

续表

哈工大（改进后）依存句法关系	斯坦福依存句法关系
宾语前置（OF） 电充满了（电←充，OF）	
定语后置（AB） 高级绿茶中国制造（制造←绿茶，AB）	
语态结构（MT） 语气助词：啊、吧、呢 时态助词：着、了、过 答应孩子们的要求吧，他们这是干事业啊！ （答应→吧，MT）（是→啊，MT）	aspect marker（asp） 发挥了作用 asp（发挥，了）
数量关系（QUN） 三天（三←天，QUN） 不少人（不少←人，QUN）	number modifier（nummod） 七十一件文件 nummod（件，七十一） ordinal number modifier（ordmod） 第七个机构 ordmod（个，第七）
关联结构（CNJ） 关联词同单句中的核心词发生依存关系，主要连接复句中的分句： 主要因欧美国家经济复苏较好（因←好，CNJ）	
并列关系（COO） 研究和开发新产品（研究→开发，COO） （和←开发，LAD）	conjunct（links two conjuncts）（conj） 设备和原材料 conj（原材料，设备） coordinating conjunction（cc） 设备和原材料 cc（原材料，和）

续表

哈工大（改进后）依存句法关系	斯坦福依存句法关系
同位关系（APP） 我们大家（我们→大家，APP） 乡下有句老话，做贼从偷菜始（老话→始，APP） 重指同位结构：定语和中心词表示相同的意思，将定语放在中心词的后面 完成产值10万元（产值→元，APP） 歼灭敌军一个团（敌军→团，APP） 悉尼代表团二百八十多人（代表团→人，APP）	
介宾关系（POB） 在贸易区内（在→内，POB） 把字结构（状中）：我们把豹子打死了（把→豹子，POB）（把←打，ADV） 被字结构BEI（状中）：豹子被我们打死了（被→我们，POB）（被←打，ADV） 在罗马百花广场，布鲁诺被活活烧死了（被→烧，POB）（被←死，ADV）	clausal complement of a preposition（pccomp） 据有关部门介绍 pccomp（据，介绍） localizer modifier of a preposition（plmod） 在这片热土上 plmod（在，上） prepositional modifier（prep） 在实践中逐步完善 prep（完善，在）
比拟关系（SIM） 像（w1）鲜花（w2）一样（w3） （w1→w3，VOB，如果w1是动词；POB，如果w1是介词）（w2←w3，SIM）	
前附加关系（LAD） 连词和后一成分的关系：A 和 B（和←B，LAD） "所"字结构中，"所"与后面动词的关系：所说（所←说，LAD）	particles such as 所、以、来、而（prtmod） 在产业化所取得的成就 prtmod（取得，所）

续表

哈工大（改进后）依存句法关系	斯坦福依存句法关系
<u>后附加关系（RAD）</u> 附属词语只起补充说明的作用，去掉不影响意思的表达 约二十多米远处（二十→多，RAD）（米→远，RAD） 口述、手摸屏幕等方式（口述→等，RAD） 孩子们（孩子→们，RAD）	
连谓结构（VV） 明天我们坐飞机去上海（坐→去，VV）	coordinated verb compounded modifier（comod） 颁布实行 comod（颁布，实行）
独立分句（IC） 结构独立，有各自的主语和谓语：该区北端紧靠沪宁高速公路和扬子江，总面积五点六三平方公里（靠→平方公里，IC）	
依存分句（DC） 结构不独立，后一分句的主语依存于前一分句的其他成分：大家叫它"麻木车"，听起来怪怪的（叫→听，DC） （若两个谓语为同一主语，则为 VV，否则为 DC） 前一分句的谓语如果是"是"等系动词，其主语和宾语均为后一个分句的主语，此时，两个谓语为同一主语，标为 VV：这就是恩施最便宜的出租车，相当于北京的"面的" （是→相当于，VV）	

续表

哈工大（改进后）依存句法关系	斯坦福依存句法关系
独立结构（IS） 在句子中不与其他成分产生结构关系，具有相对的独立性 事情明摆着，你看，我们能不管吗？（看←能，IS）	
核心关系（HED） 整个句子的核心，句子指以句号、问号、叹号或分号结尾的句子，用＜EOS＞支配全句的核心成分：这就是恩施最便宜的出租车，相当于北京的"面的"＜EOS＞/＜EOS＞（就是←＜EOS＞/＜EOS＞）	
	parenthetical modifier（prnmod） "八五"期间（1990—1995） prnmod（期间，1995）
	punctuation（punct） 海关统计表明， punct（表明,,）

资料来源：《人民日报》。

从表5—3中两种关系的比较可以看出，哈工大依存标注体系针对性较强，关系类型全面，能够比较准确地处理汉语中特有的一些结构，如："把"字结构、"被"字结构、兼语结构、"的、地、得"字结构等。此外，哈工大还有专门针对汉语复句所设计的一些依存关系，如独立分句、依存分句等。而且，其关系数目比斯坦福要少得多。综合比较之后，我们选用了哈工大设计的依存标注工具。下面介绍一下基于哈工大依存标注体系的汉语标注。

第三节　基于自然口语的依存语法标注

与书面语句子复杂、前后连贯、层次清楚的特点相比，自然口语最主要的特点在于存在一些"不合语法"的句子，具体表现为词序自由等（吕淑湘1978，1980；陈建民1991）、大量的省略句、插入语、填充停顿和各种副语言现象（刘亚斌、李爱军2002）。自然口语的这些特点决定了其标注规范与书面语相比应有不同。考虑到哈工大的依存标注体系是在比较正式的书面语体上建立起来的，不能完全适应自然口语标注的要求，因此，需要在其标注体系之上，依据自然口语的特点，再增加或修改一些关系，使其适应自然口语的特点。

结合汉语口语的标注实例，我们在哈工大标注体系（Liu, Ma & Li 2006）的基础之上，对标注体系进行了适当地修改和补充，共设计了26类依存关系。现将这26类依存关系说明如下。

哈工大依存句法主要由三部分组成：支配者、被支配者、依存名称。表示为：（A←B, Lable），A依存于B，B是A的父亲节点，且A和B之间的依存关系是Lable。

表5—4　　　　　　　汉语口语依存关系标注集

关系类型	标记代码	示例
主谓关系	SBV（subject-verb）	"款爷"无所顾及地乱摸一气（"款爷"←摸, SBV）
动宾关系	VOB（verb-object）	给我拿一双！（拿→一双, VOB）
定中关系	ATT（attribute）	当时的我身着灰色的列宁服（的←我, ATT）
状中结构	ADV（adverbial）	"款爷"无所顾及地乱摸一气（乱←摸, ADV）
动补结构	CMP（complement）	"款爷"无所顾及地乱摸一气（摸→一气, ADV）
易位关系	TRL（translocation）	两个单间，我要（单间←要, OF）
"得"字结构	DE1（DEI）	棋坛猛将刘小光九段的成绩好得出奇（得→出奇, DEI）
"的"字结构	DE2（DE）	当时的我身着灰色的列宁服（当时←的, DE）

续表

关系类型	标记代码	示例
"地"字结构	DE3（DI）	"款爷"无所顾及地乱摸一气（无所顾及←地，DI）
语态结构	MT（mood-tense）	故事就在这一瞬间发生了（发生→了，MT）
数量关系	QUN（quantity）	给我拿一双！（一←双，QUN）
重复关系	RPT（repetition）	能能听清吗？（能←能，RPT）
重叠关系	DUP（duplication）	观察观察（观察→观察，DUP）
话语不完整	OM（omit）	就交了一半儿还是怎么着，就……（……→就，OM）
关联结构	CNJ（conjunctive）	只要安理会公正、客观地对伊问题加以审议，有关武器核查问题是可以很快得出实事求是的结论的（只要←加以，CNJ）
并列关系	COO（coordinate）	只要安理会公正、客观地对伊问题加以审议，有关武器核查问题是可以很快得出实事求是的结论的（公正→客观，COO）
同位关系	APP（appositive）	"猛将"刘小光有点"醒"了！（猛将→刘小光，APP）
介宾关系	POB（preposition-object）	给我拿一双！（给→我，POB）
比拟关系	SIM（similarity）	炮筒似的望远镜（炮筒←似的，SIM）
前附加关系	LAD（left adjunct）	噪声是指从声源发出的频率和强度都不同的、无规则的声波振动（和←强度，LAD）
后附加关系	RAD（right adjunct）	花了公家2万多元钱（万→多，RAD）
连谓结构	VV（verb-verb）	其目的是要延长对伊制裁，推翻伊现政权（延长→推翻，VV）
独立分句	IC（independent clause）	他向右边走，我向左边逛（走→逛，IC）
依存分句	DC（dependent clause）	后来生产的蜂王浆卖不动了，三九胃泰吞并了东风制药厂（卖←吞并，DC）
独立结构	IS（independent structure）	事情明摆着，你看，我们能不管吗？（看←能，IS）
核心关系	HED（head）	花了公家2万多元钱（花←<EOS>/<EOS>，HED）

其中，标记代码采用依存关系英文名称的缩写，<u>*加波浪线的斜体*</u>表示在哈工大基础上增加或修改的关系。新增加的关系主要有"易位关系"（TRL）"重复关系"（RPT）"重叠关系"（DUP）和"话语不完整"（OM）；修改的关系主要有"独立结构"（IS）"独立分句"（IC）和"依存分句"（DC），表5—4中用<u>*斜体加下划线*</u>表示。现对这几种关系进行简单的说明：

（1）易位关系（TRL）

由于汉语中不存在宾语前置的问题，那些处于同一句法结构之内的句法成分，虽然它们的位置相对来说比较固定，但是在口语里经常可以灵活地互易位置（刘亚斌、李爱军2002），因此，在本研究中，我们删掉哈工大标注体系中的"定语后置"和"宾语前置"，增加"易位关系"。"易位关系"主要包括主语和谓语之间的易位现象，状语和中心语之间的易位现象，述语和宾语之间易位现象等（陆俭明1980）。

在这一关系中，我们规定句子中的主要动词为核心词，易位的成分作为附属词依存于核心词。

（2）重复关系（RPT）

重复现象在口语标注中大量存在。话语中的重复现象是指说话人由于思维不连贯而导致的一个词语或者多个词语连续重复出现，却表达同一个意思，或者说话人为了纠正前面所说的话而重新说的现象。

在这一关系中，我们规定前一部分的核心词依存于后一部分的核心词，然后按照正常的标注规则标注。

（3）重叠关系（DUP）

重叠关系主要是指词语上的重叠，属于构词法的问题，如，"观察观察、相处相处。"在标注中，我们规定后面的部分依存于前面的部分，前一个词为支配者；

（4）话语不完整（OM）

在自然口语对话中，说话双方经常会因为种种原因而出现话语不完整的现象，主要包括话语被打断、省略、删除等。在实际标注中，如果不完整的部分是句子的主体部分，则核心词是被省略的部分，否则，核心是句子中的其他成分。

（5）独立结构（IS）

我们将哈工大标注体系中的"独立结构"（IS）重新解释为插入语、

称呼语以及话语标记等不影响句子意义表达的成分。独立结构在句子中不与其他成分发生结构关系，具有相对独立性，在句子中的位置也比较灵活。因此，哈工大原有标注体系中"山/n 高/a 坡/n 陡/a，不能/v 行车/v，他们/r 就/d 背/v 起/v 背篓/n，翻山越岭/i，夜以继日/i 地/u 背/v 土/n 造田/v。(行车←背，IS)"中的"不能行车"不再处理为独立结构(IS)，两句是因果关系，从而处理成依存分句(DC)①。

(6)"独立分句"(IC)

指各分句句法地位平等，彼此之间有平行、相对或者其他密切关系的分句，主要包括并列、顺连、对比等关系（赵元任、丁邦新 1980）。哈工大原有标注体系中"该/r 区/n 北端/n 紧/a 靠/v 沪宁/j 高速公路/n 和/c 扬子江/ns，/wp 总面积/n 五点六三/m 平方公里/q。/wp（靠/v→平方公里/q，IC)"前后两个分句是并列关系，属于独立分句。

(7)"依存分句"(DC)

定义为各分句之间是主从关系的分句，从句通常是修饰整个主要分句，从句可以完全抽出，而不影响主要分句的完整意义，主要包括因果、让步和条件等关系（赵元任、丁邦新 1980），因此，哈工大原有标注体系中的"大家/r 叫/v 它/r '/wp 麻木/a 车/n '/wp ，/wp 听/v 起来/v 怪怪的/a。"不再处理为"依存分句"(DC)，而是处理为"主谓结构"(SBV)。

标注了依存关系的树库是进行语言处理研究的重要语料资源，下面主要展示了在标注过程中新增加的几种关系。图5—4至图5—6分别是主谓、动宾、状中的"易位关系"，图5—7是"重复关系"，图5—8是"重叠关系和话语不完整"。

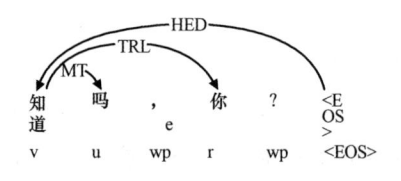

图5—4 易位关系（主谓易位）

---

① 文中字母所表示的词性采用863词性标注规范。下同。

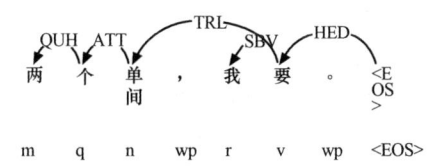

图5—5　易位关系（动宾易位）

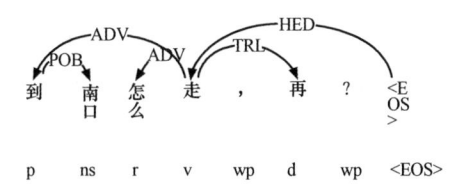

图5—6　易位关系（状中易位）

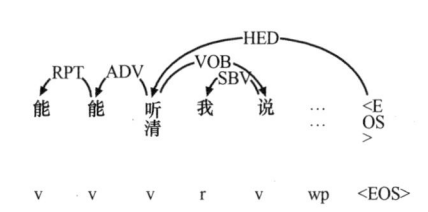

图5—7　重复关系

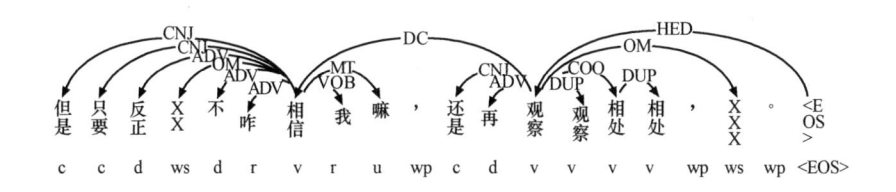

图5—8　重叠关系和话语不完整

图中的词性标注采用863的词性标注规范，箭头上的英文缩写表示两个成分之间的关系，箭头指向的一端是被支配者，箭头末尾一端表示的是支配者。

综上，在哈工大依存标注体系基础上，针对汉语口语特点修改的依存关系更能满足汉语自然口语的标注要求。不过我们也能看到，依存关系主要标注了句子内部的语义关系，在表示分句之间的语义关系上，尽管有独立分句（IC）、独立结构（IS）和依存分句三种关系，但与语篇层次上语句之间的复杂语义关系来说，分类粒度还很粗。下一章的修辞结构标注，将详细描写语篇中句子之间的语义关系。

参考文献

陈建民：《口语句子的特点》，《语文建设》1991 年第 7 期。

冯志伟：《机器翻译研究》，中国对外翻译出版公司 2004 年版。

刘海涛、赵怿怡：《基于树库的汉语依存句法分析》，《模式识别与人工智能》2009 年第 1 期。

刘挺、马金山：《汉语自动句法分析的理论与方法》，《当代语言学》2009 年第 2 期。

刘挺、马金山、李生：《基于词汇支配度的汉语依存分析模型 2006》，《软件学报》2006 年第 9 期。

刘亚斌、李爱军：《朗读语料与自然口语的差异分析》，《中文信息学报》2002 年第 1 期。

陆俭明：《汉语口语句法里的易位现象》，《中国语文》1980 年第 1 期。

吕叔湘：《汉语语法分析问题》，商务印书馆 1979 年版。

吕叔湘：《语文常谈》，生活·读书·新知三联书店 1980 年版。

孙茂松、刘挺、姬东湾、穗志方等：《语言计算的重要国际前沿》，《中文信息学报》2014 年第 1 期。

周明、黄昌宁：《面向语料库标注的汉语依存体系的探讨》，《中文信息学报》1994 年第 3 期。

Chang, P. C., Tseng, H., Jurafsky, D., Manning, C. D. 2009. Discriminative reordering with Chinese grammatical relations features. *Proceedings of the 3rd Workshop on Syntax and Structure in Statistical Translation at NAACL HLT* 2009, pp. 51–59.

Chen, W., Kawahara, D., Uchimoto K., Zhang, Y., Isahara, H.

2008. Dependency parsing with short dependency relations in unlabeled data. *Proceedings of the 3rd IJCNLP*, 1, pp. 88 – 94.

Cheng, Y., Asahara, M., Matsumoto, Y. 2005. Chinese deterministic dependency analyzer: Examining effects of global features and root node finder. Proceedings of the 4th SIGHAN Workshop on Chinese Language Processing, pp. 17 – 24.

DeMarnffe, M-C., Manning, C. D. 2008. Stanford typed dependencies manual. Retrieved from, http://nlp.stanford.edu/software/dependencies-manual.

Jin, M., Kim, M. Y., Lee, J. H. 2005. Two-phase shift-reduce deterministic dependency parser of Chinese. *Proceedings of IJCNLP: Companion Volume including Posters/Demos and Tutorial Abstracts*, pp. 92 – 100.

Lai, B. Y. T., Huang, C. 1994. Dependency grammar and the parsing of Chinese sentences. *Proceedings of the 1994 Joint Conference 8th ACLIC and 2nd PACFoCoL*, Kyoto, Japan.

Liu, T., Ma, J., Li, S. 2006. Building adependency treebank for improving Chinese parser. *Journal of Chinese Language and Computing*, 16 (4), pp. 207 – 224.

Ma, J., Zhang, Y., Liu, T., Li, S. 2004. A statistical dependency parser of Chinese under small training data. *Proceedings of the 1st International Joint Conference of Natural Language Processing*.

Zhou, M. 2000. A block-based robust dependency parser for unrestricted Chinese text. *Proceedings of the 2nd Workshop on Chinese Language Processing: Held in Conjunction with the 38th Annual Meeting of the Association for Computational Linguistics*, 12, pp. 78 – 84.

第六章

面向自然口语语篇的修辞结构标注

篇章分析领域的研究非常丰富，例如互文分析、衔接连贯机制下复句和句群关系分析等（徐赳赳 2003，2010，2018）。基于不同的理论框架，篇章语料在标注上也有多种类型。在各种篇章结构的理论中，近些年以修辞结构理论（RST：Rhetorical Structure Theory）（Mann & Thompson 1988）为指导的篇章修辞结构标注在篇章分析以及信息处理领域得到了高度重视，取得了非常显著的成绩。通过对修辞关系和语篇层级结构的标注，得到语篇中最小语义单元之间的语义关系，是语篇理解的重要基础。

比如："花都蔫了，缺水。"这两句话之间是因果关系，前果后因，意思是"花因缺水而枯萎"。翻译系统如果不能理解两句话的因果修辞关系，可能是这样的翻译：The flowers are wilting and lack of water. 并没有将其内在的因果逻辑关系体现出来。如果理解了两句之间的因果修辞关系，则可能翻译得更好：The flowers are wilting for the lack of water。

如果是对话场景，说话人要表达的意思除了"花因缺水而枯萎"之外，还有一定的言外之意，即希望对方能过做出给花浇水的言外行为。更进一步，如果在人机交互领域中，除了机器人可能要执行其言外行为外，计算机还可以进行反事实推理，执行干预逻辑，以因果关系为指导来干预结果，从而及时"浇水"来预防和阻止"花蔫"结果的出现。因此正确理解语句之间的修辞关系，也是言外行为以及互动意图理解非常重要的内容，是语篇信息处理的难点和挑战之一。

第一节　修辞结构理论简介

修辞结构理论是 20 世纪 80 年代 William C. Mann 和 Sandra A. Thompson 在南加州大学信息科学研究所发展起来的。他们试图从功能的角度来解读语篇的整体性和连贯性，在对大量文本进行详尽分析的基础之上，对微观结构中最小语义单元之间的关系进行了描写，发展了以功能语言学为理论支撑的修辞结构理论（Mann & Thompson 1988）。

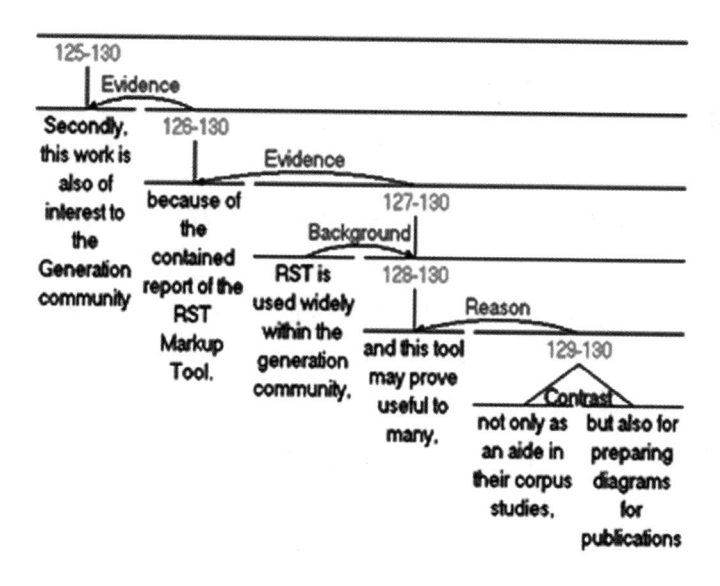

图 6—1　修辞结构理论标注图示（RSTTool 中的标注范例）

一　修辞关系集定义

修辞结构理论的核心概念是修辞关系。修辞关系指的是两个语义互相不重叠，但是又有明确语义联系的语段（span）之间的关系，如图 6—1 中标示的 Evidence、Background、Reason 关系等。依据交际意图的重要性的不同，修辞关系分为两个类别：多核心（multinuclear）修辞关系以及单核心（mononuclear）修辞关系。多核心修辞关系指在这一修辞关系下的语段在实现作者交际意图方面具有同等重要性，都是核心（nucleus）单元。单核心关系指两个语段对作者交际意图的表达有不同的重要性，其中对表达交际意图起到辅助、支持作用的语段叫核心单元，相对不重要的语段叫作卫星（satellite）单元。其中，卫星单元具有可删除性，删除掉卫星单元后，语篇依然保持着连贯性，不会影响作者交际意图的表达。如图6—1所示的Contrast关系为多核心修辞关系，在修辞结构标注中用直线连接起来。Evidence等为单核心关系，在标注中用弧线连接，其中箭头发出的单元为卫星单元，箭头指向的单元为核心单元。根据作者的意图目的，单核心关系又可以进一步分为"主题性关系"（subject-matter relations）和"表述性关系"（presentational relations）。其中，"主题性关系"指读者能识别的文字表达内容本身的关系，可以通过真值—语义条件分析来进行识别，如详述、环境、目的等关系；"表述性关系"是作者希望能够通过表述增加读者的某种倾向性，如可信度、积极倾向、对文字描述事物的接受度等，具有一定的语用作用和一定言后之意的效果，如证据、让步等关系。

修辞关系的核心性是该理论的本质特征。修辞关系核心性的转变，并不会产生新的修辞命题，只是作者交际意图的表达方式发生了变化。作者交际意图的改变会导致篇章焦点发生转移，在修辞结构理论中则体现为修辞关系核心单元的转移。

Mann和Thompson（1988，2002）强调修辞关系集是具有开放性的。研究人员可以根据不同的语言不同的文体来修订修辞关系集以供研究适用。后文中我们会分别介绍英文和中文不同标注树库中所应用的修辞关系集。

二 最小篇章单元的切分

对语篇进行修辞结构标注的第一步就是对语篇进行切分，也就是从语义的角度切分篇章中有修辞意义的、语义互不重叠的基本单元，即最小篇章单元（EDU：Elementary Discourse Unit）。根据修辞结构理论，EDU的切分并不是基于理论上的意义，而是从语义的角度进行限定，也就是说，只要一个语段在功能上是完整的，在语义上是可识别的、不重叠的，那么就可以作为一个EDU。

根据研究需求的不同，学者在对EDU进行切分的时候通常会采用不同的颗粒度，例如句子、短语、从句等（Taboada & Mann 2006）。因此在对语篇进行切分时，要根据不同的研究目的来采取不同的颗粒度,尤其是在结构松散灵活的口语语篇中,更需要对篇章的语义进一步整合和分析。

三 标注工具

随着理论的逐步发展和广泛应用,RST 的标注软件也使得标注工作和后续应用趋于简单化。应用最广泛的是 Michael O'Donnel 1997 年开发的 RSTTool(O'Donnel,1997),以及 Danial Marcu 1999 年开发的基于此优化的标注工具 RST Annotation Tool(Marcn,1999),图 6—1 为 RSTTool 标注。

另外一个 RST 标注平台为 rstWeb(Zeldes 2016)。与 RSTTool 不同的是,这是一款基于浏览器的在线标注平台,标注人员并不需要安装任何软件,如图 6—2 所示。该平台为单模式结构编辑器(single-mode structure editor),可以导入和导出 RSTTool 支持的 .rs3 格式文件,但在实际标注操作中,无须像 RSTTool 一样在连接、添加语段、多单元连接和取消连接之间进行切换操作。新发布的版本还支持基于话语标记词(DM:discourse marker)的修辞关系标注,如图 6—3 所示。

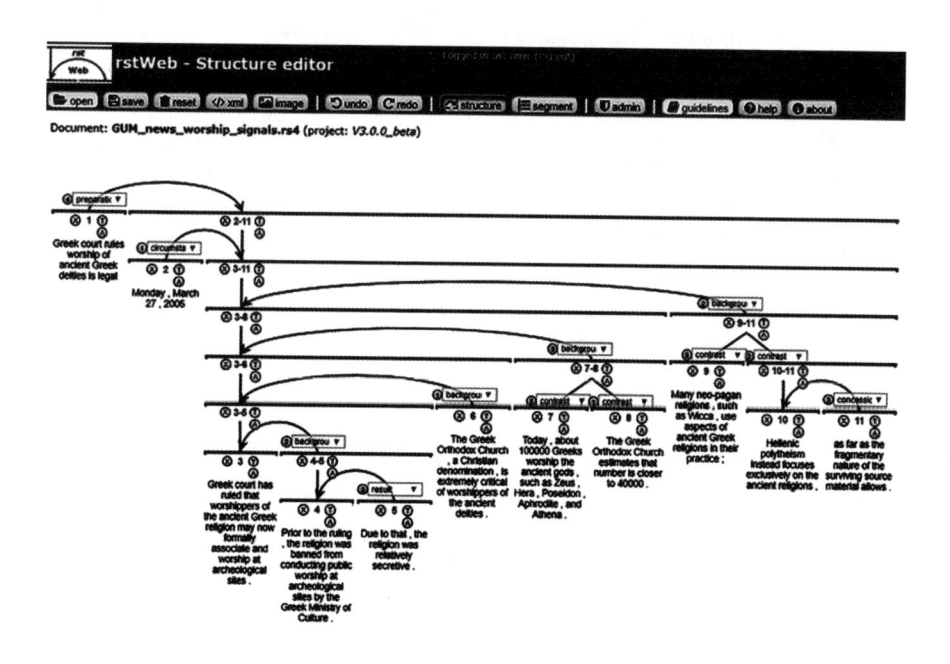

图 6—2　rstWeb 标注界面

在针对汉语的修辞关系标注中，还有学者采用 RSTTagger 的标注工具，如图 6—4 所示，该工具采用一种自底向上的逐级标注策略，最终标注成为一棵完整的修辞结构关系树（侯圣峦等 2019）。

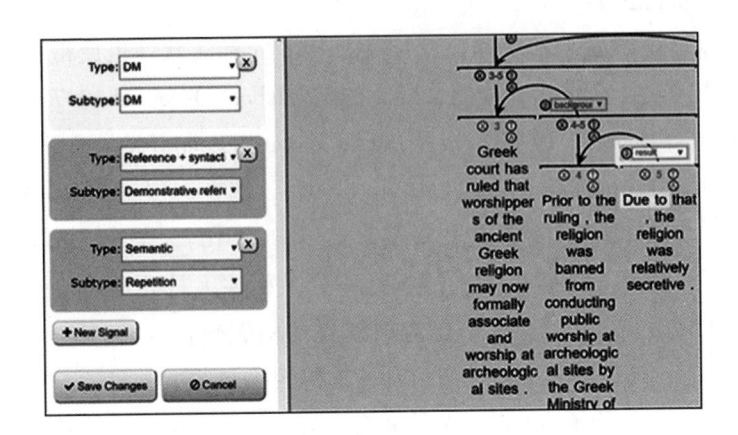

图 6—3　基于话语标记词的 rstweb 标注界面

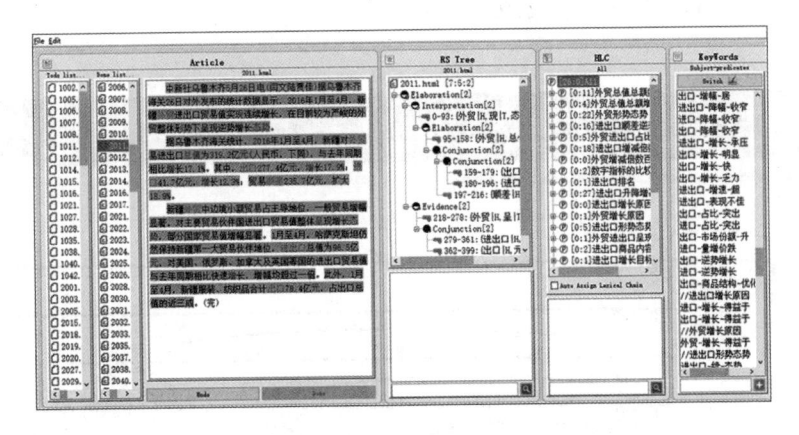

图 6—4　RSTTagger 标注页面

第二节　修辞关系集

一　英文修辞关系集

Mann 和 Thompson（1988）基于对大量真实语篇的详尽描写和分类，

总结了 24 种修辞关系，这个关系集也被称作经典 RST 集。

表 6—1　　　　　　　经典关系集（Mann & Thompson 1988）

单核心关系	Antithesis 对照	Background 背景	Circumstance 环境
	Concession 让步	Condition 条件	Elaboration 详述
	Enablement 使能	Evaluation 评价	Evidence 证据
	Interpretation 解释	Justify 证明	Motivation 动机
	Otherwise 否则	Purpose 目的	Restatement 重述
	Solutionhood 解答	Volitional Cause 意愿性原因	Volitional Result 意愿性结果
	Summary 总结	Non-volitional Cause 非意愿性原因	Non-volitional Result 非意愿性结果
多核心关系	Sequence 序列	Contrast 对比	Joint 连接
	List 罗列		

Mann 和 Thompson（1988，2002）强调修辞关系集是具有开放性的。CRST 关系集中定义的 24 种经典关系能够分析绝大部分英语语料中出现的关系类型，但是在不同语言，不同体裁的篇章中也可能会出现新的关系类型。随着对修辞关系集的进一步修改，Mann（2005）公布了共 30 种修辞关系，比 1988 年版多了四种单核心关系：方式（Means）、铺垫（Preparation）、无条件（Unconditional）、除非（Unless），还有两种多核心关系：罗列（List）和多核心重述（Restatement-M）关系。

表 6—2　　　　　　　扩展关系集（Mann 2005）

	关系名称	作者意图
单核心主题性关系（15 种）	Circumstance/环境	R 意识到 S 提供了解释 N 的一个框架
	Condition/条件	R 意识到 N 的实现依赖于 S 的实现
	Elaboration/详述	R 意识到 S 提供了 N 的附加细节
	Evaluation/评价	R 意识到 S 评价了 N 及其所指派的价值
	Interpretation/解释	R 意识到 S 将 N 与一个不涉及 N 本身的思想框架关联起来
	Means/手段	R 意识到 S 中的这一个方法或工具能使 N 更可能被实现
	NVC/非意愿性原因	R 意识到 S 是 N 的一个原因，但不是任何人的蓄意行为

续表

关系名称		作者意图
单核心主题性关系（15种）	NVR/非意愿性结果	R 意识到 N 可能是导致 S 中的情景，但不是任何人的蓄意行为
	Otherwise/否则	R 意识到在 N 和 S 的实现之间存在着阻止的关系
	Purpose/目的	R 认识到中的行为是为了实现 S 而发生的
	Solutionhood/解答	R 意识到 N 是 S 中提出的问题的一个解答
	Unconditional/无条件	R 意识到 N 并不依赖于 S
	Unless/除非	R 意识到如果 S 没有实现 N 就能实现
	VC/意愿性原因	R 意识到 S 是 N 中蓄意动作的一个原因
	VR/意愿性结果	R 意识到 N 是导致 S 中行为或情景的一个原因
单核心表述性关系（10种）	Antithesis/对照	R 加强了对 N 的正面态度
	Background/背景	R 理解 N 的能力增加了
	Concession/让步	R 加强了对 N 的正面态度
	Enablement/使能	R 执行 N 中动作的潜在能力增加了
	Evidence/证据	R 对 N 的相信程度增加了
	Justify/证明	R 更乐意接受 W 提出 N 的权利
	Motivation/动机	R 执行 N 中动作的意愿增加了
	Preparation/铺垫	R 阅读 N 更快、更有兴趣或更加容易
	Restatement/重述	R 认识到 S 是对 N 的重述
	Summary/总结	R 认识到 S 是对 N 较短的一种重述
多核心关系（5种）	Contrast/对立	通过比较，使 R 意识到这种可比性和差异
	Joint/连接	无
	List/列表	R 意识到被连接项之间的可比性
	Multi-nuclear restatement/多核心重述	R 意识到被连接的个单元之间是重述关系
	Sequence/序列	R 意识到核心单元之间的连续关系

注：表中 R 代表修辞关系，N 为核心单元，S 为卫星单元。

Marcu 等学者（Carlson & Marcu 2001）在标注英语 RST 语料库时还提出过更为丰富的修辞关系集，包括 53 种单核心关系和 25 种多核心关系。除此之外，还设计了 3 种非修辞关系的结构来保证语篇的树形结构，篇章结构（textual-organization）、语段（span）以及同一单元（same-unit）。78种关系根据语义可以分为16大类：

引述类/attribution：引述/attribution，否定引述/attribution-negative

背景类/background：背景/background，环境/circumstance

原因类/cause：原因/cause，结果/result，后果/consequence

比较类/comparison：比较/comparison，偏爱/preference，类比/analogy，比例/proportion

条件类/condition：条件/condition，假设/hypothetical，可能/contingency，否则/otherwise

对立类/contrast：对立/contrast，让步/concession，对照/antithesis

详述类/elaboration：详述—附加/elaboration-additional，

　　详述—一般—具体/elaboration-general-specific

　　详述—部分—整体/elaboration-part-whole

　　详述—过程—步骤/elaboration-process-step

　　详述—事物—属性/elaboration-object-attribute

　　详述—集合—成员/elaboration -set-member

　　举例/example，定义/definition

使能类/enablement：目的/purpose，使能/enablement

评价类/evaluation：评价/evaluation，解释/interpretation，结论/conclusion，评价/comment

解释类/explanation：证据/evidence，解释—论证/explanation-argumentative，理由/reason

连接/joint：罗列/list，析取/disjunction

手段方式类/manners-means：手段/manners，方式/means

　　话题—评论类/topic-comment：问题—解决/problem-solution，问题—回答/question-answer，陈述—反应/statement-response，话题—评价/topic-comment，评价—话题/comment-topic，反问句/rhetorical-question

总结类/summary：总结/summary，重述/restatement

时间类/temporal：时间上早于/ temporal-before，时间上晚于/temporal-after，同时/temporal-same-time，序列/sequence，逆序/inverted-sequence

话题变换/topic change：话题推进/topic-drift，话题转变/topic-shift

二 中文修辞关系集

针对中文语篇的修辞结构标注,学者们也在不同的数据库中定义了不同的修辞关系集以及分类体系。目前最大的语料库为乐明(2006)发布的汉语财经评论(CJPL:Caijingpinglun)的修辞结构标注语料库。该语料库包括400篇约80万字的汉语财经评论文章。根据实际标注,该语料库标注人员定义了12大组47种汉语的修辞关系以及19种新闻篇章的组织元素,所用的修辞关系见表6—3,其中修辞关系后面的N或者S字母来区分某种修辞关系的特征性单元在语篇中核心性的变动,是与作者/说话人的交际意图有关的。

表6—3　　　　　　　　中文修辞关系集(乐明2006)

	英语标记	汉语名称
单核心关系	Addition-n	附加-n 关系
	Addition-s	附加-s 关系
	Antithesis-s	对照-s 关系
	Attribution-n	引述-n 关系
	Attribution-s	引述-s 关系
	Background-s	背景-s 关系
	Circumstance-s	环境-s 关系
	Concession-n	让步-n 关系
	Concession-s	让步-s 关系
	Condition-s	条件-s 关系
	Elaboration-s	详述-s 关系
	Enablement-s	使能-s 关系
	Evaluation-n	评价-n 关系
	Evaluation-s	评价-s 关系
	Evidence-s	证据-s 关系
	Interpretation-n	解释-n 关系
	Interpretation-s	解释-s 关系
	Justify-n	证明-n 关系

续表

	英语标记	汉语名称
单核心关系	Justify-s	证明-s 关系
	Means-s	方式-s 关系
	Motivation-s	动机-s 关系
	NVR（Nonvolational Result-S）	非意愿性结果-s 关系
	NVC（Nonvolational Cause-S）	非意愿性原因-s 关系
	Otherwise-s	否则-s 关系
	Preparation-s	铺垫-s 关系
	Purpose-s	目的-s 关系
	Restatement-s	重述-s 关系
	Solutionhood-n	解答-n 关系
	Solutionhood-s	解答-s 关系
	Summary-n	总结-n 关系
	Summary-s	总结-s 关系
	Unless-s	除非-s 关系
	VC（Volitional Cause-s）	意愿性原因-s 关系
	VR（Volitional Result-s）	意愿性结果-s 关系
多核心关系	Cause-result	因果-m 关系
	Concession-m	让步-m 关系
	Conjunction-m	并加-m 关系
	Contrast-m	对比-m 关系
	Disjunction-m	析取-m 关系
	Evaluation-m	评价-m 关系
	Joint-m	连接-m 关系
	List-m	罗列-m 关系
	Restatement-m	重述-m 关系
	Same-unit-m	同一单元-m 关系
	Sequence-m	序列-m 关系
	Solutionhood-m	解答-m 关系

CJPL 所应用的中文关系集综合了英语 WSJ-RST 树库中的引述（Attribution）和同一单元（Same-unit）的关系。还有一个明显的区分是 CJPL 修辞关系集将所有的修辞关系后都加上了标示关系特征的字母。乐明（2006）认为某些修辞关系在英文中的核心性较为固定，例如 Evidence 关系中，通常是表示证据的单元作为卫星单元，然而在汉语中，则有很多例子是表示证据的单元作为核心单元，或和非证据性单元重要性一致，是多核心的关系。因此，虽然他们的语义关系相同，但是由于其核心性的不同，则在修辞关系集中做了不同的区分。具体说来，m 表示特征单元在关系中为核心关系，n 表示特征单元为核心单元，s 表示特征单元为卫星单元。这样的区分在 Marcu（1999）中也被采用。

侯圣峦等（2019）将面向中文的修辞结构关系定义为三层体系结构，第一层分为 6 个大类，第二层共 19 类关系，第三层共有 29 种关系。如图 6—5 所示。

面向中文的修辞结构关系：
- 解证
  - 解说类：详述（Elaboration）、总结（Summary）、重述（Restatement）
  - 背景类：背景（Background）、环境（Circumstance）
  - 评论解释类：评论（Evaluation）、解释（Interpretation）
  - 证实类：证实（Evidence）、证明（Justify）
- 因果
  - 因果类：原因（Cause）、结果（Result）、原因-结果（Cause-Result）
- 条件
  - 条件类：条件（Condition）、无条件（Unconditional）、除非（Unless）、否则（Otherwise）
- 对比
  - 对比类：（Contrast）
- 转折
  - 转折类：对立（Antithesis）、让步（Concession）
- 目的
  - 目的类：目的（Purpose）、方式类（Means）、解决类（Solutionhood）
- 方式
  - 动机类：（Motivation）、铺垫类（Preparation）、能使类（Enablement）
- 并列
  - 连接类：（Conjunction）、选择类（Disjunction）
  - 并列类：（List）、承接类（Sequence）、接合类（Joint）

图 6—5　一种中文修辞关系

第三节　基于自然口语的修辞结构标注

相对于书写文本而言，口语的交际性语篇结构更加松散，信息更加丰富，同时对语境信息更加依赖，在对话过程中也会产生相应的言语行为以及副语言现象。这些异于书面语的特征都要求在口语篇章的修辞结构研究中更加有针对性。

除此之外，由于对话涉及多个参与者，基于话轮的标注标准也是多样的。有学者认为应该将对话中一个话轮内部的语篇看作一个独白性语篇来进行修辞结构标注（Fawcett & Davies, 1992），也有学者认为对话交际也需要在话轮间进行修辞结构标注，并且提出了针对对话标注的修辞关系集（Dialogic RST）（Daradoumis, 1996），Stent（2000）提出了"问—答"这一新的修辞关系。Taboada（2001, 2004）针对口语对话标注在话轮内部还是话轮间的分歧做了对比研究。然而该研究中采用的修辞关系都是标准的修辞关系集，并没有针对邻接对和互动的特征对标注集进行修改。

在此我们分别举出了书面语语篇文本（演讲稿、故事）以及口语语篇文本（订餐定制对话和网络环境下的自然口语对话）两类语篇来简要分析一下不同语篇的特点，为口语语篇标注的修辞结构关系体系提供依据。

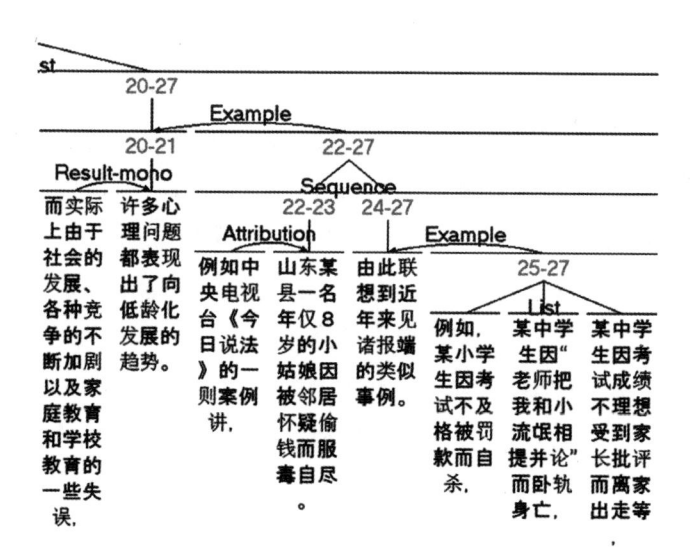

图6—6a 修辞结构标注实例——演讲稿

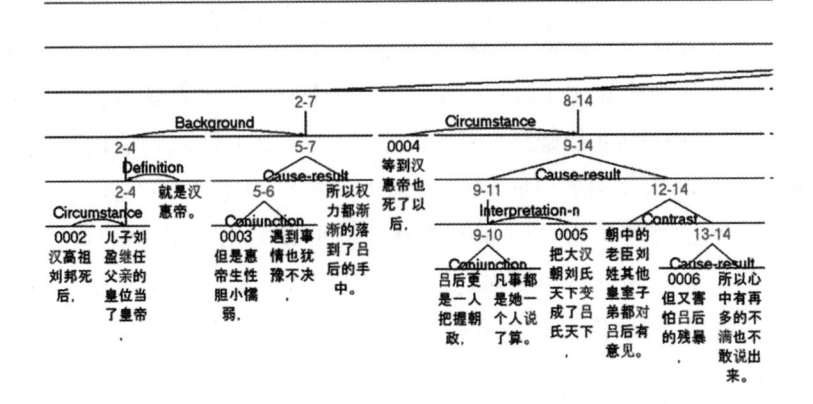

168 / 汉语口语语篇库:建构与标注

图6—6b 修辞结构标注实例——故事

　　图6—6中的例子为书面语语篇文本的修辞结构标注。在树图中我们可以看到篇章的结构非常清晰,并且有明显的表层标记词来标记两个最小篇章单元之间的修辞关系,并且修辞关系丰富多样。

　　图6—7中的两个例子为口语语篇的修辞结构标注。图6—7a为定制口语对话,文本相对整齐,很少有插话、重叠等口语现象,说话人之间的交流多以一问一答的形式来体现,修辞关系并没有演讲稿和故事文本中丰富。图6—7b为互联网环境下的自然口语对话,对话双方是朋友关系,对话并没有给定主题,为自然对话。我们可以看到,在图6—7b中,口语现象多,例如插话、抢话、重复、嗯啊等话语标记词。自然对话中最常见的还是一问一答模式,构成了修辞关系标注的绝大部分。但是在一个说话人的大段独白内部,修辞关系会较为丰富,例如图6—7b中的35—39小句。与此同时,由于在自然对话中两个说话人会互相补充,因此存在两个说话人的不同单元共同组成某一种修辞关系的情况。

　　在修辞关系的定义上(见表6—4),我们沿袭Mann和Thompson(1988)以及Carlson和Marcu(2001)的修辞关系定义格式。定义中的每一部分说明篇章分析者建立修辞结构时必须要做出的某种判断(关于作者想要表达的交际意图的可能性的判断)。单核心关系的例句中,核心句用下划线标示。

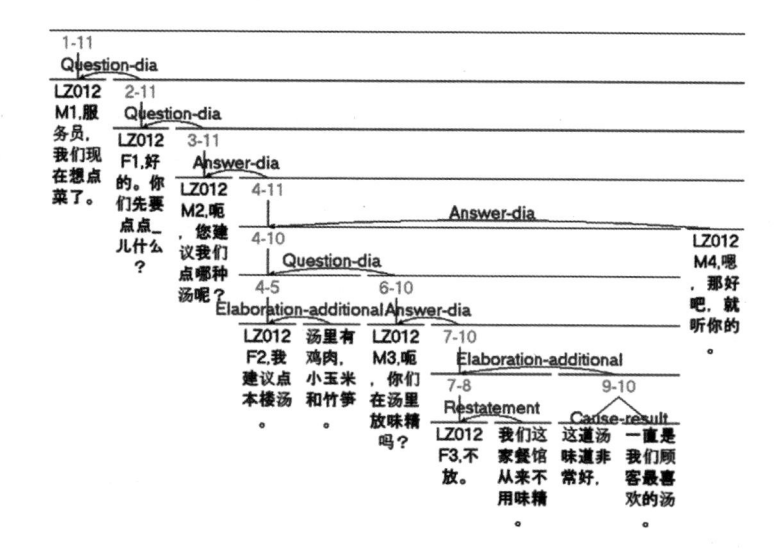

图6—7a 定制口语对话修辞结构标注

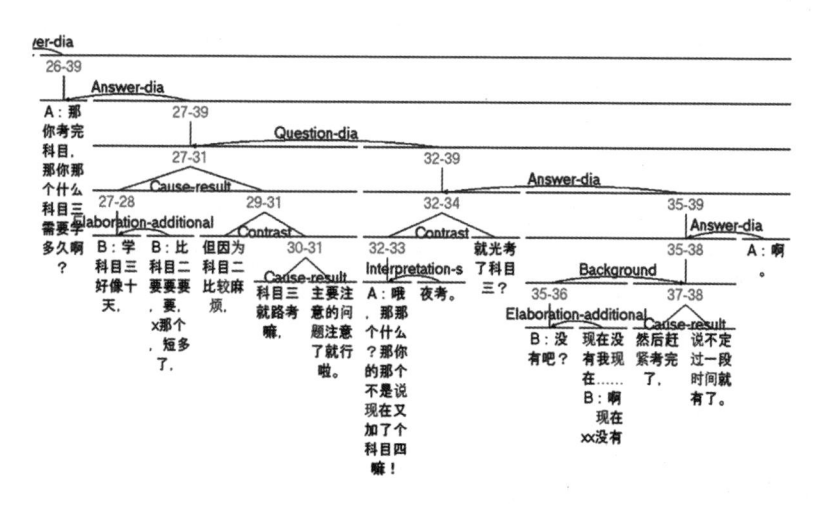

图6—7b 互联网环境下的自然口语对话修辞结构标注

1. 类推关系（Analogy）

在类推关系中，两个通常非常不同的语段，在某些方面是一一对应的。暗含着如果两个或者多个事物在一些方面是对应的，那么可能在其他方面也是对应的，该关系属于多核心关系。

表6—4　　　　　　　　　　　口语语料库修辞关系分类

	单核心关系		多核心关系
	主题类关系	表述类关系	
并加关系类			Joint Conjunction List Parallel Progressive
选择关系类			Disjunction
比较关系类	Comparison Preference		Analogy
对立关系类		Antithesis Concession	Contrast
条件关系类	Unless Otherwise Condition Hypothetical		
原因关系类	Cause Result Reason Consequence Purpose		Cause-Result
背景关系类	Circumstance	Background	
解说关系类	Evaluation Elaboration Comment Interpretation	Conclusion Summary Restatement	
方式关系类	Means Manner		

续表

	单核心关系		多核心关系
	主题类关系	表述类关系	
论证关系类	Attribution Explanation-argumentative	Evidence Example Justify	
使动关系类		Enablement	
话题关系类		Rhetorical-question	Problem-solution Question-answer Statement-response Topic-comment Topic-shift Topic-drift
时间关系类	Temporal-before Temporal-after		Sequence Inverted-sequence Temporal-same-time

例子：就像我不信世上有鬼一样，我也不信你的鬼话。

2. 对照关系（Antithesis）

在对照关系中，核心句的情况和卫星句的情况形成了不相容的对照性。对卫星句的理解以及两个语段之间不相容性的理解有利于增强读者对核心句的接受。

和让步关系（concession）相似，他们都是弱对比的关系，有所不同的是，让步关系中的期望是没有实现的，并且尽管两个语段看起来不相容，可其实是相容的。当两个小句都为核心句时，应为对比关系（contrast），并且在对比关系中，作者不侧重任何观点，而在对照关系中，作者更侧重核心句的观点。

该修辞关系属于表述类关系。

例子：业界许多学者认为现在的市场已经饱和，<u>但是更多的学者都</u>

一致主张市场还有一定的吸收空间。

3. 引用关系（Attribution）

直接引语或者间接引语，是一种言语或者认知的行为。卫星句是引用的来源（通常包含一个引用的动词，比如声明，或者一个词组，例如根据……，据……），核心句是引用的内容。这个关系也包含了认知性的谓词，例如感觉、想法、希望等。引语必须有明确的来源。如果含有引用的动词但是没有确定的引语来源，并且消息来源不能通过临近的上下文来判定，那么就不是引用关系，并且将视为一个单元。通常适用于被动句和"据说"的句型。

该关系属于主题性关系。

例子：<u>咱高中魏老师都退休了，</u>小林说。

4. 引用（Attribution-N）

标志着否定的引用。否定式的标记必须要在卫星句标出，或者卫星句包括一个在语义上否定的引用动词。

该关系属于主题性关系。

例子：<u>厂家是否即将召回存在质量问题的产品，</u>发言人并没有明示。

5. 背景（Background）

在背景关系中，卫星句为核心句的成功解读建立了语境或者背景。对卫星句的理解有助于读者理解核心句。卫星句也并不是核心句中信息的原因、理由、和目的。

和环境关系（circumstance）不同的是，背景关系并没有提供非常详细或者具体的信息，而是协助理解核心单元的一般信息，信息内容在时间上要早于核心单元。而环境（circumstance）的关系中，主从句是同时发生的。因此环境关系要比背景关系更加强烈。

该关系属于表述类关系。

例子：她不是前年结的婚么，<u>才两年就离婚了呀。</u>

6. 原因（Cause）

核心句中的情况是卫星句中情况的原因。两个小句中，原因更为重要，卫星句只是核心句动作的结果。而作者的倾向是强调原因。如果作者倾向强调结果，那么就会标注结果关系（result）。如果不清楚作者倾向强调原因还是结果，那么就标注因果关系（cause-result），多核心关系。

该关系属于主题性关系。

例子：都没回家，<u>回去也没事儿干啊！</u>

7. 因果关系（Cause-result）

在因果关系的小句中，原因和结果占有同等重要性。因果关系和后果/结果（consequence）关系有相似之处。但是前者有更加直接的因果联系，而后者的因果关系较为间接。

该关系属于多核心关系。

例子：他没劝动，他妹妹还是想去新疆。

8. 环境（Circumstance）

卫星句里面的信息为核心句信息的理解提供语境，例如时间信息、空间信息等。卫星句并不是核心句的原因、理由、动机等。当两小句的时间点一致时，选择环境关系，而非背景关系。

环境关系与条件关系的区别在于条件关系的卫星句表示的是一个没有实现的情景，而环境关系中的卫星句是实现了的情景。

该关系属于主题性关系。

例子：去年这时候，<u>咱们不是聚会过一次么。</u>

9. 评论（Comment）

在评论关系中，卫星句是对核心句做出的主观的评论，而并不是评价或者解读关系。通常，评论关系里面的视角并不是文章出现的视角，而是读者/作者的视角。

该关系属于主题性关系。

例子：（通常，我们都是先在群众中做调查，再通过表决同意，李菲菲说。）<u>他相信联合经营是此类中的第一例。</u>"我们通常都是采取的保守做法。"

10. 比较（Comparison）

在比较关系中，两个语段从某个维度比较，这个维度可以是抽象的。其中核心句是作者要突出的部分，而卫星句是用来被比较的部分。该关系是弱比较，并不形成强对比关系。

该关系为主题性关系。

例子：呷哺呷哺也行，<u>我更想吃比萨。</u>

11. 让步（Concession）

核心句中暗示的状况和卫星句提供信息所期待的状况相左。一般都是有标志性的，和期待的状况有所不同。

该关系为表述类关系。

例子：呷哺呷哺还是挺好吃的，虽然我不太想去。

12. 结论（Conclusion）

在这个关系中，卫星句是核心句的一个最终总结和陈述。

可以是根据核心句情况的一个推理后的判断、推论、必要的结果，或者是最后的决定。

该关系为表述类关系。

例子：你看，你身体又不好，天又下着雨。现在情况不适合你去。

13. 条件（Condition）

卫星句给出了一个假设的、未来的或者还未实现的情景。核心句中命题的真值取决于卫星句中条件的实现。

该关系为主题性关系。

例子：只有他出面，这个问题才好解决。

14. 并加（Conjunction）

各个单元在上一篇章单元中起到同样的语用作用，对作者的意图表达起到同等的重要性。只要两个（或者多个）最小篇章单元在统一层级上和另外的最小篇章单元发生相同的关系，并且重要性相同的话，就可以在这两个或者多个最小篇章单元间标注为并加关系。

该关系为多核心关系。

例子：你身体又不好，天又下着雨。

15. 后果/结果（Consequence）

在后果/结果关系中，一个小句是另一个小句的结果。

该关系可以是多核心关系，也可以是单核心关系。

Consequence－N 和 Result 关系相似，核心句是卫星句的结果。Consequence－S 和 Cause 关系相似，卫星句是核心句的结果。原因关系和结果关系中，两个语段之间有更加紧密的因果关系。

例子：公司业绩也不行，干了一段就辞了。

16. 可能性关系（Contingency）

卫星句表达了一种习惯性、经常性的抽象概念。因此对于时间、地点或者条件的表述都不是首要焦点。

该关系为主题性关系。

例子：我爷爷不说开始，<u>谁也不敢动。</u>

17. 对比（Contrast）

两个或多个语段在某个或某几个维度形成了对比关系。通常对比关系都会包括一个语篇标记，例如但是、然而等。通过对比，使读者认识到语段内容之间的可比性和差异性。比较关系（comparison）并没有此类标记。与类似的让步关系（concession）核心性不同。

该关系属于多核心关系。

例子：昨天他老早就起床了，今天都中午了还没起呢。

18. 定义关系（Definition）

卫星句给核心句下了定义，通常会有"即、也就是"等标记。

该关系属于主题性关系。

例子：<u>西湖古称"钱塘湖"，</u>即"西子湖"。

19. 析取关系（Disjunction）

在这个多核心关系中，几个核心句之间的核心性地位相同，并且存在一种互选或者对立的关系。几个语段可以被列为替代选项，也可以是否定形式。

该关系为多核心关系。

例子：或者他做一个让步，或者你做一个让步。

20. 详述关系（Elaboration）

详述关系具有诸多下属的关系，属于表述类关系。

（1）详述—附加（Elaboration-additional）

卫星句为核心句提供附加的信息或者详细的信息。

这个关系在语篇结构的各个层级都非常普遍。是详述关系集中的默认选项。如果没有其他更加明确的详述关系可以标注的话，则标注为详述—附加关系。

例子：根据配置的不同，<u>机器的价钱可以从两百万元到一千万元不等。</u>

(2) 详述—附加—内嵌句（Elaboration-additional-embedded）

通常情况下，内嵌的卫星句都被逗号和核心句隔开，表示一个非限制性的定语从句。

例子：机器的价钱，根据配置的不同，<u>可从二百万元到一千万元</u>。

(3) 详述——般—具体（Elaboration-general-specific）

卫星句为核心句提供帮助，提供更加具体的概念和更加明确的信息。

例子：

<u>这项工程十分巨大</u>。他们投入了 70 亿美金。

(4) 详述—物体—修饰（Elaboration-object-attribute）

这个关系包括一个从句，通常是名词短语的后置定语，来讲有生命或者无生命的物体来赋予意义。

卫星句是核心句意义所固有的，或者是对理解语境有重大作用的。通常都是一个内嵌单元。

例子：京东是<u>一家大的电商公司</u>，这公司将会带领电商行业进一步发展。

这类再细化出 Elaboration-object-attribute-E.

通常是限制性定语从句。只修饰核心句的一部分成分。

例子：<u>销售业绩</u>并没有因为他的策略——买一赠一——<u>而上升</u>。

(5) 详述—部分—整体（Elaboration-part-whole）

卫星句明确或者详述核心句的一部分。并不很常见，通常有一个破折号来作为标记。

此关系与详述—集合—成员（elaboration-set-member）关系不同，后者每一个成分都以相似的方式来代表整体集合。

例子：<u>最值得奥菲骄傲的是他的 18 洞球场</u>——有着世界上最大的沙坑障碍。

(6) 详述—程序—步骤（Elaboration-process-step）

核心句来介绍引入一个动作或者事件（过程）。卫星句通常按照时间顺序来罗列实现这个动作的几个步骤。同时，卫星句内部的关系通常由多核心关系序列（sequence）来标注。

例子：<u>做番茄鸡蛋步骤多简单啊</u>。先用葱花炝锅，再放鸡蛋，最后放番茄炒熟就行了啊。

（7）详述—集合—成员（Elaboration-set-member）

核心句引入了一个有数量限定的集合（可以是一般实体或已命名实体）或者一系列信息。卫星句特别详述了集合中至少一个成员。而卫星句的成员之间，通常是多核心关系罗列（List）来标注。

例子：<u>学校公布王灿灿今年获得的三项奖励。</u>第一，最佳运动员奖；第二，三好学生奖；第三，优秀研究生奖。

21. 使动（Enablement）

核心句所表达的情况尚未实现。卫星句的表达的动作可以增加核心句实现的可能性。

该关系属于表述类关系。

例子：<u>我希望该集团能够成功上市。</u>但是他们先要吸引进资深的专家。

22. 评价关系（Evaluation）

一个语段为另一个语段指派了主观的态度或者价值。这个评价可以是赞扬，预测，评定顶级，解读或者对某个情况的评估。可以是作者或者文中其他的施事者来做出的评价。评价可以出现在卫星句，核心句，或者当不能权衡哪个对作者表达更重要的时候，也可以是多核心关系。

评价关系和解读关系（interpretation）都涉及某一个不属于核心句本身的参照框架来评价核心句的内容。不同在于评价关系反映了作者的主观态度（通常是正面的）；而解读关系则将核心句的内容与其他的参照框架联系起来。

该关系属于主题性关系。

例子：A：他们学校发了八千块钱奖学金。

B：<u>哇，居然发了这么多钱！</u>

23. 证据（Evidence）

卫星句为核心句提供了证据或者理由。通常，证据关系适用于独立于有生命施事的意愿的行动或者情况（更客观）。证据是做出决定时所根据的，并且由作者或者文章的施事来阐述，从而向读者证明观点。卫星句中提供的证据能够增强读者接受核心句中信息的概率。证据关系和证明关系都应用在论证中，不同的是证据关系用事实来支持一个声明，而证明关系是用外部权威来支持一项声明。

该关系属于表述类关系。

例子：<u>这暖手宝挺好用的</u>。我昨天充了一会儿电，热了好长时间呢。

24. 举例（Example）

卫星句为核心句中的信息提供了例子。

如果卫星句中提供的例子是个可数集合的成员，但并不是集合中所有的成员都已知，或者指定，那么就标注举例关系。如果这个可数集合中的成员是已知或者指定的，那么卫星句中再提供的例子就标注为详述—集合—成员（elaboration-set-member）关系。

该关系属于主题性关系。

例子：<u>这个提议是基于很多条件的</u>，包括筹措资金。

25. 解释—论证（Explanation-argumentative）

适用于完全独立与有生命施事的意愿的动作或者情况。卫星句为核心句的情况提供了一个事实解释。作者并没有意图说服读者相信一个观点，这是证据的关系。也与原因关系不同，原因关系只解释了施事的动作，并且含有施事的意愿和意图在里面。

该关系属于主题性关系。

例子：他无故迟到，不积极参与项目讨论，等等。<u>他做这些事情不是刚好证明了他不想再继续这个项目了么</u>。（省略的内容为卫星句，陈述了一下他之前做过的事情。是完全客观的依据。）

26. 假设（Hypothetical）

卫星句的信息并不是真实的，只是假设或者推测是真的。核心句的信息，是如果卫星句发生，而产生的结果。假设关系要比条件关系更加的抽象，虚拟语气更加强烈。

该关系属于主题性关系。

例子：要是天上真的有九个太阳，<u>那得多热啊</u>。

27. 解读关系（Interpretation）

一个语段对于另外一个语段的信息提供了一个不同角度的解读。是一个主观的关系，通常表达作者或者第三方的个人观点。一个解读关系可以是：（1）对不是当下马上清晰的内容的解释。（2）通过指出或者暗示内在的关系、动机，来解释某个动作、事件，或者陈述。（3）基于个人信念、判断、利益或环境而对事件作出的理解或者赞赏。

该关系属于主题性关系。根据核心性的不同，在实际语料中也有可能为多核心关系。

例子：<u>八千块钱的奖学金啊，这也太多了吧！</u>一般院校里面的校级奖学金最多也就五千啊。

28. 倒序（Inverted-sequence）

该关系中，事件按照从后到前的时间顺序来展示。

该关系属于多核心关系。

例子：今天老师不检查作业，上周我就告诉过你了。

29. 连接（Joint）

几个语段都存在着相同的重要性，但是之间并不存在一种已知的修辞关系。

该关系属于多核心关系。

例子：故宫在昨日重新开始迎接游客。相关人员预测此次日均游客数量将超过五万人。虽然已经加强了相关的管理，但还是会对景区造成很大的压力。游客们称相关服务已经有了很大提升，但还是有可改善的空间。

30. 证明（Justify）

读者理解卫星句后能够更好地接受作者提出核心句的理由。证据关系和证明关系都应用在论证中，不同的是证据关系用事实来支持一个声明，而证明关系是用外部权威来支持一项声明。

该关系属于表述类关系。

例子："习近平总书记强调，法学教育要坚持立德树人，不仅要提高学生的法学知识水平，而且要培养学生的思想道德素养。"<u>中国政法大学党委书记胡明表示，一年来，中国政法大学高度重视法律职业伦理教育和社会公益教育，引导学生树立坚定的法治信仰和崇高的职业道德，"让学生不断增强国情意识和社会责任感。"</u>

31. 罗列（List）

在这个关系中，几个小句罗列在一起，但是并没有比较、对比等关系。罗列关系通常来展示几个平行结构。在语篇结构的底层，比如在小句或者句子之间，罗列关系通常都是在单元间具有平行的句法或者语义关系。谓词的并列、罗列，也算是小句的罗列关系。

该关系属于多核心关系。

例子：（他们挣了更多的钱，可以）买食物，买衣服，换掉破旧的家具。

32. 手段（Manner）

卫星句解释了某件事情做完的方式方法。手段关系的目的性，没有方式关系（Means）那么强，只是描述动作的过程。

该关系属于主题性关系。

例子：一蹦一跳地，她走进了教室。

33. 方式（Means）

卫星句明确了实现某个目的的方法、机制、途径。

该关系属于主题性关系。

例子：通过前期调研，初期实验进展顺利。

34. 否则（Otherwise）

卫星句和核心句的内容都没有实现。核心句的实现阻止了卫星句实现的结果。

该关系属于主题性关系。根据作者表达交际意图的不同，如果两小句均为作者想要强调的内容，则可标注为多核心关系。

相同点：核心句的实现与卫星句的实现有关系。

否则（Otherwise）——核心句的实现阻止了卫星句的实现。

除非（Unless）——卫星句的实现阻止了核心句的实现。

条件（Condition）——核心句的实现依赖于卫星句的实现。

例子：快关掉风扇，否则我要报警了！

35. 偏好（Preference）

此关系比较了两个情况、动作、事件等，并且对于他们有明确的偏好。核心单元通常含有表示"偏好"语义的词语。

该关系为主题性关系。

例子：她虽举办了奢华的聚会，但还是更加喜欢亲密的小聚会。

36. 问题—解答（Problem-solution）

一个语段提出了一个问题，另一个语段提供了问题的答案。

该关系为主题性关系。根据作者交际意图的不同，在一定条件下该关系也可标注为多核心关系。

例子：怎样才算是三好学生呢？我们认为是以下三点：(1) 品德好；(2) 学习好；(3) 身体好。

37. 目的（Purpose）

与结果关系（result）不同，卫星句中的情况是推断性的。

该关系属于主题性关系。

例子：请照顾好随行儿童，以防走失。

38. 问答（Question-answer）

在问答关系中，一个小句提出了一个问题（并不一定是疑问句），另一个语段回答了这个问题。

该关系为主题性关系，根据作者交际意图的不同，还可标注为多核心关系。

对话提问（question-dia）和对话回答（answer-dia）两类关系只在口语对话中标示出，分别标示后一个语段针对前一个语段提出问题，或给出答案。

例子：当被问及为何小李重新被聘回公司，负责人答道：他掌握着核心技术。

39. 理由（Reason）

核心句的动作必须由有生命的施事发出。只有有生命的施事才能够完成某一动作。

该关系为主题性关系。根据作者交际意图的不同可以标注为多核心关系。

例子：董事会拒绝了此次提案，2亿美金并不充分。

40. 重述（Restatement）

重述关系通常都是单核心。卫星句和核心句大概是等长的。卫星句重述（reiterate）了核心句的信息，通常在遣词造句上有所不同。但并没有添加或者解读信息。

该关系属于表述类关系。

例子：我们永远不会同意！！永远不！！

41. 结果（Result）

卫星句为核心句提供了原因。而核心句的结果则是更为重要的部分。

如果没有卫星句，读者不能理解核心句情况发生的原因。与目的关系不同，结果关系中，核心句是已经完成的，是既成事实。作者的目的是强调结果。如果结果是核心，那么就标注原因关系。

该关系属于主题性关系。

例子：雨过天晴，<u>天上出现了彩虹</u>。

42. 修辞问（Rhetorical-question）

单核心。卫星句提出了一个问题供读者思考。通常并不期待读者能够回答该问题，而是对该问题进行思考，或者提出一个答案显而易见的问题。

该关系属于主题性关系。

例子：从前的恩怨，过了几十年，又何必再提呢？

43. 同一单元（Same-unit）

只将本来应是一个单元，但是被插入语等隔开的两个单元联系在一起的一个假关系，因此并没有修辞功能上的整体性。主要连接同一基本篇章单元被标点符号等强制切分开的各个部分。这些插入语可能包括：关系从句，名词性修饰成分，破折号等。

例子：这件事儿，他认为，不太好。

44. 序列（Sequence）

各个核心单元之间存在一种续接关系。除了时间上的续接之外，还可以是空间的顺序描写。

该关系属于多核心关系。

例子：我今天先去了图书馆，中午去的食堂，然后直接回宿舍了。

45. 陈述—回应（Statement-response）

一个语段陈述了一个情况，另外一个语段是对这个情况做出的某种回应。陈述和回应均可以是文中的某个人或者作者的视角。

该关系为表述类关系。根据交际意图的不同，也可以标注为多核心关系。

例子：

A：我去看了新上映的电影，吴京演的，特别好看。

B：<u>我也特别想看那个</u>。

46. 总结（Summary）

情况和总结的关系。一个语段是对另一个语段的重述，但是字数要少很多。作者更注重总结部分或者情况描述部分。

Summary-N 表示总结部分为核心句，属于大部分情况；Summary-S 表示总结部分为卫星句。

该关系为表述类关系。根据交际意图的不同，也可以标注为多核心关系。

例子：河北省南部地区 PM2.5 值为 600。北京的 PM2.5 值为 800。总体来讲，华北地区近期的空气质量都不是很好。

47. 时间关系——之前（Temporal-before）

核心句的情况发生在卫星句之前。

该关系属于主题性关系。

例子：她回来之前，我们得弄明白这到底怎么回事。

48. 时间关系——同时发生（Temporal-same-time）

卫星句和核心句发生时间相近，或者有重合。

该关系为主题性关系。根据交际意图的不同，也可以标注为多核心关系。

例子：一个新的品牌在保持与母公司质量形象的联系的同时尽可能地与众不同，这一点很重要。

49. 时间关系——之后（Temporal-after）

卫星句的情况发生在核心句之前。

该关系属于主题性关系。

例子：自从换了校长，学校管理严格多了。

50. 文章组织架构（Textual organization）

将文章的组织架构用多核心关系连接起来，如将文章名称与内容链接，脚注等。

该关系属于多核心关系。

51. 话题——述题（Topic-comment）

先介绍一个大概的陈述或者讨论的话题，之后做出一个明确的评论。通常是多核心关系。

该关系属于多核心关系。

例子：他这个人呢，我也不清楚到底怎么回事。

52. 话题流转（Topic-drift）

此关系标注大的文本语段，当话题从一个语段流畅转换到另一个语段的情况。

该关系属于多核心关系。

例子：说到聚会我想起来了，上次我们去那个地方不好。

53. 话题转移（Topic-shift）

此关系标注大的文本语段，当两个语段之间的转换并不流畅时（sharp change in focus）的情况。

该关系属于多核心关系。

例子：对了，我打个岔啊，咱们什么时候开学来着？

第四节　本章小结

本章介绍了标注语篇结构的修辞关系理论，主要包括标注工具的介绍、最小篇章单元的切分以及关系集的定义。相对于书写文本而言，口语的交际性语篇结构更加松散，信息更加丰富，同时对语境信息更加依赖，在对话过程中也会产生相应的言语行为以及副语言现象。在这些口语篇章的特征下，在原有的书面语语篇修辞结构标注集的基础上又重新建构了标注体系，以适应口语语篇的标注。

参考文献

侯圣岙、费超群、张书涵：《面向中文的修辞结构关系分类体系及无歧义标注方法》，《中文信息学报》2019年第7期。

乐明：《汉语财经评论的修辞结构标注及篇章研究》，博士学位论文，中国传媒大学，2006年。

徐赳赳：《现代汉语互文研究》，北京师范大学出版社2018年版。

徐赳赳：《现代汉语篇章回指研究》，中国社会科学出版社2003年版。

徐赳赳：《现代汉语篇章语言学》，商务印书馆2010年版。

Carson, L., Marcu, D. 2001. Discourse tagging reference manual. *ISI*

Technical Report ISI - TR -545, pp. 54 -56.

Daradoumis, T. 1996. Towards a representation of the rhetorical structure of interrupted exchanges. In G. Adorni, M. Zock (Eds.), *Trends in Natural Language Generation: An Artificial Intelligence Perspective* (pp. 106 -124). Berlin: Springer Verlag.

Fawcett, R. P., Davies, B. L. 1992. Monologue as a turn in dialogue: Towards an integration ofexchange structure and rhetorical structure theory. *Proceedings of the International Workshop on Natural Language Generation.* Berlin: Springer.

O'Donnell, M. 1997. RST-Tool: An RST analysis tool. *Proceedings of the 6th European Workshop on Natural Language Generation.* Duisburg, Germany.

Marcu, D. 1999. *Instructions for Manually Annotating the Discourse Structures of Texts.* Unpublished manuscript, Marina del Rey, California.

Mann, W. C., Thompson, S. A. 1988. Rhetorical structure theory: Toward a functional theory of text organization. *Text*, 3, pp. 243 -281.

Mann, W. C., Thompson, S. T. 2002. *Two views of rhetorical structure theory.* Retrieved from, https://www-rcf.usc.edu/~billmann/Wmlinguistic.

Mann, W. C. 2005. RST Web Site. Retrieved from, https://www.sfu.ca/rst.

Stent, A. 2000. Rhetorical structure in dialog. *Proceedings of the 1st International Conference on Natural Language Generation (INLG 2000)* (pp. 247 -252). Mitzpe Ramon, Israel.

Taboada, M. 2001. *Collaborating through Talk: The Interactive Construction of Task-oriented Dialogue in English and Spanish.* Madrid: Universidad Complutense Thesis Type.

Taboada, M. 2004. Rhetorical relations in dialogue: A contrastive study. *Discourse across Languages and Cultures*, pp. 75 -97.

Taboada, M., Mann, W. C. 2006. Applications of rhetorical structure theory. *Discourse Studies*, 4, pp. 567 -588.

Zeldes, A. 2016. rstWeb—A browser-based annotation interface for rhetorical structure theory and discourse relations. *Proceedings of NAACL-HLT 2016 System Demonstrations*, pp. 1 -5. San Diego.

第七章

基于互动意图的对话言语行为和情感标注

在口语对话理解和生成、口语语音翻译系统中，除了语音（音段、韵律）、句法等基本信息标注外，往往还需要标注对话言语行为等一些表达意图的语用信息（Dhillon et al. 2004，Jurafsky. et al. 1997）。本章所指对话（dialogue）是指两个或两个以上的人与人之间的或者人机对话系统中的话语交流。对话行为（DA：dialogue act）是指对话参与者的交际活动，即互动交际功能和交际意图（见第二章的言语行为理论介绍）。

国际标准化组织（ISO）第 24617 号文件语言资源管理—语义标注框架"Language Resource Management — Semantic Annotation Framework（SemAF）"的第二部分，给出了对话行为的标注体系和置标语言 DiAML。汉语第一个大型真实场景的电话对话口语库 CASIA-CASSIL，建立了汉语的言语行为标注系统（Zhou et al. 2010a）。

本章介绍的口语对话行为标注是一个多维度、多层级的标注系统，标注内容包括交际人信息（如性别、口音、年龄等）、话轮切分、功能语段切分、对话行为、邻接对（AP：adjacency pair）、主题（topic）等。

其中，对话言语行为标注分为普通对话行为标注集（"陈述句、疑问句、感叹句"等 13 种句型）、特殊对话行为标注集（"认可、否定、建议"等 39 种功能）以及非规范行为集（"插入语、重复修订、次序颠倒"等 14 种）等。在此基础上，面向对话意图理解的需求，我们进一步给出话语标记、对话言外意标注、应答互动交际功能标注、情感标注等。

第一节 发音人信息标注

发音人的信息（information of interlocutor）标注包括性别、年龄、身体状况、发音人之间的关系、发音人之间的熟悉度、社会地位等。例如：

- 发音人性别 SPK_A_gender：male/female（男/女）
- 发音人年龄 SPK_A_age：child, youth, middle-aged, aged（儿童、青年、中年、老年，或者直接给出具体年龄）
- 发音人的身体状况 SPK_A_physical state：tired, normal, energic cleft and palate, aphasia, autistic（疲劳、健康、精力充沛、唇腭裂、失语、自闭等）
- 发音人之间关系 SPK_relationship between interlocutors：friends, relatives, agency-client, colleagues……（朋友、亲戚、客服、同事……）
- 发音人之间熟悉程度 SPK_A_depth of acquaintance：familiar, unfamiliar, strange（熟悉、不太熟悉、陌生）
- 发音人的社会地位 SPK_A_relative social status：dominant, equal, subordinate（主导、平等、附属）
- 发音人的语言和口音 SPK_A_language_accent：Mandarin Chinese, accented Chinese（such as Cantonese, proficiency level）, Chinese Dialects（such as Cantonese, Shanghainese...）［普通话、带口音普通话（如广东普通话，水平级别）、方言（广州话、上海话等）］

第二节 话轮切分和话轮转换的功能标注

话轮的概念最早是由 Sacks 等人（Sacks et al. 1974）提出的，它是会话的基本结构单位，可以由单词、短语、句子或更大的语言单位组成。

Sacks 等人没有给话轮下明确定义。Edmondson（1981）用该术语表达两方面意义：一是指会话过程中的某一时刻成为说话人的机会；二是指一个人作为讲话人时所说的话。刘虹（1992）认为，话轮是指在会话过程中说话者在任意时间内连续说出的具有和发挥了某种交际功能的一番话，其结尾以说话者或听话者的角色互换或各方的沉默等放弃话轮信号为标志，并且认为该定义包含了三个衡量话轮的条件：（1）具有和发挥了某种交际功能；（2）连续说出的，中间没有沉默等放弃话轮的信号；（3）结尾发生说话者和听话者的角色互换，或者并未发生这种角色互换，但是出现了沉默等放弃话轮的信号。

　　言语交际活动中，说话者和听话者的角色互换一次，就是一次话轮转换（turn-taking）。标注中话轮与发音人角色对应，可以用 A、B、C 等符号表示。

　　在第一章我们提到了对话中出现频繁的"嗯、啊、噢"等话语标记，尽管他们是语言学上的虚词，但它们在话轮转换和表达会话功能方面，作用非常的"实"。以"嗯、啊"类话语标记词的话轮功能标记为例，殷治纲（2007）给出话轮转换的各种功能标注，见表7—1。后续详述的例子中用"[ ]"符号表示话语功能，"//"符号代表说话双方的话语有重叠现象（overlap）；" = "符号代表说话一方的话轮未结束时，另一方有插话现象，但是未形成重叠；"∷"符号代表明显的时长延长；箭头"↗"或"↘"代表特殊的声调扬、抑。

表7—1　　　　　　　　　话轮转换功能符号

ID	话轮转换功能标记	符号
01	话轮的开始或接管	INIT
02	话轮的持续	HOLD
03	话轮的结束	STOP
04	话轮的转让	TRAN
05	话轮的抢夺	GRAB
06	反馈语	FEED
07	转换话题	CHAN
08	难以归类	PEND

下面我们对话论转换功能符号做具体说明（殷治纲 2007）。

1. 话轮的开始或者接管（INIT）

主要包括两种情况，一指说话人从沉默状态开启一个新的话轮结构；二指前一个说话人结束了话轮或者转让话轮给听话人，听话人接管话轮并开始说话。后者话语内容可能和前人话语有关联，但是形式上联系比较小，没有强烈的反馈和应答关系。

（1）B：特年轻。

（2）A：嗯［INIT］长发，腰长腿短，老爱穿绿色，嗯↗［CHAN］我怎么记这么清楚？

2. 话轮的持续（HOLD）

说话人正在说话，由于思维的暂时中断或者其他情况影响而使话语不连贯或者短暂中断，但他又不想结束或者转让话轮，所以会采用某些手段来维持自己的话轮。

A：也是个女的，嗯［HOLD］，中年妇女，三十多四十，四十说，说四十吧，小嗯［HOLD］大点儿，说三十小点儿，三十五左右吧。

3. 话轮的结束（STOP）

说话人示意结束自己的话轮，属于前面所述的"话轮的放弃"中的一种情况。该种情况下，说话人虽然结束自己当前的话轮，但是没有指定下一位说话人，所以下一话轮的人选具有自由选择性。如果听话人没有充分利用该话轮过渡关联位置（transition-relevance place）来获得话轮，那么说话人也可以重新掌握话轮权。

（1）A：那是在春节前？

（2）B：嗯［INIT］春节后。

（3）A：春节后，这么快？

（4）B：春节前，来我不及，今年春节，今年春节早，嗯↘［STOP］。

（5）A：噢［FEED］，对对对。

4. 话轮的转让（TRAN）

说话人结束自己的话轮，并通过提问等手段或者直接采用呼语（vocative）指定下一个说话人。它和前边"话轮的结束"都属于"话轮的放弃"，但是区别在于话轮的转让是明确地将话轮交给对方。根据会话合作原则，对方一般会接受话轮权。

（1）A：人特别好，但是就是说，嗯［HOLD］怎么说呢，好像就说缺乏点儿那种，好像没什么意思似的，挺平淡。

（2）B：挺平淡的老师＝，　　　＝哈↘［TRAN］？

（3）A：　　　　　　　＝对＝，　　　　＝啊↘［FEED］。

5. 话轮的抢夺（GRAB）

该情况和"话轮的开始或接管"都属于"话轮的获得"，但它和后者的区别在于它不是平稳自然的获得话轮，而是在说话人还没有结束话轮时采用趁机切入或强行夺取的方式得到话轮，所以它往往伴随着双方话语的叠加（overlap）现象。

话轮的抢夺和会话中的打断现象一般是伴随出现的。话轮的抢夺一般伴随着语音上的突变，如声调的提高和音量的加大，这一方面是通过更强烈的语音形式给对方以信号，表明自己要说话了；另一方面有通过优势语音特征压倒对方来抢夺话轮的作用。

（1）A：迎春杯初赛都没过//气//死我了。

（2）B：//啊 FEED//　　//啊［GRAB］//＝迎春杯初赛现在就＝

（3）A：　　　　　　　　　　　　　　＝赛完了。

（4）B：　　　　　　　　　　　　　　　＝赛完了？

6. 反馈语（FEED）

反馈语又叫反馈项目（back channel item）。

反馈语的一个典型特征是表示听话人示意说话者自己正在注意倾听，但是无意抢夺说话人的话轮。也有一种特例，当听话人希望说话人尽快说完或者希望自己获得话轮时，经常会连续发出多个反馈语，利用发音的高频率来催促说话人尽快结束话轮。

反馈语一般不当作话轮处理，但是它在话轮替换系统中发挥着重要因素，而且有时听话人在发出反馈语后，会接着开始说话，使作为背景信息的反馈语和前景话轮信息紧密联系起来。所以我们在话轮层中来处理反馈语。

话轮层中对反馈语的定义标记宽泛，凡是对前一说话人的谈话有较强烈应答关系的话语，我们都把它归为反馈语，从功能上它有表收到、表接受、表赞同几个等级。

反馈语的概念意义虽然较小，但是程序意义强烈，对保证话轮替换的顺利进行有重要作用。从交际角度看，反馈语体现了会话合作原则——表达了听话人对说话人话语的关注和配合。即使是表催促的高频连续反馈也体现出了合作的一面——它比直接抢夺话轮体现出了更多的合作性。见 3 和 4 中例子。

7. 转换话题（CHAN）

转换话题从本质上说是和话题相关的，这和前面介绍的话轮层的 6 种标记不是一个范畴的现象，所以对它定义时非常矛盾，担心会导致定义标准的混乱，但是考虑到它的独特性质，在此还是将它单独归为一类。

例示见 1 中。

8. 难以归类（PEND）

有些话语标记现象在话轮层很难归类。例如，有时会话双方都陷入较长时间沉默，其中的一方也许是出于无聊，会咕哝一声，然后仍然陷入沉默。这种信号也应该算作反馈语，但是其作用比反馈语还要虚，在此给类似现象一个标记"难以归类"。如：

A：我没上过数学奥校，我数理化一直不错，噢［PEND］噢［PEND］。

第三节　话语标记的功能分类与标注

本节介绍殷治纲等（殷治纲 2007；Yin et al. 2008）总结扩充的话语标记的功能，见表 7—2。前 8 种话轮转换功能上节已经介绍，后面 16 种功能为新增的以话语交际为主的功能。所以下面的示例从表 7—2 中 09 开始。

表 7—2　　　"嗯""啊"类话语标记功能的 9—23 种分类

编号	定义	标注符号	说明
09	简单确认	CONF	对 A 说话或者问题的"内容"表示肯定
10	思索填词	THIN	在话轮开始或者中间表示思考。想不起来或一时确定不下来时发出的声音
11	征求意见	CHEC	会话中一方提出自己的看法后，向对方进行验证或者征求对方看法，多用问句形式

续表

编号	定义	标注符号	说明
12	请求重复	REPE	因为没有听清或者理解对方的话,请求其重复话语
13	请求回答	QUES	请求对方就话语内容作出回答和解释
14	自我反问	SEAS	发现自己说的有问题或不确定时反问自己
15	否定回答	DENY	表示否定或不同意,声调多用曲折调
16	自我确认	SECO	对自己前面说话的肯定或小结,与简单确认和开启话题有相似点
17	忽然明白（恍然大悟）	TUMB	忽然明白或知道,和简单确认有相似点,但语气更强,有恍然大悟之感
18	忽然想起	SUDD	自己忽然想起某事件,和忽然明白的区别在于它是自发性的,和出乎意料也有相似点
19	出乎意料（惊讶）	SURP	对别人的话和问题表示没想到,情感强烈时会发出惊讶的声音
20	奇怪	STRA	表示奇怪和不解,与出乎意料,忽然想起有相似点
21	感叹	EXCL	有较明显的情感语气,与出乎意料（惊讶）有相似点
22	修正口误	REPA	发现说的不对进行改正,和自我反问有相似点
23	强调（引起注意,增强语气）	EMPH	有凸显的语音特征,用来打招呼,引起注意或增强话语表现力等（有时惊讶和感叹语气也有强调作用）

9. 简单确认（CONF）

简单确认是会话中,听话方对说话方话语"内容"的反馈。从形式上它和第 6 类"反馈语"有时很相似,但是其对会话的参与度更高,已经不仅是对说话人说话过程的反馈,而是对其说话内容的反馈。一般来说,去掉"反馈语"对会话进程的影响较小,而去掉某些"简单确认"标记（如问答结构中的"简单确认"）则可能破坏会话进程。

（1）A：不过那一段儿路倒也不太长。

（2）B：不长,人家有伴儿。她早上就是送她,不是她能多睡会儿懒觉什么的。

（3）A：啊［CONF］。那他们也快了吧? 快放假了。

（4）B：嗯［CONF］嗯［CONF］。

10. 思索填词（THIN）

思索填词可以认为是说话人思索下面该说什么时所发出的声音。在话轮层面往往对应于话轮的开始和话轮的保持功能，一般是说话人由于思维的暂时中断而无法马上连贯地进行下面的谈话，但是又希望继续当前话轮时所发出的声音。在副语言学中它常对应于不流畅现象（disfluency）和填声停顿现象（filled pause）。在"征求意见 CHEC"例子中，它在句（1）出现。

11. 征求意见（CHEC）

征求意见，指会话中说话方提出自己的看法后，向听话方进行验证或者征求对方看法。一般使用问句形式。在实际语料中发现有两种征求意见的方式，其话语标记的调形和前面陈述观点的调形呈对应关系。

第一种形式是直接陈述自己观点，然后向对方求证，采用的是降调问句，表达说话者的让步性和谦卑性。如下例句（2）中的"哈"。

（1）A：人特别好，但是就是说，嗯［THIN］怎么说呢，好像就说缺乏点儿那种，好像没什么意思似的，挺平淡。

（2）B：挺平淡的老师＝，　　＝哈↘［CHEC］？

（3）A：　　　　　　＝对＝，　　　　＝啊↘［CONF］。

第二种形式是用反问句陈述自己的观点，然后向对方求证，采用的是升调问句，见下面例句（2）中的"啊"。相对于第一种形式，第二种反问句形式中，说话人对自己的观点更加肯定，看似询问对方观点，实际是进一步肯定自己的观点。在与另一方的对话关系中具有一定主导性和侵略性。

（1）B：对，我不理你，不跟你讲理，没用。

（2）A：怎么这样？印度人能和和跟咱们比呢，啊↗［CHEC］？

12. 请求重复（REPE）

听话人因为没有听清或者理解说话人的话，请求其重复话语。一般采用问句形式。下面例句（3）中说话人 A 对说话人 B 前一句的问题没有明白，采用疑问语气的"嗯"表示不解，同时暗示对方重复原来话语。

（1）A：不，你那声儿肯定不行，你你这声音去肯定广播不//＊＊＊//

（2）B：//为什么呀？//

（3）A：嗯［REPE］？

（4）B：为什么呀？

13. 请求回答（QUES）

听话人因为没有理解说话人的观点，请求对方就话语内容做出回答和解释。

它和前面的"请求重复"形式近似，都表示听话人没有抓住说话人的话语，都使用问句形式发出请求。二者的区别在于一个是询问对方在说什么，另一个是询问对方为什么这么说。

另外"请求回答"和前面的"征求意见"也有相似点，二者都是向对方提出请求，但是区别在于"请求回答"更像英语中的"WH-"问句，"征求意见"类似英语的"YES/NO"问句。此外从说话人角度看，"请求回答"偏重于前一话轮的听话人向说话人发问，而"征求意见"偏重于前一话轮的说话人向听话人发问。

请见下面具体例子。

（1）A：另外就是老百姓，看球儿的热情也会降低。

（2）B：嗯［QUES］？

（3）A：主要明年有一个世界杯预选赛。主要是为了它开路，为它让路。

14. 自我反问（SEAS）

说话人发现自己说的话可能有问题或不确定时，进行自我反问。这可以看作迟疑的一种表现，它和下面将要讲的"修正口误"（REPA）有相关处，但是"修正口误"一般马上意识到说错了而立即纠正，"自我反问"则还不确定自己是否有错，还在思考。如：说话人 B 说话时，忽然发现自己说的可能有问题，进行自我反问。

B：两居室，诶↗［SEAS］两居……

15. 否定回答（DENY）

否定回答一般是表达不愿意或者有不同意见。多使用曲折调，可以参见图 7—4 的语调曲线。一般为先升后降（↗↘）的调形。有时该情况也伴随表达嗔怪、撒娇的情感，多用在关系较近的人之间，如小孩对父母。

（1）A：团市委在西单下车吧？

（2）嗯↗↘［DENY］，团市委在东单。

16. 自我确认（SECO）

对自己前面说话内容表示肯定和确认，与"简单确认"有相似点，但是"简单确认"一般是对会话另一方谈话的确认，而"自我确认"是对自己的确认。它在话轮层常暗示自己当前话论的结束，所以许家金（2005）把该类现象叫作"话段结束"。请见下例第（4）句。

（1）A：那是在春节前？

（2）B：嗯［THIN］春节后。

（3）A：春节后，这么快？

（4）B：春节前，来我不及，今年春节，今年春节早，嗯↘［SECO］。

（5）A：噢［TUMB］，对对对。

17. 忽然明白（恍然大悟）（TUMB）

忽然明白或知道，语气强烈时有恍然大悟之感。和简单确认有相似点，但语气更强，强调刚刚知道此信息。如16中例（5）和下例（2）。

（1）B：啊［INIT］他一直在呼家楼，一直在呼家楼住，但是我来的时候他已经没有老伴儿了好像=

（2）A：　　　　　　=噢［TUMB］，你来时他老伴儿已经不在了？

18. 忽然想起（SUDD）

说话人忽然想起某事件，和"忽然明白"有相似点，但"忽然明白"一般是针对会话对方话语的反应，而"忽然想起"在于它是说话人自发想起的。请见下例。

（1）A：你要有一个住院的，一人一天哈。

（2）B：是。诶［SUDD］你现在看电视剧吗？

"忽然想起"的语气一般比较强，使负载它的话语标记凸显，所以表现特征和"强调（引起注意，打招呼）"有时相似。下例中说话人B听A说其CPU没人用，忽然产生新想法，用调侃的语气要求对方把CPU拿来（给自己），语气类似"强调"。

（1）A：嗯把家里装修一下儿，再买一空调，然后再买一个好的电脑。所以我们家那CPU就废了，没人用=

（2）B：　　　　　　　　=欸［SUDD］拿来。

19. 出乎意料（惊讶）（SURP）

对对方所说的话语内容表示出乎意料，情感强烈时会发出惊讶的声音。和后边将要介绍的"忽然明白"（恍然大悟）有相似点，但是"出乎意料"对信息的确信度略低，而更强调意料之外。另外它和"忽然想起"在形式上有相似点，多用较高的调形，而且从时间概念上都有"突然"之感，不过具体内涵不一样。见下面例（2）句。

（1）A：你说，你就等于说，最后一直也就没有管他，就是全她自己弄？

（2）B：哟［SURP］我想，她反正也不喜欢要那个，我我觉得，可是我也没有去给他找什么家教什么，这样子的。

如果出乎意料的效果强烈，经常会伴随惊讶的语气，见例（2）句。

（1）A：迎春杯初赛都没过//气//死我了。

（2）B：//啊［SURP］//，= 迎春杯初赛现在就 =

（3）A：= 赛完了。

（4）B：= 赛完了？

20. 奇怪（STRA）

表示奇怪和不解。

（1）B：没事儿老说啥印度？

（2）A：我觉得特白痴印度（大笑），欸［STRA］老什么都跟中国人看齐，中国有核武器，他们也要有。

因为"奇怪"表达的是对原因的不解，所以有时隐含着"意料之外"的含义，和"出乎意料"很相近，甚至可以交叉，请看下例。

B：可是呢，等他走了之后吧，欸［STRA］／［SURP］还都挺想他的，挺奇怪的。

21. 感叹（EXCL）

因感慨而感叹，带有明显的情感语气。与出乎意料（惊讶）有相似点。

（1）A：唉［EXCL］中国人就爱玩儿这个，不知道吗？越神秘东西越有人相信，譬如像我吧 =

（2）B：　　　　　= 我就不信。

22. 修正口误（REPA）

发现说得不对，立刻对话语进行改正。请看下例（4）句。

（1）B：一班那女的。

（2）A：嗯［THIN］哪俩？就那俩没长出型儿那俩？

（3）B：不是。

（4）A：一穿黑一穿，诶［REPA］一穿红一穿黄那个啊？

（5）B：就那天，你说那头皮屑那个。

23. 强调（引起注意，增强语气）（EMPH）

会话中经常用突显的话语标记来引起对方注意或者用特殊语气加强自己话语的表现力，这类统称为"强调"。因为"出乎意料"（惊讶）"感叹"等语气较强烈，所以客观上也常起到强调的作用。请看下例。

A：他说那不行。诶↗［EMPH］档案我们已经收到了吧，那档案退出去可以呢！

说话人为增强其话语的表现力，常常使用"强调"类话语标记。有时当说话人处于某种较强烈的情绪下说话时，负载"强调"类功能的话语标记也会具备该情绪特色。请看下面例（1）句，说话人 A 因处于强烈的不满中，其语气带有不屑和嘲讽含义，话语标记"呃"强化了这种语气。

（1）A：都怨我啊，呃［EMPH］傻帽儿，整个儿是。

（2）B：你要非这么说，那以后不跟你打球儿了。

第四节　功能语段切分

功能语段（FS：functional segment）是对话行为标注的会话基本单元。陶红印（1991，1996）认为会话单元是言语的基本单元，融韵律、句法、认知以及交互等多方面的特征为一体。为了研究会话单元在句法、语义、语用、交际、认知等方面的特点，从语音出发把会话单元界定为语调单位，根据语音韵律特征将会话单元从语流中切分出来，再考察会话单元在句法、语义、语用、交际、认知等方面的特征。

研究结果表明，汉语的语调单元和小句之间不存在一致的对应性，划分自然口语中的会话单元或者功能语段不能完全从句法结构出发。受话者根据自己的语感从语流中切分出来的可以理解的会话单元，它通常具有以下一些特征：(1) 句法上可以为零句也可以为整句，如下例1"您是哪天住啊？"是整句；"十八号晚上"为零句，对应整句为"我十八号晚上住"；(2) 语义上具有相对自足性；(3) 语用上具备一定表述性，通常用来执行一个简单的言语行为；(4) 语音上具有相对完整性，通常是语调单元，前后一般带有较大的语流间断。

示例中第一列为"说话人"；第二列为"对话行为"，符号说明见表7—3；第三列为"功能语段"。

表7—3　　　　　　　名词短语作为一个功能语段

说话人	对话行为（DA）	功能语段 FS
B	qw	您是哪天住啊？
A	s	十八号晚上。

语用信息也是功能语段切分的重要依据。从句法的角度考虑，有些短语和句子并不具备完整的信息，但如果其在对话中有独立功能，则该短语或句子可以被单独切分出来。这种切分方法可以最大化 DA 所含的信息量。表7—4 和表7—5 给出一个功能语段在切分前和切分后的例子，表7—5 中的第 4 句（价格是一样的）和第 5 句（而且单间比较方便）是由连词"而且"连接的，但两者的功能是独立的，所以被切分成两个功能语段。

表7—4　　　　　　　未切分功能语段的话语（Utterance）

说话人	对话行为（DA）	话语 Utterance
A	s^aa	可以预订。唉，您稍等一下。如果没有这么多双间的话，给你单间行不行？价格是一样的，而且单间比较方便－－－

表7—5　　　　　　　语用信息对功能语段的切分

序号	说话人	对话行为（DA）	功能语段（FS）
1	A	s^aa	可以预订
2	A	prt^fh | s	唉，您稍等一下
3	A	qy^rdt	如果没有这么多双间的话，给你单间行不行？
4	A	s	价格是一样的
5	A	s^cs. % -	而且单间比较方便---

口语中的中断现象也是切分的线索，即说话人一时语塞或是被另一说话人强行打断。表7—6和表7—7给出了根据韵律信息切分的功能语段，表7—7的第1句（呵，主要房间面积啊，我就）以中断结束，对话行为信息标注为中断<%-->。

表7—6　　　　　　　未切分的话语（Utterance）

说话人	对话行为（DA）	话语（Utterance）
B	s	呵，主要房间面积啊，我就——行到时候再说吧，那个，我是那个管理所的

表7—7　　　　　　中断信息对功能语段FS的切分

说话人	对话行为（DA）	功能语段（FS）
B	prt^fg | s. % - -	呵，| 主要房间面积啊，| 我就 - - -
B	s^aap	行到时候再说吧
B	prt^fh | s	那个，| 我是那个管理所的

通常情况下，每个切分后的功能语段必须且只包含一个普通标注，当且仅当语句的前半部分为话语标记（如：嗯、啊等），且该话语标记用来表示用户对话语权的争夺或持有时，该功能语段可以用"丨"隔开，相应的标注也以"丨"隔开。

第五节 对话行为标注

对话行为（DA）指对话参与者的交际活动，也可解释为具有某种交际功能和语义内容的交际活动。对话行为代表对话人的意图，与对话功能语段的作用相关。DA 的标注为层级标注，如图 7—1 所示，主要包括通用标注、特殊标注和口语非规范现象的标注。一般是在口语语音信号上进行对话行为标注（dialogue act annotation），也可以在口语对话文本上进行对话行为标注（dialogue act tagging）。更为详细的标注和基于语料库的统计信息可以参考周可艳（2010）和 Zhou 等（2010b）。

一 对话行为标注的层级结构

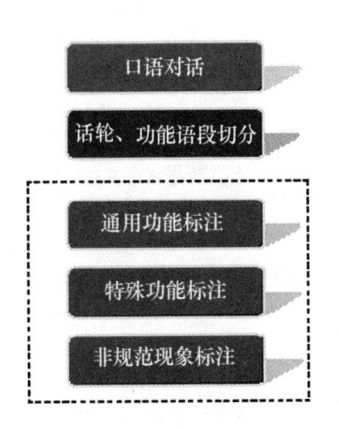

图 7—1 对话行为标注的层级

如图 7—1 所示，对话行为的标注，首先要确认对话的话轮和功能语段，每一个对话行为的标注单元是功能语段。标注可以分为多个层级，包括一个通用标注（general tag），可能包括一个或多个特殊标注（specific tag），当话语不完整时，话语行为的标注包含中断标注（disruption tag）。

二　对话行为标注格式

通常情况下，每个功能语段必须且只包含一个普通标注，可包含一个或多个特殊标注，普通标注和特殊标注之间以 <^> 相连，格式如（a）、（b）所示。标记后面可以衔接中断标注（disruption form），中间以 <.> 相连，如（c）所示。特殊情况下，中断标注也可单独作为语句的标记。

（a）　< general tag >^< specific tag >

（b）　< general tag >^< specific tag$_1$ >^< specific tag$_2$ >…^< specific tag$_n$ >

（c）　< general tag >^< specific tag$_1$ >…^< specific tag$_n$ >.< disruption form >

三　对话行为（DA）标注集

（一）对话行为的通用层标注集

通用标注描述话语的基本功能形式，如陈述、疑问、感叹、祈使等。对疑问句又根据其功能和形式进行详细分类，最后的通用标注集共有 13 种标注，见表 7—8。中断标注描述口语中的中断现象，包括话语被打断或省略，见表 7—9。表 7—8 至表 7—10 引自周可艳（2010）和 Zhou 等（2010b）。

表 7—8　　　　　　　对话言语行为的通用标注集

DA	描述	标注符号	例句
Statement	陈述句	s	我要从下星期一订到星期五，五天。
Y/N Question	是非问	qy	是如家宾馆吗？
Echo Question	回声问	eq	A：一个宫保鸡丁。B：宫保鸡丁？
Position or negative question	正反问	qpn	你们有没呃捡到一个笔记本儿？这行李在这儿过夜行不行？

续表

DA	描述	标注符号	例句
Wh-Question	特指问	qw	一共是多少钱？
"非疑问形式+呢"类	非疑问形式+呢（呀、的、了……）	ne	分机号儿呢？ 按小时算呢？
Tag question	附加问	qt	你认识他，对不对？
Or Question	选择问	qr	你是要单人间还是多人间？
Or Clause After Y/N Question	是非问后追加选择子句	qrr	（你是要单人间吗？）还是多人间？
Open-end Question	开放式提问	qo	怎么回事？
Rhetorical Question	修辞问	qh	怎么房间这么紧张啊？
Imperative Sentence	祈使句	is	请给我订一个房间。
Exclamatory Sentence	感叹句	es	太远了！

陈述句 <s>

<s>用来标注句型为陈述句的句子，是最广泛应用的标注，通常有附加的特殊标注来进一步描述句子的特征。见表7—9。

表7—9

说话人	DA	Utterance
A	s	十八号晚上。
B	s^ft	谢谢！

回声问 <eq>

<eq>对前面出现的部分或者全部内容的追问。见表7—10。

表7—10

说话人	DA	Utterance
B	s	我想订两个单人间。
A	eq	两个单人间？

正反问 < qpn >

< qpn > 由肯定形式和否定形式并列构成的提问。见表7—11。

表7—11

说话人	DA	Utterance
B	qpn	这个你喜欢不喜欢？

是非问 < qy >

< qy > 用来标注形式为是非疑问句的句子，其收到的回应往往是肯定或否定的答案。见表7—12。

表7—12

说话人	DA	Utterance
B	qy	你们还有没有房间？
A	s^aa	有。

特指问 < qw >

< qw > 用来标注形式为特殊疑问句的句子，在这里疑问句中疑问代词"什么、怎么、哪里、几……"等具有特指功能。见表7—13。

表7—13

说话人	DA	Utterance
A	qw^rdt	您要什么样的房间？

"非疑问形式+呢（呀、的、了……）"类 < ne >

< ne > 用来标注形式为非疑问句的句子，以"呢、呀……"结尾表示疑问。见表7—14。

表 7—14

说话人	DA	Utterance
B	ne	分机号儿呢？

附加问 < qt >

< qt > 用来标注形式为陈述句后加简短问句构成的句子，以求对方证实所述之事。见表 7—15。

表 7—15

说话人	DA	Utterance
A	qt	定晚上 6 点，对吗？

选择问 < qr >

< qr > 选择问需要包含两个以上个选项。见表 7—16。

表 7—16

说话人	DA	Utterance
A	qr^rdt	您是内宾住还是外宾住啊？

是非问后追加选择子句 < qrr >

< qrr > 指的是是非问句后增加的可选择项，< qrr > 并不一定是一个完整的选项，有可能被中断。见表 7—17。

表 7—17

说话人	DA	Utterance
B	qy	那您是现在就订房呢？
B	qrr	还是过两天再订？

开放式提问 < qo >

< qo > 开放式提问与以上几种问句的区别在于提问的范围更广，并且不寻求特定的答案。见表7—18。

表7—18

说话人	DA	Utterance
B	qo	什么？

修辞问 < qh >

< qh > 修辞问是说话者为了追求修辞效果（语用效果）而使用的一种句式，一般并不需要听众给出答案。如"怎么房间这么紧张啊？"并不要求对方回答，而是表达一种遗憾、不满或者惊讶的情绪。见表7—19。

表7—19

说话人	DA	Utterance
B	qh	怎么房间这么紧张啊？

祈使句 < is >

< is > 祈使句用来标示具有祈使语气的句子，要求对方做或不要做某事。见表7—20。

表7—20

说话人	DA	Utterance
A	is	给我留着吧。

感叹句 < es >

< es > 感叹句用来标示带有浓厚感情的具有感叹语气的句子，表示快乐、悲伤、愤怒的情绪。见表7—21。

表 7—21

说话人	DA	Utterance
A	es	非常感谢！

表 7—22　　　　　　　　　中断集

DA	描述	标注符号
Interrupted	话语被打断	% -
Abandoned	话语的省略、丢失	% - -
Indecipherable	难以辨识的语言现象	%

中断集包括话语被打断 < % - >，话语的省略、丢失 < % - - > 和难以辨识的语言现象 < % >。中断集可以附加在普通标注集之后，两者以 < . > 相连；特殊情况下，即语言现象无法辨识时，也可以单独作为语句的标识。见表 7—23、表 7—24。

表 7—23

说话人	DA	Utterance
B	prt^fg | s. % - -	呵，| 那就是大约一千块钱，就是说……
B	qy	这是一般的标准，
B	qrr. % -	还是？
A	prt^fg | s	呵 | 一般 的 标准

表 7—24

说话人	DA	Utterance
A	s. % - -	您要是说觉得贵呢可以给您 - - -
A	%	嗯嗯
B	qy^sh	喂？
A	qy^sh	喂？

以上所有的通用标注均是在 Praat 软件上完成。基于 Praat 标注的通用标注和中断标注，如图 7—2 中第九层 DA 层所示。标注示例中上半部分是波形和语图；下半部分是对应的语音和言语行为标注。标注分为 9 层，第 1 层话语切分编号（NUM）、第 2 层发音人编号（SPK）、第 3 层句子（CC）、第 4 层音节（SYL）、第 5 层声韵母（IF）、第 6 层韵律边界（BI）、第 7 层韵律重音（ST）、第 8 层副语言现象（MIS）、第 9 层言语行为（DA）。

说话人 A 在话语未说完的时候被说话人 B 打断。说话人 A 的话语"就是弹，钢琴是……"从句子类型上看是一个"陈述句"，用符号"s"标注，从话语未完全说完被打断的形式看属于"话语被打断"，用"%－"标注。说话人 B 的话语"停。"与说话人 A 的"是"发生了话语重叠，在语音上是无法分割的，此种情况标记在同一个段落，中间有"/"分隔。说话人 B 的话语"停。"从句子类型上看是一个"祈使句"，用符号"is"标注，从话语功能上看属于"命令"，用符号"co"标注。说话人 B 在说完"停。"之后又追加了一句"停一下_儿。"此句从句子类型上看也是一个"祈使句"，用符号"is"标注，从话语功能上看属于"命令"，用符号"co"标注。（"co"属于特殊标注符号，请见表 7—25"对话行为 DA 的特殊标注集"。）

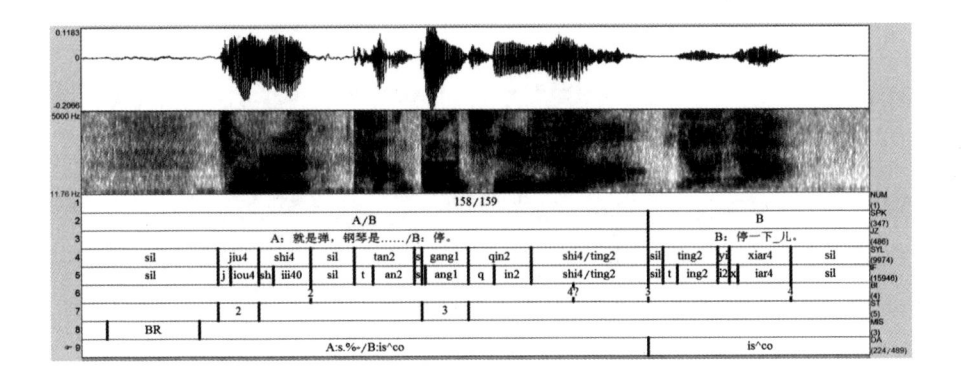

图 7—2　Praat 标注的通用—中断集标注样例

(二) 对话行为（DA）的特殊标注集

特殊标注集是 DA 的具体标签，主要描述话语的功能或特性，是对通用言语行为标注的补充，如赞同、感谢、命令等，共有 36 种标注，分为 7 组，见表 7—25。在实际标注过程中可根据语料进行补充或删减。

表 7—25　　　　　　　　　　特殊标注集

分组		对话行为（DA）	描述	标注符号
1. 回应 Responses	肯定 Positive	Accept	认可	aa
		Partial Accept	部分认可	aap
		Affirmative Answer	肯定答案	na
	否定 Negative	Reject	否定	ar
		Partial Reject	部分否定	arp
		Dispreferred Answer	否定答案	nd
		Negative Answer	负面答案	ng
	不确定 Uncertain	Maybe	或许	am
		No Knowledge	不知道	no
2. 行为目的 Action Motivators		Command	命令	co
		Suggestion	建议	cs
		Commitment	许诺	cc
		Soliloquize	自言自语	so
3. 核对 Checks		"Follow Me"	吸引听众注意力	f
		Repetition Request	请求重复	br
		Understanding Check	与说话人交流	bu
		Backchannel	回应	b
4. 重述 Restated Information	重复 Repetition	Repeat	重述	r
		Mimic	重复他人	m
		Summary	摘要	bs
	纠正 Correction	Correct Misspeaking	纠正错误	bc
		Self-Correct Misspeaking	自我纠正	bsc
		Self-affirm	自我肯定	bsa
5. 支持 Supportive Functions		Defending/Explanation	维护/解释	df
		Elaboration	细节	e
		Collaborative Completion	合作完成	2

续表

分组	对话行为（DA）	描述	标注符号
6. 礼貌用语 Politeness Mechanisms	Downplayer	谦虚	bd
	Sympathy	同情	by
	Apology	道歉	fa
	Thanks	致谢	ft
	Welcome	不用谢	fw
	Say Hello	打招呼	sh
	Bye	再见	bye
7. 请求 Request	Request Affirmation	请求确认	raf
	Request Details	请求详细信息	rdt
	Request Suggestion	询问建议	rsg

1. 回应

回应又分为正面回应、负面回应、不确定回应三类。

正面回应包括 <aa>、<aap>、<na> 三种。<aa> 表示直接的肯定回答，如"对""是的""好的"等。<aap> 表示部分肯定的回答，如"您要住的时间很长的话呵，可以给您优惠"。<na> 表示肯定性的答案，与 <aa> 相比，语句较长较完整。

负面回应包括 <ar>、<arp>、<nd>、<ng> 四种。<ar> 与 <aa> 对应，表示直接的否定问答，如"不是""不行"等。<arp> 与 <aap> 对应，表示部分否定的回答，如"但您要住时间短的话，就不成"。<nd> 与 <na> 对应，表示否定性的答案。<ng> 表示带有暗示性的较为委婉的否定性回答。

值得注意的是，有些表面上的肯定回答，在语义上是否定的含义，应标注为否定性回答。这属于一种言外行为的标注，在后面的言外行为标注中有具体的描述。如表 7—26 所示，说话人 A 对说话人 B 的回应"对"，表面上是肯定回答，其实是对说话人 B 上一句话内容的否定。

表 7—26

说话人	对话行为（DA）	Utterance
B	qy	不能单订一个床？
A	sˆar	没有。
B	qyˆbu	没有啊？
A	sˆar	对。

不确定回应包括 < am > 和 < no > 两种，含义分别为"不确定"和"不知道"。

2. 行为目的

行为目的包括命令 < co >、建议 < cs > 和许诺 < cc > 三种。如表 7—27 所示。

表 7—27a

说话人	DA	Utterance
A	sˆco	请把门关上。

表 7—27b

说话人	DA	Utterance
A	sˆcs	那您先下来，
A	qy	好吗？

表 7—27c

说话人	DA	Utterance
A	sˆaapˆcc	您要住的时间很长的话呵，可以给您优惠。

3. 核对

核对包括吸引听众注意 < f >、请求重复 < br > 和与说话人交流 < bu > 三种。如表 7—28 所示。

表 7—28

说话人	DA	Utterance
A	s	有一个人的房间，一百三。
B	eq^br	一个人的房间多少钱啊？
A	s	一百三。
B	eq^bu	一个人的房间一百三啊？
A	s^aa	对。

4. 重述

重述包括重复和纠正两种。重复又分为重复自己的话 <r>、重复他人的话 <m> 和概要 <bs> 三类；纠正包括纠正他人的语误 <bc> 和纠正自己的语误 <bsc> 两类。如表 7—29 所示。

表 7—29

说话人	DA	Utterance
A	s	订到乌鲁木齐，六十九次吧。
B	s^m	六十九次乌鲁木齐。

5. 支持

支持包括维护/解释 <df>，细节 <e> 和两位说话人共同完成的话语 <2> 三种。如表 7—30 所示。

表 7—30a

说话人	DA	Utterance
A	qy^cs	那您先下来好吗？
A^cs	s^df	我们一般先交押金再订票的。

表 7—30b

说话人	DA	Utterance
A	prt^h | s^nd	呵，| 我们没没有就是单算床位的。
A	s^e	都是按房间算。

6. 礼貌用语

礼貌用语包括谦虚 < bd >、同情 < by >、道歉 < fa >、感谢 < ft >、不用谢 < fw >、打招呼 < sh >、再见 < bye > 七种。如表 7—31 所示：

表 7—31

说话人	DA	Utterance
A	s^ft	非常感谢！
B	s^fw	不客气！

7. 请求

请求包括请求确认 < raf >、请求详细信息 < rdt >、请求建议 < fsg > 三种。其中"请求详细信息"主要指请求细节，包括时间、姓名、信用卡号、车次等。如表 7—32 所示：

表 7—32

说话人	DA	Utterance
A	qw^rdt	您要什么样的房间？
B	s	单人间。

基于 Praat 标注的特殊功能标注如图 7—3 中第九层 DA 层所示。每层信息同图 7—2。

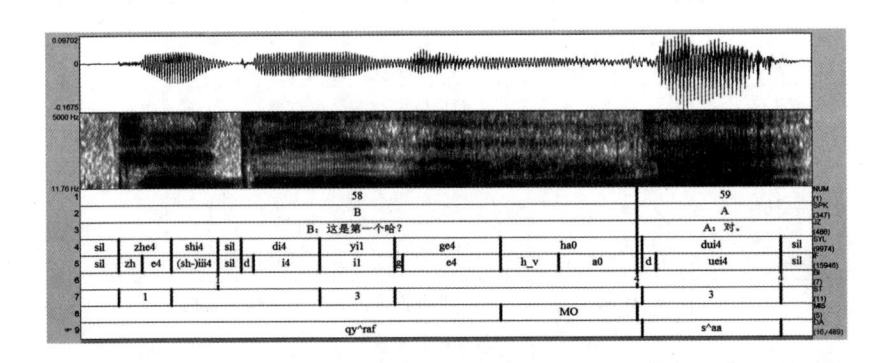

图 7—3　Praat 标注的特殊功能标注样例

说话人 A 的话语"这是第一个哈?"从句子类型上看是一个"是非问",用符号"qy"标注,其发问的目的是请求对方的确认,从功能上看属于上文所说的"请求确认",用符号"raf"标注。说话人 B 在听到说话人 A 的请求后,回答"对"从句子类型上看是一个"陈述句",用符号"s"标注,从功能上看属于"认可",用符号"aa"标注。

(三) 言外行为标注

交际中除了字面意义之外,还有言外意。这里给出几个言外意相关的标注符号集,补充(一)和补充(二)中的符号集。标注符号由两个字段组成,中间由"-"符号连接,第一个字段是目标功能段的 DA 通用集,第二个字段是言外意的主要功能,这里主要将言外意分为肯定语气(con)、否定语气(neg)和不确定语气(unc)等。

1. 陈述句表肯定应答语气 < s-con >

(1) GUI:凤儿,你听,你妈可要带你走。
　　FENG:妈,妈您真是要带我走吗?
　　LU:妈以后说什么也不离开你了。< s-con >

对比此例中,如果 LU 直接回答"是的"(s^na)的不同。

(2) GUI:六十块钱哪!都还账啦?
　　LU:把你这次的赌账算是还清了。< s-con >
　　GUI:妈的,我的家就是让你们这么败了的。现在是还账的时候么?< qh-neg >

2. 修辞问表示肯定语气,一般不需要应答 < qh-con >

(1) GUI:你这两年的工钱、赏钱,还有……他——不是也不断地塞给你钱花吗?< qh-con >
　　FENG:他,谁呀?
　　GUI:大少爷呀。
　　FENG:谁说大少爷给我钱来着?< qh-neg >您别又穷疯了,胡说乱道的。

(2) FENG:您听错了吧?< qy-con >是哥哥他自己要见老爷,不是请您去求情的。
　　GUI:那,谁让我是他爸爸呢,我不能不管那?< qh-con >

3. 感叹语气表示肯定应答语气 < ex-con >

FENG：您真是还账了吗？

GUI：我要跟我亲女儿说瞎话我是王八蛋！< ex-con >

4. 回声问表示否定语气 < eq-neg >

LU：你别不要脸，你少说话！

GUI：这，我不要脸？< eq/qh-neg > 呵呵，我没在家养私孩子，还带着个嫁人。

5. 陈述句表示否定回应 < s-neg >

（1）PU：你请二少爷下来。

　　　YONG：二少爷睡觉了。< s-neg >

　　　PU：你看看大少爷。

　　　YONG：大少爷吃完晚饭出去，还没有回来。< s-neg >

（2）YI：你不怕父亲不满意你吗？

　　　CHONG：这是我自己的事情。< s-neg >

6. 修辞问表示否定语气，往往也不需要应答 < qh-neg >

（1）YI：太不好喝了，倒了它！

　　　FENG：倒了？

　　　YI：先放在那儿也好。不，还是倒了它。这些年我喝这种苦药，我大概是喝够了！

　　　FENG：太太，您还是忍一忍喝了吧。药苦可能治病啊。

　　　YI：谁要你来劝我？< qh-neg > 倒掉！

（2）PU：药还有吗？

　　　FENG：药罐里还有一点儿。

　　　PU：倒了来。

　　　YI：我不愿意喝这种苦东西。

　　　PU：倒了来。

　　　CHONG：爸，妈不愿意，您何必强迫呢？< qh-neg >

7. 回声问表示否定态度或者语气，往往也不需要应答 < eq-neg >

FENG：妈是个本分人，念过书的，讲脸，舍不得把自己的女儿让人家使唤。

GUI：她要脸？< eq/qh-neg > 跑他妈八百里外女学堂里当老妈子，为着一月八块钱呐，两年才回一趟家。哼，这叫本分？＜eq/qh-neg＞还念过书呢？＜qh-neg＞简直是没出息！

8. 感叹句表示否定语气＜ex-neg＞

FENG：他才懒得管您这些个闲事呢！——可是他每个月从矿上寄给妈的钱，您偷偷地给花了，他知道了，就不会答应您！

GUI：那，他敢把我怎么样？他妈嫁给我，我就是他爸爸。

FENG：唉呀，小声点儿！这有什么喊头儿！＜ex-neg＞

9. 陈述句表示不确定语气＜s-unc＞

（1）B：大概走多长时间呢？
　　　A：嗯，就您就一直走到头儿吧。＜s-unc＞

（2）B：这边儿有呃离大红门儿有多远？
　　　A：离大红……
　　　A：嗯，一，呃从大红门儿一直往南走到头儿，向西拐。＜s-unc＞

对言外意的标注，这里给出的三种是最为基本的标注。还可以从问答交互功能角度出发进行更为详细的标注，请参见本章第四节的内容。

需要说明的是，情感表达如果在字面上没有直接的体现，也算是一种言外之意的表达，但是我们将情感表达都放到情感标注层，本层标注不涉及。

（四）非规范现象（Ill-formedness）标注

口语与书面语相比，有大量的口语现象，比如一个说话人被打断，被强行插话；说话中出现口误，然后不断重复加以修正；有时候说话人颠三倒四等。因此，非规范现象标注主要标注口语中常出现的这些非规范性对话行为，主要包括插入语、重复修订、次序颠倒三种现象。每种现象根据实际语料又可以细分为不同小类，如插入语现象中又包含争夺话语权、维持话语权、接收话语权、不相关话语四类。详细分类及标注符号见表7—33。

表 7—33　　　　　　　　　非规范现象标注符号集

模式	描述	标注
1. 插入语 （Parenthesis）	争夺话语权（Floor Grabber）	prt^fg
	维持话语权（Floor Holder）	prt^fh
	接收话语权（Hold）	prt^h
	不相关话语（Third Party Talk）	prt^t3
2. 重复修订 （Overlapping）	完全相同的重复	rpt^cf1/rpt^cf2/rpt^cfn
	部分修订	rpt^xd1/rpt^xd2/rpt^xdn
	意思一致，表达方式不一致	rpt^yz1/rpt^yz2/rpt^yzn
	否定	rpt^fd1/rpt^fd2/rpt^fdn
	其他复杂现象	rpt^fz1/rpt^fz2/rpt^fzn
3. 次序颠倒 （Disorder）	主语后置	ovt^zh
	宾语前置	ovt^bq
	修饰成分后置	ovt^xh
	其他复杂现象	ovt^qt

下面分类详细说明：

1. 插入语 < prt >

插入语主要指口语对话中的"冗余"现象。当说话人思维不连贯的时候，往往不自觉地在句子中间插入一些词语来保持语气和句子的连贯，这种现象很常见。

插入语包括争夺话语权 < fg >、维持话语权 < fh >、接收话语权 < h > 和不相关话语 < t3 > 四类。其普通标注集均为插入语 < prt >。四类插入语现象的标注格式分别为 < prt^fg >、< prt^fh >、< prt^h >、< prt^t3 >，在非规范现象层切出插入语并进行标注。

< fg > 用来标注说话人用来引起他人注意，取得话语权的语句；< fh > 则用来标注说话人在说话过程中用来维持语句连贯性的语句；< h > 则是说话人接收到上一说话人针对其的提问，在回答之前用来表示接收到话语权的语句。三者在词形上非常相似，如"呵""嗯""这个""那个"等，区分在于 < fh > 出现在说话人拥有话语权期间的话语中，而 < fg > 和 < h > 出现在话语的开头部分，且说话人之前不拥有话语权；< fg > 是说话人强行获得话语权，通常是打断其他说话人的话语，而 < h >

则是说话人获得针对性的提问，被动获取话语权。不相关话语 < t3 > 指与正在讨论的话题无关的话语。

2. 重复修订 < rpt >

重复修订是指说话人由于思维不连贯而导致的一个词或者多个词连续重复出现，却表达同一个意思，或者说话人为了纠正前面所说的词内容而重新说的现象。

重复现象可以分为前后两个部分，后面的部分（简称后部）是前面部分（简称前部）的修正，后部往往和前部相互呼应，并且必然有一处和前部相同，否则就不是重复现象。重复的模式可以细分为以下几种情况。

（1）后部的词和前部的词完全相同的重复。< rpt^cf >

你们 你们这儿有没有到海南那边去旅游的。

（2）后部词是对前部词的修订。< rpt^xd >

你 你们 那个要花多长时间？

是如意 如家前台吗？

（3）前后部分意思一致，表达方式不一致。< rpt^yz >

一般地都是 礼拜五 周五。

（4）后面是对前面的否定，整个重复部分对句子的意思没有作用，这是一种特殊的重复模式。< rpt^fd >

有没有到 南方 不是南方 南京苏杭一带的旅游线路没有啊？

（5）其他比较复杂的情况。< rpt^fz >

我是我我今天才开始给你联系呀！

每一个礼就是每个礼拜五

住的是不是住的二星啊

您看您要是如果您不跟团体走自己走也是可以的

重复修订标注格式为 < rpt^cf1 >、< rpt^cf2 >、< rpt^xd1 >、< rpt^xd2 >、< rpt^yz1 >、< rpt^yz2 >、< rpt^fd1 >、< rpt^fd2 >、< rpt^fz1 >、< rpt^fz2 >，标注中的阿拉伯数字为重复修定次数，超过两次的重复修订编号依次排列。

3. 次序颠倒现象 < ovt >

次序颠倒现象也称非常规句式。在书面语中汉语句子的顺序通常是"主语 + 谓语（+ 宾语）"，而口语中的语序往往和书面语存在较大差异。

次序颠倒现象往往是由于对话者把一些重要的概念前置，或者话语中遗漏了某些信息，需要进行补充说明。

次序颠倒现象分为主语后置、宾语前置、修饰成分后置、其他。标注格式分别为 < ovt^zh >、< ovt^bq >、< ovt^xh >、< ovt^qt >。

（1）主语后置 < ovt^zh >

①知道吗？您。

②还没来呢！两个朋友。

（2）宾语前置 < ovt^bq >

①两个单间，我要。

②双人间，有。

（3）修饰成分后置 < ovt^xh >

①有双人间吗？好一些的。

②有房吗？现在。

（4）其他 < ovt^qt >

到南口怎么走？再。

四 口语对话的应答交互行为标注规范

在智能言语交互中，问—答（question-response）言语行为的识别是构建智能对话系统和用户交际意图理解的关键。在认知语言学中，疑问和应答关乎语言与世界的关系，是探索命题和信息结构以及表达言语行为的途径。在社会交际中，通过问与答的交际行为，实现交际意图。因此，无论是互动语言学还是智能言语交互技术，问—答关系的研究都是非常重要的课题。

在话语分析中，一般认为提问者的问题对应答者产生一定的约束和导向，因此问话者具有控制对话的交际地位。但是应答者往往规避直接回答，或者答非所问，或者有意转换话题。Stivers 和 Hayashi（2010）就分析了这种转换应答现象（transformative answer）。将转换应答分为对问题的措辞转换（question term transformation）和规程转换（question agenda transformation）两大类，并且从对"问"的设计（design）和规程（agenda）的组织程度看，第一类违反问题的设计，第二类两个都违反。

Stivers 和 Enfield（2010）以及 Field、Stivers 和 Levinson（2010）详

细介绍了一种问—答编码规范,从词法—句法(lexico-grammatical)和语用功能(social action)两个维度来标注问答行为,标注规范在10种语言的多模态对话中得到应用,这10种语言包括 A˘khoeHai∥om(Namibia)、Danish、Dutch、English、Italian、Japanese、Korean、Lao、Tzeltal(Nexicao)和 Yéli^Dnye(Papua New Guinea)等。2010年的语用学出版了专刊,对这10种语言的问—答系统进行了详细分析。

汉语疑问语气研究成果颇丰,但缺少对问—答关系的研究。如邵敬敏(2014)对汉语疑问句的结构类型和功能类型进行了系统分类和研究。谢心阳(2016)从互动语言学视角,着重研究了应答在互动中的句法表现形式和语用功能,提出了一个较为详细的应答系统。

我们针对对话言语行为,对"疑问"进行了非常详细的句法和言语行为分类标注,并且分析了疑问行为的句法和语调表达的分布情况(Zhou et al. 2010b),但对"回应"的形式、应答功能研究还不够细致深入。

我们进一步从互动问—答关系出发,对应答言语行为从功能和形式上进行分类研究,制定汉语对话中问—答言语行为的标注规范。本节结合邵敬敏(2014)、谢心阳(2016)以及其他跨语言的研究成果(Stivers & Enfield 2010),细化我们的应答言语行为标注规范,将回应从韵律、句法和功能等方面进行扩展修订。将回应从句法形式上分为单词类、单句类、小句类3类;从功能上分为典型回应、程度型回应、信息型回应、更换词语型回应、纠正型回应、焦点型回应、偏移型回应、预设型回应、不确定型回应、他发修正型回应、拒绝型回应11类,其中前8类属于答案型回应,后3类属于非答案型回应。

本节示例符号"[LA]"表示笑声,"^"为通用对话言语行为与特殊言语行为之间的分隔符,"~"为之前标注的言语行为和回应之间的分隔符,"@"为回应形式和回应功能之间的分隔符,"xx"为听不清楚未转写成文字的语音,"-"为言语行为功能之间的连接符,括号内内容为言语行为解释。

(一)回应的形式分类

从韵律和句法形式上将回应分为三类:单词回应、单句回应、小句回应。单词回应可以是一个或多个语调短语,单句回应一般为一个语调短语,而小句回应往往为多个语调短语。详见表7—34。

表7—34　　　回应系统的句类和韵律形式及标注符号说明

句法形式	韵律形式	说明	符号
单词类	韵律上多为一个或多个语调短语	话语标记及是非判断词（包括话语标记词和是非判断词的组合）	wrd
单句类	韵律上多为一个语调短语	单个小句	phra
小句类	韵律上为多个语调短语	多个小句	clau

1. 单词回应（wrd）

单词回应是指用是非判断类词语做出的应答。韵律上多为一个词构成一个语调短语；也有一些回应，为重复形式的是非判断词，韵律上有可能为多个语调短语。表示肯定回应的是非判断词有"是""好""行""成""嗯""啊"等，表示否定回应的有"不是""不好""不行""不成""嗯""啊"等。"嗯、啊"作为话语标记词，在韵律上采用不同的语调模式，既可以表示肯定也可以表示否定回应。如图7—4所示，用下降的语调模式表示肯定（图7—4左），而采用升降式语调模式表示否定（图7—4右）。

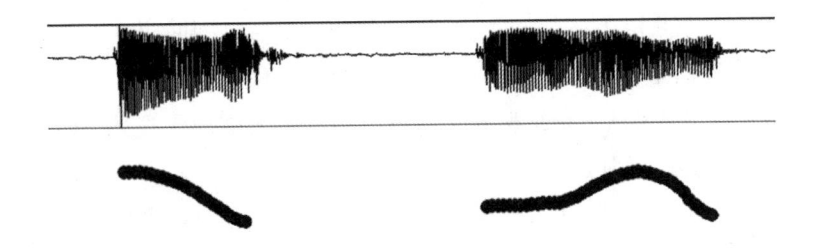

图7—4　单词类回应中"嗯"的不同语调曲线（上为波形图，下为基频曲线）。左边为肯定回应的"嗯"，右边为否定回应的"嗯"

如果回答有多个是非判断类词语，如："行行行行行。""嗯，好的。""行啊，可以可以。"我们也归为单词回应。例如，

(1) A：明天去看话剧吧？

B：好呀。s^aa ~ wrd (s^aa：陈述句表认可)

(2) A：这本儿书是你的？

　　B：对呀，是的。s^aa ~ wrd

(3) A：你吃完饭再吃冰淇淋吧？

　　B：嗯（图7—4右）。s^ar ~ wrd（s^ar：陈述句表否定）

　　B：我现在就想吃。s^df ~ phra（s^df：陈述句表解释）

2. 单句回应（phra）

以单个句子形式作为回答，韵律上一般为一个语调短语。下例（2）中回应的语调短语包括4个韵律短语，如图7—5所示。

(1) A：她在哪？

　　B：大概在花园里。s^am ~ phra（s^am：陈述句表或许）

(2) A：今年人艺的《茶馆》里，主演都是谁啊？

　　B：梁冠华、濮存昕、杨立新、吴刚他们几个。s^e ~ phra（s^e：陈述句表细节）

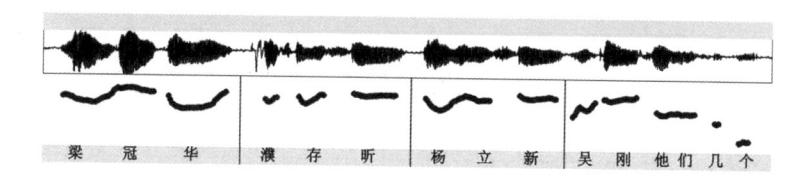

图7—5　包含四个韵律短语的回应句的波形图和语调曲线。"｜"表示韵律短语边界

3. 小句回应（clau）

以多个小句作为回答时，此种回应称为小句回应。往往包括几个语调短语。

(1) YI：你来干什么？

　　GUI：来给您请安来了。我在门口儿站了半天。我看见大少爷在跟您打架，我就没敢进。s^df ~ clau

(2) A：你看完《茶馆》觉得怎么样啊？

　　B：很棒啊！不愧是老戏骨们，濮存昕就不用说了；那个梁冠华细节都演得很到位；冯远征戏份不多，但很出彩啊；吴刚他们两口子同台，他媳妇儿一个动作，观众们都笑了。s^df ~ clau

(二) 回应功能分类

根据问答之间的关系来确认应答功能。首先分为有回应和无回应两类。

很多场景对话是面对面的多模态交互，因此应答可以是言语上的（verbal），也可以是非言语上的（nonverbal），如肢体行为、面部表情等。例如，听者听到无礼要求后，生气地转身离开，是一种否定的回答。当有人告诉某位学生，你知道你被评为一等奖学金了吗？该学生高兴地跳了起来，而没有直接用语言回答。两个例子都用肢体语言进行了回应。

本书讨论到的回应是指狭义的言语回应，不包括肢体和面部表情模态。因此，无回应的情况就是指没有任何声音的回答（silent response）。

有回应的情况，可再分为答案型回应和非答案型回应，答案型回应又包括典型回应和转换型回应。典型回应是指问话人能直接得到所需答案的无标记回应。转换型回应分为措辞转换和规程转换。非答案型回应包括不确定型回应、他发修正型回应和拒绝型回应（详见表7—35）。

表7—35　　　　回应功能分类及标注符号说明

回应功能分类				符号
1. 答案型回应（answer response）		①典型回应（typical response）		typrp
	转换型回应（transformation response）	②措辞转换（term transformation）	程度型回应（degreen response）	degrp
			信息型回应（information response）	infrp
			更换词语型回应（change word response）	chwrp
		③规程转换（agenda transformation）	纠正型回应（rectified response）	reprp
			焦点型回应（focus response）	focrp
			偏移型回应（bias response）	biarp
			预设型回应（presupposition response）	prsrp
2. 非答案型回应（non-answer response）	①不确定型回应（uncertain response）			unrp
	②他发修正型回应（other-initiated repair response）			othrerp
	③拒绝型回应（refuse response）			refrp

资料来源：（参考谢心阳 2016）

1. 答案型回应

答案型回应是指问话人在直接回答或间接回答中得到了有实际意义的答案，包括典型回应和转换型回应，转换型回应又分为措辞转换和规程转换。

①典型回应（typrp）

能够在回答中直接得到答案的无标记回应形式为典型回应。疑问句中很多问句类型的回答句都有可能是直接回答，属于典型回应。统计结果显示，典型回应约占所有回应类型的65%，见第九章表9—35。

（1）A：我能用一下你的伞吗？
    B：可以。s^aa ~ wrd@ typrp

（2）A：你高中是在四中还是人大附上的？
    B：四中。s^e ~ phra@ typrp

（3）A：你愿不愿意周末过来？
    B：愿意。s^aa ~ wrd@ typrp

（4）A：你的地址呢？
    B：小营北路29号院。s^e ~ phra@ typrp

（5）A：你是想多考察他一下？
    B：是的。s^aa ~ wrd@ typrp

（6）A：哎，你你什么时候回来呀？
    B：我四月份吧，我四月一号到北京。s^e ~ clau@ typrp

（7）A：一份鱼香肉丝，一份辣子鸡丁，两碗米饭，对吗？
    B：对对对。s^aa ~ wrd@ typrp

（8）B：你今天晚上是个什么情况啊？
    A：唉哟！别提了，我这，就是学生七点上课嘛。七点了，很多没来，有的说是堵车过不来了，有的说是日本使馆告诉他们最近不要出去，结果人太少，课取消了。s^df ~ clau@ typrp

例（1）中，回应"可以"为是非疑问句的直接回答，属于"是非判断词"中的"是"，为单词类的典型回应。例（2）中的问句为选择疑问句，其回答是在给出的范围内选择正确答案，同属于直接回答中的单句类典型回应。这种直接回答还可以出现在正反问中，如例（3），"愿意"言简意赅地直接回答了问话人的问题，属于直接回答中的单词类典型回应。例（4）中的问句为非疑问形式+呢，对答案给出了范围要求，你的地址是什么，其回答"小营北路29号院"，为一个语调短语的单句类典型回应。例（5）的问句为陈述疑问句，多出现在访谈类节目中，此疑问句型也可以出现典型回应。例（5）中"是的"就给了直接答案，为单词类回应。例（6）为特指疑问句的回答，答句中的第一句"我四月份吧"，虽然使用语气词"吧"表示不太确定的语气，但从整个回答来看，仍然是给出了具体答案，属于小句类典型回应。例（7）为附加疑问句，回答"对对对"为重复形式的是非判断词，也属于单词类典型回应。开放式提问出现在例（8）中，A为留学生老师，在回答朋友B的问题时，采用多个陈述小句组合的形式回答了自己学生没来上课的原因，虽然看起来略显冗余，但仍然直接回答了问题，属小句类典型回应范畴。

　　从问—答关系上讲，不论问句采取何种形式，这些能够直接得到答案的无标记回应，都体现了答者对问者问题设置的认可，对回答问题是一种配合态度。

　　②措辞转换

　　问题提出的同时对答案都有一定的约束性，答者是否遵从问题设置进行回答，与答者是否抵抗问题设置有关，而采取哪种转换方式与答者对问题设置的抵抗程度有关。从大量的问—答案例中发现，答者在处理问题时可以分为两种情况，答案型回答和非答案型回答，答案型回答又分为直接回答（典型回应）和间接回答（措辞转换和规程转换）。答者做出间接回答时说明对问题的设置或规程不满，不能够完全配合做出回答，而是努力调整潜在的争论进行一定转换后，尽量给出答案。这种间接回答可以通过两种转换方式来实现，措辞转换（term-transformation）和规程转换（agenda-transformation）。措辞转换是指答者在回答问题时，没有完全按照问题设置的方式进行回答，而是回答时在程度上进行修饰、词语上进行更换或纠正、答案上进行扩充信息，由此通过一定的转换完成回答，在一定程度上体现了对问题设置的反抗。规程转换是答者不同意问题的设置或规程，通过焦点转换、预设转换和客观数量转换后巧妙的调整问题，最终给出相当隐晦答案的另一种转换方式。其中，答者采用规程转换的方式回答问题比采用措辞转换方式回答问题时的反抗态度要强烈。措辞转换型回应从功能上分为程度型措辞转换、提供信息型措辞转换、更换词语型和纠正型措辞转换四种。

a. 程度型措辞转换（drgrp）

程度型措辞转换回应是指，答者认为问者的问题中关于程度的措辞不足或者超过实际情况，因而在回应中不仅针对问题本身做出回答，同时也对这种程度上的偏差进行纠正。例如：

（1）B：嗯，她现在在清华读书。

　　A：在清……我［LA］

　　B：嗯［LA］是不很牛啊？［LA］

　　A：呃，相当牛！s^aa ~ phra@ drgrp

（2）A：哦，离你现在住的地方近不近？

　　B：一点儿都不近。s^nd ~ phra@ drgrp（s^nd：陈述句表否定答案）

（3）A：你把苹果掰两半了吧？

　　B：可不是吗？qh ~ phra@ degrp（修辞问）

例（1）中，A 和 B 在谈论 B 的朋友，B 提到自己的朋友在清华读书，A 当时就被惊到了，以至于"华"字没有说出口，B 会意地问"是不是很牛啊？"A 回答"相当牛！"示例中，如果 A 仅仅使用 B 提问的词语回答"很牛"，完全符合问者问题的规程设置，对问题本身做出了回答。B 的回答为"相当牛"，在程度上做了强调，给出了一个超出问题本身预设的答案，此种情况视为发生程度型措辞转换。再比如，如果回答是"一点都不牛"，此种回答为低于问题本身预设的答案，也同样视为程度型措辞转换。A 在"相当牛"前加了"呃"，语音上显示为"呃"非常短暂，仅仅为一种接收话语权的作用，而非"是"的意思。

再看对话（2），A 问你新买的房子离你现在住的地方近不近？B 回答"一点都不近"，在问题本身预设的答案前加了"一点儿都不"，也属于程度型措辞转换。换言之，只要加上程度副词或进行程度性说明的，不论不足或超过，都是程度型措辞转换。例（3）中，B 回答"可不是吗？"为反义疑问句，答案含在问句当中，以此来强调"是"的答案。此种情况属于间接回应的程度型转换。

b. 提供信息型措辞转换（infrp）

提供信息型措辞转换是指答者在回答时，会为问者提供更多关于问题的信息，有时甚至不给出明确回答，而通过对问句所问信息的详细说明，让问者自己推断所需要的信息，此种回答称为提供信息型措辞转换。提供信息型措辞转换与小句类直接回应有些相像，均为多个陈述小句组合构成答案，二者的主要区别在于需不需要推理、提炼，也就是有没有直接回答问题。例如：

(1) B（乘客）：你看给我现在看，有没有其他的航班呢？

A（航班客服）：呃，因为我现在看了一下后面有票的话，就得到下午的三点钟，这个天津到大连才有航班有票的，因为早一点的一个时间段的我看到显示机票是已经售完，没有了。s^na ~ clau@ infrp （s^na：陈述句表肯定答案）

对话（1）的背景是，乘客 B 在天津机场持有飞往大连的机票，却无法登机。因为着急，询问客服无法登机原因，然后询问还有没有其他航班可以乘坐以救急。客服 A 并没有直接回答问题，而是解释了现在面对的客观事实，给客人提供更为详细的信息：只有下午三点的飞机，临近的航班没有票了。客服耐心地解释，有意表明他在尽力想帮客人，但确实也无能为力。问话人明显需要一个思考过程来判断回答者所要表达的意思，我们根据定义确定为提供信息型措辞转换。假设客服回答是："好的，天津飞往大连的飞机，南航，不对，是国航，四十分钟后有一班。"此为多个陈述小句组合成直接回答，无须推测，此时的回答就属于小句类典型回应了。

(2) A：那您看这样我们，这边帮您换后续的航班好吗？实在不行的话。

B：我现在我去办事啊，我不是去玩啊，我从北京赶到天津就赶这个航班××过去，你给我换换到明天，我还从北京，我我××直接开车过去了。s^nd ~ clau@ infrp （陈述句表否定）

对话（2）继续对话（1），乘客 B 在权衡情况后，没有直接拒绝客服 A 更换航班的建议，而是说出了拒绝客观理由，从北京赶到天津就是为了乘坐早上的航班，而北京开车到天津也不过两三个小时，为什么要跑到天津等下午三点的飞机呢？可以推测出乘客不同意客服的建议，同属于提供信息型回应。

c. 更换词语型措辞转换（chwrp）

更换词语往往象征了应答者对问题设置一定程度的反抗，应答者认为需要明确指出问句中某一词语的不适才能准确表达自己回应的意思，这种同意替换问句中的词语进行回答的情况称为更换词语型措辞转换。

(1) A：哎呀，这这这魔兽……这个××
　　B：嗯，有点_儿接受不了是吗？
　　A：是啊 s^aa ~ wrd@ typrp
　　A：女孩子也可以玩_儿，太难以想象了！es^df ~ clau@ chwrp
　　（es^df：感叹句表解释）

(2) LU：凤_儿，你要跟他一块_儿走？
　　FENG：妈，我只好先离开您。s^na ~ phra@ chwrp

例（1）中，A 和 B 在谈论 B 的一个女同学正在玩大型网络在线游戏《魔兽》，对于不怎么玩游戏的男生 A 来说，这个女生确实是一种另类，不禁发出感叹"哎呀，这这这魔兽……"惊讶之情溢于言表，B 同感地问 A "有点接受不了是吗？" A 马上做了直接回答"是啊"，但接着说"女孩子也可以玩_儿，太难以想象了"，这里 A 用"太难以想象"替换掉了"接受不了"，答者显然不同意问话人的问题设置，更改了问句中的某个词语作为回答，回答虽然发生了规程上的转换，但仍然尽力回答了问题。此种回答属于更换词语型措辞转换。

需要指出的是，这种同意转换不单单只是词语的转换，也可以是句意的转换。比如例（2）中，"LU：凤_儿，你要跟他一块_儿走？""FENG：妈，我只好先离开您。"这是《雷雨》中四凤准备和周萍私奔前跟鲁妈的对话。四凤如果要和周萍私奔的话只能离开鲁妈，四凤或许难以开口没有直接回答"是的，我要跟他一起走"，而是说"我要离开您"。问和答在这里发生了整句的同义转换，也属于是更换词语型措辞转换。

d. 纠正型措辞转换（reprp）

纠正型措辞转换是指回答者没有回答问话人的问题，而是就问题本身出现的错误给予直接或间接纠正，此回应类型为纠正型措辞转换。纠正型措辞转换回应一般为否定回答，且具有言外之意。

(1) 儿子：妈妈，你来接我时能给我带两块巧克力吗？
　　妈妈：你忘了牙医说过最近要少吃甜食了？qh ~ phra@ reprp
　　（间接言语行为：qh-neg，修辞问表否定）

(2) A：我们会尽快回复您，是打您 136 这个电话吗？

B：189 的那个电话。s^nd ~ phra@ reprp（间接言语行为：陈述句表否定）

例（1）是妈妈和儿子的一段对话，儿子询问妈妈放学接自己时可不可以带两块巧克力，妈妈并没有直接回答行还是不行，而是说"你忘了牙医说过最近要少吃甜食了"。这句话是有言外之意的，言外之意是牙医叮嘱过少吃甜食，你要听牙医的话，不能吃巧克力。从句意上否定了儿子的请求。通过给出纠正信息间接做出拒绝。理解为否定回答：不可以。

再比如例（2）中的回答"189 的那个电话"，属于对问题的直接纠正。无论是直接纠正还是间接纠正，一般情况下，均具有表示否定的言外之意。这种纠正型措辞转换回应，不同于他发修正型回应，他发修正型回应需要问者对问题重新进行阐述，而纠正型措辞转换回应是对问题本身的错误点给予直接或间接的纠正。

③规程转换

规程转换方式虽体现了答者对问题设置比较强烈的反抗，但并不同于对问题的设置或规程完全抵抗的非答案型回应。如果说措辞型规程转换通过重新设置问题来帮助回答问题的话，预设型规程转换则是通过转移问题的焦点、预设以及通过客观数量转换来回避问题。这里涉及的规程转换方式主要有焦点型规程转换、预设型规程转换、偏移型规程转换。

a. 焦点型规程转换（focrp）

焦点型规程转换回应是通过回答中提供的新信息形成焦点上的转换，部分或全部地间接回答问题。此种通过转换问题焦点进行回答的方式体现了答者对问题设置的强烈反抗，但在话轮交互中，最终仍然尽力给出了回答。新闻媒体采访或法院庭审时出现的问与答，多为焦点型规程转换。

(1) A：你中午去超市了，是吗？

B：今天超市搞活动。s^df ~ phra@ focrp（间接言语行为：陈述句表肯定）

(2) A：王珞丹刚出道时在我们小区租房住过两年，小区群里经常发她的消息。

B：你见过她吗？

A：她经常牵一条哈士奇出来遛。我们一个小同事慕名而来，正

好在小区门口撞见她戴顶帽子急匆匆上了一辆车。s^df~clau@focrp（间接言语行为：陈述句表肯定）

（3）记者：金砖国家领导人第九次会晤将在10天后举行。印度总理莫迪是否已经明确确认将出席？中方是否担心由于洞朗对峙事件他可能不来？

华春莹：金砖国家领导人第九次会晤将于9月3日至5日在福建厦门举行。目前各项筹备工作正在有序地推进，已经基本就绪。我们相信，在各方的共同努力下，这次厦门会晤将取得成功，推动金砖合作在第二个十年达到更高水平。你提到印军在洞朗地区非法越界事件，中方有关立场非常清楚。我可以重申，印军立即无条件地撤出所有非法越界的人员和设备是解决这次事件的前提和基础。

例（1），A的问题焦点是你有没有去超市，B的回答"今天超市有活动"，将焦点转移到了超市有活动上，问—答中虽然发生了焦点上的转换，即答句在规程设置上进行改变，但B仍然间接给出了答案，因为今天超市有活动，所以我中午去了超市。此回答同时具有间接言语行为。在例（2）中，因为A提到王珞丹曾经在自己的小区里住过两年，B因此询问A在这两年当中是否见过王珞丹，A回答王珞丹经常出来遛狗，并且有一次A的同事慕名而来正好在门口遇见了王珞丹。这里A引入了两个新的信息，狗和我同事。言外之意就是不光是我，而且我同事也见过王珞丹。例（2）同样是在发生焦点转换后间接给出了答案。例（3）是外交部发言人华春莹在答记者问上的回答，背景是金砖国家领导人会晤即将举行，中印不久前发生洞朗对峙事件。外国记者明确提出问题，印度总理是否出席此次会晤，中方是否担心印度总理因洞朗对峙事件不出席此次会晤。对于外交部举行的答中外记者问来说，发言人的发言代表了一个国家的立场，回答并妥善回答是必须的。华春莹巧妙地将回答转移到了金砖国家领导人会晤的相关准备及圆满举行的展望上，并明确地回答了中方对此次洞朗事件的立场，记者自取所需信息。这种逃避问题的利用一个回应点来完成回答，均被视为焦点型转换回应。

b. 预设型规程转换（prsrp）

预设型规程转换体现了回答者对问题规程和设置的反抗，表现为答者通过转换预设婉转地回答问题。

  （1）A：你中午去超市了，是吗？

    B：我中午去了趟邮局。s^e ~ phra@ prsrp（间接言语行为：陈述句表否定）

  （2）A：王珞丹刚出道时在我们小区租房住过两年，小区群里经常发她的消息。

    B：你见过她吗？

    A：孩子上学我们才回去住，但她后来就搬走了。s^df ~ clau@ prsrp（间接言语行为：陈述句表否定）

  对于同样的问句，不同的回答导致的转换方式也不相同。例（1）中，B对于A同样的提问，回答"我中午去了趟邮局"，A问句中的预设是你中午去了超市，如果回答是"超市有活动"，那问题接收者还是在围绕超市来谈，只是转移了焦点为"超市有活动"。而回答是"我中午去了趟邮局"时，句中预设发生转变，为我中午去的是邮局。B回避问题，但又辗转给出了答案，我没有去超市。例（2），B在问句中预设，既然王珞丹跟你同住一个小区两年，你应该见过王珞丹。B回答我们那两年并没有在小区住，孩子上学后我们才回到那个小区住，间接暗示了A的问句设置是存在问题的，这种暗示削弱了A的预设，间接表达了我没有见过王珞丹的言外之意。

  c. 偏移型规程转换（biarp）

  偏移型规程转换是指问题设置原本是想得到对一种情况的主观评价，答者使用了更为精确的数量词进行客观回答，让问话人通过数量词来间接判断答案，这种回答为偏移型规程转换。例如，

  （1）A：你们酒店离机场远吗？

    B：开车40分钟，不堵的话。s^e ~ clau@ biarp

  （2）A：明天天气怎么样？好的话我们可以爬长城。

    B：明天气温36℃。

  以上两个示例中，答者都是通过一个具体的数字来作为回答，类似的回答还有"开车两个小时""距离96公里""我们明天有两节课"等，在具体的语境中，这些数量词都代表有具体的意义，通过转换间接回答了问话人的问题。

2. 非答案型回应

①不确定型回应（unrp）

不确定型回应是指答者不能或不愿回答问题，使话题很难继续下去或终结的一种回答方式。体现了答者对问话人的不合作态度，也属于对问题的反抗。使话题很难继续下去的回答包括两种情况。一种是有意回避问题，含糊其辞造成的疏离。另一种是信息缺失，没有能力回答问题造成的话题终结。以上两种情况都是不确定型回应。例如：

(1) A：那个我—我就想象不出来他那个，就是扳手_儿那个地方是是咋—咋办到的呢？

　　B：那个我也不知道。s^no ~ phra@ unrp（s^no：陈述句表不知道）

(2) B：没想到他们这么快借结婚了，是奉子成婚吧？

　　A：[LA] 那谁知道啊？　qh ~ phra@ unrp

对话（1）中，A 和 B 在讨论皮影戏，A 不由问皮影戏中手枪扳手那么小的地方都能表现出来，演员们是怎么做到的呢？B 此时回答"我不知道"，也是同样出于对演员技艺的赞叹，觉得很难做到，是真的不清楚。而例（2）中，A 和 B 在聊他们共同的同学 C，B 猜测 C 那么快结婚是有不得已的苦衷，奉子成婚。A 并不想把这个话题继续下去，回答"那谁知道啊"，有意回避 A 的问题。此种情况属于不确定型回应中的不愿回答范畴。

②疑问式回应——他发修正型回应（othrerp）

他发修正指答者对问题的设计或理解有问题，而就问题本身发问，重新形成新的会话序列。他发修正不等同于回声问，二者的区别在于，回声问的基本语用功能有三个，体现理解焦点，形成新话题，表示疑惑发问。而他发修正的语用功能只体现为第三种（谢心阳 2016），表示疑惑发问，并且是对所问问题的疑惑。在他发修正这个回应形式中，回答者变成了提问者。例如：

(1) A：欸，那你从深圳回来带点_儿荔枝回来吃？

　　B：啊？带荔枝？qy^raf ~ clau@ othrerp（是非问表请求确认）

(2) A：你知道王林需要值日一周吗？

　　B：啊？qo^rdt ~ phra@ othrerp（开放问表请求详细信息）

例（1）中"A：欸，那你从深圳回来带点儿荔枝回来吃？""B：啊？带荔枝？"这种以单字"啊"作为问句的回答的情况，是想向朋友确定，你是要我帮你带荔枝吗？是对问题本身加以求证，也视为他发修正型回应。例（2）中，B 的回应也是对问者的问题表示疑惑。

③拒绝型回应（refrp）

拒绝型回应属于非答案型回应，如果说典型回应为直接回答，转换型回应为间接回答，答者虽然不认同问句的规程设置，但仍然通过各种类型的转换，完成了问答系统。那么拒绝型回应就属于连转换的努力都没有的直接拒绝。

(1) HAI：发生什么事了？
　　 GUI：不要你管啊。is^co ~ phra@ refrp
(2) A：你的伞是从哪买的？
　　 B：我不告诉你。s^no ~ phra@ refrp

如例（1）是话剧《雷雨》中的一段对话，鲁大海进门后被眼前的景象迷惑了，不禁询问发生什么事了，鲁贵强势回答"不要你管啊"。从此回答来看，在鲁大海进门前，鲁贵的问题还没有得到解决，鲁大海的出现就是意外的，此时的问话更是打乱了他自己的计划，所以没好气地应声"不要你管"，其拒绝的坚决程度还体现在后面的强调性语气词"啊"上。此时，鲁贵只是做出了回应，并没有针对问题做出任何回答，这种回应方式称为拒绝型回应。再如例（2）B 的回答没有任何商量的余地，直接拒绝了对方。此回答不同于"我不知道"，"我不知道"有可能是我现在真的不知道，但以后可能会知道，知道时我可以告诉你。也可能是我其实是知道的，但出于某种原因，我不能告诉你，所以委婉地回答我不知道，并没有直接拒绝问题本身，而是你的问题超出了我回答的能力范围。因此，"我不告诉你"属于是拒绝型回答。

五　邻接对定义与标注

邻接对（AP：Adjacent Pairs）是指满足下列两个条件的一对语句序列：
①语句的说话人不同；
②语句之间有直接的交互关系。

AP 由成对的子句组成，如：问—答，问候—问候，道歉（感谢）—

接受等。它提供了说话人之间的交互信息，反映了对话的结构。

AP 的标注成对出现，其标记格式为：< AP number > < AP part >，其中 < AP number > 升序排列，< AP part > 的标号为 < a > < b >，一对 < a > < b > 对应一组交互过程。见表 7—36。

表 7—36

说话人	AP	Utterance
A	1a	我想请问一下您这儿标准间是多少？
B	1b	双人间有二百、二百四、三百、四百这四种。

针对同一个话题的邻接对，在 < AP part > 的标号加后缀 < + >，< AP number > 的标号不变。见表 7—37。

表 7—37

说话人	AP	Utterance
A	11a	您这儿不行是吧？
B	11b	这儿没有，
B	11b +	这儿都是按房间算的。
A	11a +	按房间算？
B	11b + +	对。

六 主题定义与标注

主题的分类是根据口语对话的领域内容来确定的。比如，对于客服领域，按照服务初步定义的主题（topic）有 9 种，分别是：

欢迎 < greeting >：包括问候等；

价格 < price >：包括询问房间价格、打折信息、票价、付款等；

设施 < furnishing >：包括地理位置、房间面积、屋内设施等的介绍；

时间 < time >：包括到达时间、入住期限、预订车次、时间等；

联系信息 < contact-information >：包括预订人的信息和住宿人的信息；

退定 < check-out >：退房相关；

订单信息 < order-item >：订单信息；

结束语 < ending >：包括致谢、再见等；

其他 < other >：其他未定义项。

主题的标注成对出现，格式为 < tc_ topic > </tc_ topic >，分别表示主题的开始和结束。

< tc_ price >
B：打个折扣不行吗？
A：已经给您打过折扣了。
A：这个……
</tc_ price >
< tc_ other >
B：唉，长途啊。
</tc_ other >
< tc_ furnishing >
B：我还不熟悉你们 < hotel-name > 在什么地方？
A：海淀区海淀北路 21 号。
</tc_ > furnishing

第六节　情感语音标注

这里的"情感"语音包括情绪和态度语音。按照第二章介绍的情感表示理论，情感标注可以分为范畴离散标注和维度标注两种。

通常维度的描写采用二维 VA（Valence and Arousal）或者三维 VAD（Valence, Arousal and Dominance）空间标注情感语音。取值范围按照需要可以自己确定，常用如（1，5）或者（-2，2）或者（-3，3）。

离散的范畴标注用情感符号表示。表 7—38 是我们给出的一些情感和对应的符号，各家使用的时候可以自行编制符号，也可以扩充。每一种情感给出轻重两级表达程度标注，分别用数字 1 和 2 表示。前面六种情感是基本情感（生气和愤怒对应基本情感 Anger）。缺省为中性情感。根据情感的正负效价 valence 以及情绪强弱程度，范畴标注与维度标注可以相互转换。

表 7—38　　　　　情感态度表达的标注符号示例
（灰色部分为基本情感，1，2 代表情感表达强烈程度）

序号	标注符号	内容	序号	标注符号	内容
01	fn1，fn2	愤怒	33	pj1，pj2	平静/宁静
02	sq1，sq2	生气	34	qq1，qq2	祈求
03	gx1，gx2	高兴	35	qs1，qs2	轻视/蔑视
04	jy1，jy2	惊讶	36	qx1，qx2	庆幸
05	ng1，ng2	难过	37	qxu1，qxu2	谦虚/谦卑
06	hp1，hp2	害怕/恐惧	38	rq1，rq2	热情/热心
07	yw1，yw2	厌恶	39	sb1，sb2	申辩/狡辩
08	bq1，bq2	抱歉/道歉	40	sw1，sw2	失望
09	by1，by2	抱怨	41	tf1，tf2	颓废/倦怠
10	cc1，cc2	猜测/猜忌	42	th1，th2	讨好
11	cf1，cf2	嘲讽/讽刺	43	tx1，tx2	挑衅
12	dx1，dx2	担心	44	wn1，wn2	无奈
13	fm1，fm2	烦闷/愁闷	45	wq1，wq2	委屈
14	ganx1，ganx2	感谢/感激	46	wx1，wx2	惋惜
15	gg1，gg2	尴尬	47	xa1，xa2	喜爱
16	gj1，gj2	告诫/劝告	48	xk1，xk2	羞愧/愧疚
17	gk1，gk2	感慨	49	xm1，xm2	羡慕
18	hh1，hh2	后悔	50	xw1，xw2	醒悟
19	hx1，hx2	害羞	51	xx1，xx2	相信/信任
20	ja1，ja2	骄傲/荣耀	52	xy1，xy2	炫耀
21	jd1，jd2	嫉妒	53	yh1，yh2	友好
22	jid1，jid2	激动	54	yih1，yih2	遗憾
23	jj1，jj2	焦急/急躁	55	yihuo1，yihuo2	疑惑
24	juj1，juj2	拒绝/谢绝	56	yc1，yc2	忧愁
25	jz1，jz2	紧张	57	yy1，yy2	犹豫
26	kh1，kh2	恐吓/吓唬	58	yuh1，yuh2	怨恨
27	kw1，kw2	渴望/盼望	59	za1，za2	自傲
28	lm1，lm2	怜悯/可怜	60	zg1，zg2	责怪/指责
29	my1，my2	满意	61	zj1，zj2	尊敬
30	ml1，ml2	命令	62	ziz1，ziz2	自责
31	mz1，mz2	满足	63	zy1，zy2	赞扬/表扬
32	ns1，ns2	难受	……	……	……

第七节　标注实例

本节结合前面的标注给出几个标注实例，以便读者在运用的时候选择适合自己的标注方式。

标注实例1 基于电话客服文本的对话行为标注：旅馆订房服务

< tp_greeting >

< speaker_A > < da_s^sh > < ap_1a > 您好，前台。

< speaker_B > < da_s^sh > < ap_1b > 您好。

< /tp_greeting >

< tp_order-item >

< speaker_B > < da_qy > < ap_2a > 你们还有没有房间？

< speaker_A > < da_s^aa > < ap_2b > 有。

< speaker_A > < da_qw^rdt > < ap_3a > 您要什么样的房间？

< speaker_B > < da_s > < ap_3b > 单人间。

< speaker_A > < eq^bu > 单间？

< speaker_A > < s^aa > 有。

< /tp_order-item >

< tp_price >

< speaker_A > < s > 一百三。

< speaker_B > < eq^m^bu > 一百三？

< speaker_A > < s^aa > 对。

< /tp_price >

< tp_time >

< speaker_A > < qw^rdt > < ap_4a > 您什么时候过来？

< speaker_B > < prt^h | s > < ap_4b > 噢，| 大概一个小时左右吧。

< speaker_A > < s^b > 好的。

< /tp_time >

< tp_contact-infor >

< speaker_A > < qw^rdf > < ap_5a > 您贵姓？

< speaker_B > < s > < ap_5b > 姓张。

第七章 基于互动意图的对话言语行为和情感标注 / 237

< speaker_A > < eq^m^bu > 姓张哈？

< speaker_A > < s^b > 好的。

< speaker_A > < s > 您直接过来就成。

</tp_contact-infor >

< tp_ending >

< speaker_B > < s^ft > < ap_6a > 谢谢。

< speaker_A > < prt^h | s^fw > < ap_6b > 嗯，| 没什么。

</tp_ending >

标注实例2 基于真实网络聊天文本的对话行为标注：QQ 网聊

对话人	对话内容	标注符号	含义
范山 20：58：38	吴毅 在？	qy^raf	是非问^请求确认
范山 20：58：48	不忙了吧？	qy^raf < 1a >	是非问^请求确认
吴毅 21：00：11	hi`	s^sh < 1b >	陈述^打招呼
范山 21：00：25	😁 忙得你—	s^b < 1a + >	陈述^回应
吴毅 21：01：27	哈哈，月底汉办开理事会。。忙死了	s^e^na < 1b + >	陈述^细节
范山 21：01：48	👍 能者多劳—	s^b < 1a + + >	陈述^回应
吴毅 21：02：00	🦉	s^b < 1b + + >	陈述^回应
范山 21：02：12	你还没告诉我答案呢，日立还是西数，笔记本硬盘？	qr^rdt < 2a >	选择问^请求详细信息
吴毅 21：02：28	哦哦——我自己一般都买日立	s^na < 2b >	陈述^肯定答案
范山 21：02：51	✌ T430 那种巧克力键盘 你咋看？	qw^rdt	特指问^请求详细信息
范山 21：03：15	☕ 最近感冒特多，HOLD 住—	s^e	陈述^细节
吴毅 21：04：01	我查查看。。。巧克力键盘？。。。	s^b \ eq^m	陈述^回应 \ 回声问^重复他人
范山 21：05：04	😊 看来你最近真的够忙的 T430 X230 都换成有背光的那种巧克力键盘了，老7行键盘变成6行，没有蓝色回车了，都变成黑色。跟苹果电脑键盘似的。	s^bu^e	陈述^与说话人交流^细节

238 / 汉语口语语篇库:建构与标注

	n 久木有看这些了,,,,就手机那	
吴毅 21：05：55 点东西就够我每天忙活了。哈哈哈	s^df	陈述^解释
范山 21：06：30 手机？你还在编游戏啊？	eq^m \ qy^raf <3a>	回声问^重复他人/是非问^请求确认
范山 21：06：44 👍 强。	s^b <3a +>	陈述^回应

标注实例3：用 Praat 对语音对话行为标注

标注示例中上半部分是波形和语图；下半部分是对应的语音和言语行为标注。标注分为17层，第1层发音人信息描述层（INFO）、第2层话语切分编号（NUM）、第3层发音人编号（SPK）、第4层句子（CC）、第5层字（WORD）、第6层音节（SYL）、第7层声韵母（IF）、第8层韵律边界（BI）、第9层韵律重音（ST）、第10层副语言现象（MIS）、第11层音质（VQ）、第12层言语行为（DA）、第13层言外意（SA）、第14层主题（TP）、第15层邻接对（AP）、第16层口语现象（ILL）、第17层情感标注（EMOT）。

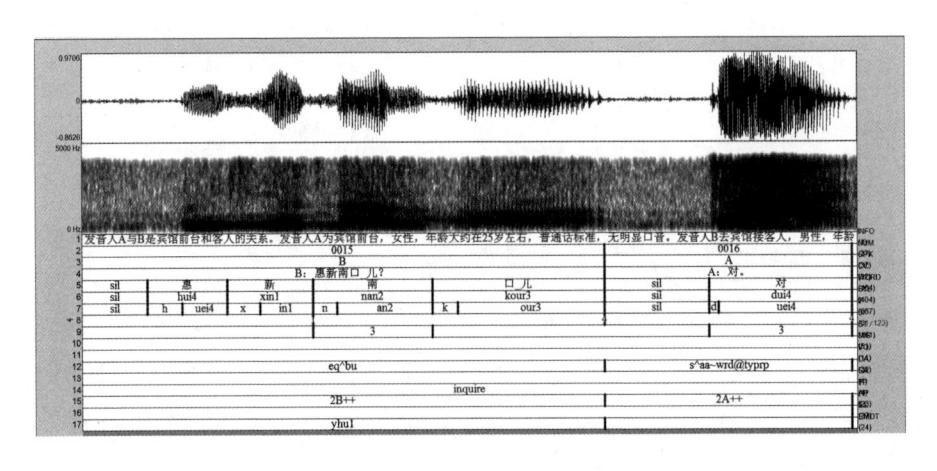

图7—6 对话言语行为标注实例3

此示例是从宾馆对话领域中截取的一小段对话，A 是宾馆前台的客服，B 是咨询预订宾馆的客户。说话人 B 的话语"惠新南口＿儿？"在内容上重复了说话人 A 的话语,从句子类型上看是一个"回声问",用符号"eq"标注,从功能上看属于"与人交流",用符号"bu"标注。说话人 A 的话语"对。"从句子类型上看是一个"陈述句",用符号"s"标注,从功能上看属于"认可",用符号"aa"标注,从应答交互形式看属于"单词类"回应,用符号"wrd"标注,从应答功能上看属于"典型回应",用符号"typrp"标注。

标注实例 4:用 Praat 对情感语音标注实例

此示例是从话剧《雷雨》对话中截取的一小段对话,GUI 是父亲鲁贵,FENG 是女儿四凤。父亲鲁贵因为钱的问题和女儿四凤发生争吵,鲁贵"你当我真糊涂呢,不知道你同那个混账大少爷做的事吗?"话语中充满了生气、质问和恐吓,分别用符号"sq""zw"和"kh"标注,数字"1"和"2"表示情感程度。四凤听到鲁贵的话后,回应"您像父亲吗?做父亲的有跟女儿这么说话的吗?"话语中对父亲充满了愤怒和抱怨,分别用符号"fn"和"by"标注。

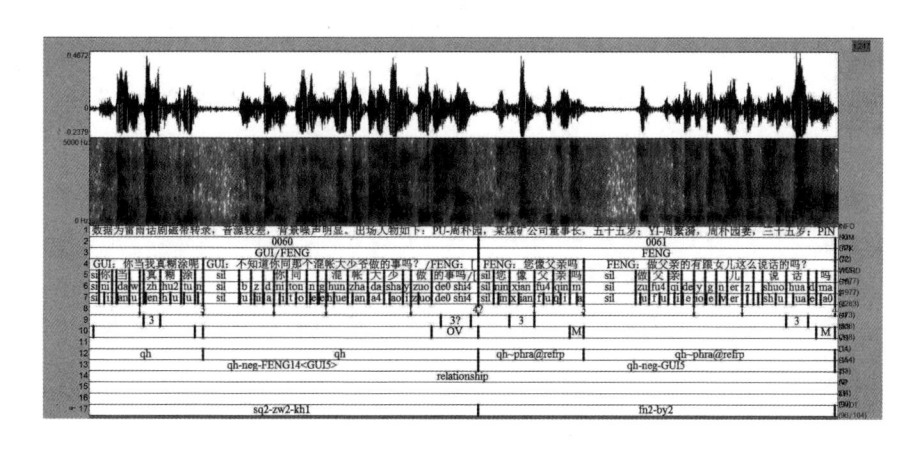

图 7—7　情感语音标注实例 4

参考文献

刘虹:《话轮、非话轮和半话轮的区分》,《外语教学与研究》1992 年第 3 期。

邵敬敏:《现代汉语疑问句研究》,商务印书馆 2014 年版。

陶红印：《语调单位作为言语的基本单位》，《语言研究》（增刊）1991年。

谢心阳：《问与答：形式和功能的不对称》，博士学位论文，中国社会科学院，2016年。

许家金主编：《英语常用外来语双解辞典》，安徽科技出版社2005年版。

殷治纲：《汉语口语会话中的"嗯"、"啊"类话语标记研究》，硕士学位论文，中国社会科学院，2007年。

周可艳：《对话行为理解与口语翻译方法研究》，博士学位论文，中国科学院，2010年。

Dhillon, R. Bhagat, S. Carvey, H. , Shriberg, E. 2004. Meeting recorder project: Dialog-act labeling guide. ICSI Technical Report TR－04－002, International Computer Science Institute.

Edmondson, W. 1981. *Spoken Discourse: A Model for Analysis*. London: Longman.

Enfield, N. J. , Stivers, T. , Levinson, S. C. 2010. Question-response sequences in conversation across ten languages: An introduction. *Journal of Pragmatics*, 42 (10), pp. 2615－2619.

Jurafsky, D. , Shriberg, L. , Biasca, D. 1997. Switchboard SWBD-DAMSL labeling project coder's manual, draft 13. *Technical Report* 97－02 (pp. 1－49). Boulder: University of Colorado.

Sacks, H. , Schegloff, E. A. , Jefferson, G. 1974. Simplest systematics for organization of turn-taking for conversation. *Language*, pp. 50, 696－735.

Stivers, T. , Hayashi, M. 2010. Transformative answers: One way to resist a question's constraints. *Language in Society*, pp. 1－25.

Stivers, T. , Enfield, N. J. 2010. A coding scheme for question-response sequences in conversation. *Journal of Pragmatics*, 42 (10), pp. 2620－2626.

Tao, H. 1996. *Units in Mandarin Conversation: Prosody, Discourse, and Grammar*. Amsterdam: John Benjamins.

Yin, Z. , Li, A. , Xiong, Z. 2008. Study on "ng, a" type of discourse markers in Standard Chinese. *Interspeech* 2008, pp. 1683－1686.

Zhou, K., Li, A., Yin, Z., Zong, C. 2010. CASIA-CASSIL: A Chinese telephone conversation corpus in real scenarios with multi-leveled annotation. *LREC* 2010.

Zhou, K., Li, A., Zong, C. 2010. Dialogue-act Analysis with a conversational telephone speech corpus recorded in real scenarios. *OCOCOSDA* 2010, Nepal.

第八章

语音识别语料库 RASC863

第三章详细介绍了语音库规范。语音库的制作和分发应该是一个系统工程,每一步都应该遵从特定的规范,以便数据交换。大规模语音识别语料库 RASC863（Regional Accented Speech Corpus of Mandarin Chinese under 863 Project）,录制了上海、广州、重庆、厦门、长沙、南京、南昌、温州、洛阳、太原十个方言点的 2000 人语音,既有朗读语音,也有自然即兴话语和方言词语。朗读语料包括语音平衡的句子 2200 句和 600 个常用口语句;即兴话语设立了 160 个话题,每位发音人任意选择一个,围绕话题讲述相关内容 4—5 分钟。每个方言点的发音人为 200 人,覆盖不同年龄、性别和教育背景。本章以 RASC863 为例（李爱军、王天庆、殷治纲 2003）,介绍语音库制作的规范和流程,重点介绍发音人规范、语料设计规范、录音存贮规范和标注等规范等。

第一节 背景

早在 1996 年,在 863 项目支持下,我们制作了普通话语音识别数据库（祖漪清 1998）,包括 200 位发音人,以朗读语体为主,语料设计考虑了语音的音段平衡。

随着语音识别技术的发展,制作带口音和口语化的语音库变得重要起来。2000 年,我们与清华计算机系和德意电子科技有限公司参与了美国约翰霍普金斯大学著名的暑期 workshop 项目,开启了汉语自然即兴口语库和方言普通话库的语音收集、标注和研究工作。2001—2002 年,我们与 NOKIA 中国研究中心合作,完成了欧盟语音资源建设项目 SPEECON

的汉语语音数据库的制作（Iskra et al. 2002），这个数据库考虑了不同的噪声场景，如车载、马路、食堂、办公室等不同真实应用场景，发音人的不同口音（如北方官话、吴语、粤语、闽语等）、不同年龄（12—65岁）、不同文化教育背景。之后，在国家 863 项目和 973 项目的支持下，我们完成了 863 项目普通话识别语音库设计（王天庆、李爱军 2003），以及真实服务领域电话语音库的标注和研究工作（熊子瑜 2003；Li 2016）。通过这些工作，我们积累了一定的经验，制定了国际上认可的韵律标注规范 C-ToBI（李智强 1998；Li 2002）和音段标注规范 SAMPA-C（Chen & Li, et. al. 2000），相关内容已经在第四章进行了详细介绍。

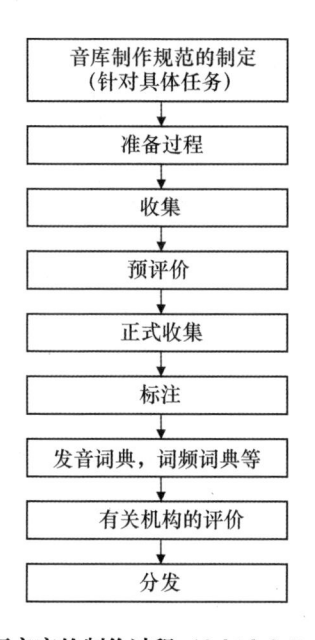

图 8—1　语音库的制作过程（Schiel & Draxler 2003）

国内外有很多语音语料库资源（见本章最后网站列表），但具有深度语音和语言学标注的数据并不多，严格遵守第三章提出的语音库规范的也不多。因此，在国家 863 项目基金支持下（863 项目子课题编号：2001AA114012），2002 年开始准备构建汉语十大方言区的地方普通话语音库，突出口语化、多口音、多场景的特点，加大语料覆盖范围。我们试图将语音库制作流程与规范应用于大规模汉语识别语音库的收集和制作中，为国家级语音库制作树立一个典范。本章介绍的具有方言口音的大规模普通话语音识别库 RASC863，在建设中严格遵从了第三章提出的语音库规范，这里就重点内容进行分享。

第二节 语音库制作过程和一般规范

第三章已经提到，语音库从准备到制作完成并进行分发，需要经过一系列的过程，如图 8—1 所示。

具体涉及的制作规范和含义如表 8—1 所示。

表 8—1　　　　　　　制作语音语料库的一般规范

规范	具体内容说明
发音人规范	描述发音人的具体要求。如年龄、性别、教育背景和方言背景的要求
语料设计规范	描述语料的组织与设计内容。如发音方式是口语、朗读、回答问题还是情感语音等；语音学和语言学方面的考虑
录音规范	包括录音设备、录音声学环境等技术指标，录音软件
数据存储技术规范	包括采样率、语音文件存储的格式和描述文件格式等技术规范
语料库标注规范	标注内容和标注系统说明
法律声明	发音人录音之后签署的有关法律条文
语料库评价规范	由分发机构进行应用和使用价值评估
分发规范	分发计划、原则、存储介质（CD/DVD）

第三节 方言口音普通话语音库 RASC863 制作介绍

本节按照上述规范，介绍 863 项目支持下完成的方言口音普通话语音库 RASC863。

一 方言区和发音人

按照汉语方言分区，我们选取了 10 个城市作为录音点，代表不同方言口音普通话。10 个城市分别为：上海、广州、重庆、厦门、长沙、南京、南昌、温州、洛阳、太原。每个地区发音人200位，年龄、性别以及口音和文化程度分布如表8—2所示，允许误差±5%。

口音按照普通话水平测试标准分级，分为三级，每级又分甲乙两等。首先由录音人判断发音人的普通话级别，最终由专家抽样检查。除了选择市区发音人以外，还选择一定比例的郊县发音人，适当扩大口音范围。以收集中等口音为主，三级口音为辅，一级乙等口音占很少一部分。

表8—2　　　　　　　　　　发音人分布

年龄（岁）	16—30	31—45	46—55
占比（%）	45	45	10
性别占比（%）	50	50	50
口音	中度二级口音80%，一级乙等5%，三级15%		
文化程度	90% 高中以上学历，10% 高中以下学历		

二　录音语料

录音语料包括口语和朗读两种体裁。每个发音人的录音语料具体内容见表8—3。

独白3—5分钟，由发音人从160个话题中任意选择一个适合自己的话题，然后用自然的口语即兴讲述。

15个问题是让发音人回答一些问题，包括工作单位、个人爱好、联系电话、网址、数字等问题。

常用口语句子，我们收集了约600个，每个发音人读20个。

本地方言词汇，各地收录的数量不尽相同，涉及日常口语特别是和普通话说法不同的词语，如厦门地区将"便利"说成"利便"；"不要紧"说成"无要紧"等。这部分是要求发音人用方言说出来。

语音平衡的句子，选自访谈对话、口语对话以及《人民日报》等语料，句长小于30个音节，尽量覆盖所有的音节间的三音子（triphone）音联（祖漪清1998）。整个挑选的句子有2200个，原始语料覆盖音节间三音子89%，挑选语料覆盖音节间三音子84%。覆盖所有音节间两音子（diphone）和几乎所有音节。同时兼顾2—3音节词的声调搭配。

表8—3给出了每一位发音人的发音语料内容列表。正常发音人需要

1个小时完成所有发音,但个人差异很大,最慢的要两个多小时才能完成。

表8—3　　每个发音人的发音语料组成（prompt sheet）

录音项	文件编码	发音方式	内容说明
0	（CQ/GZ/SH/XM…）Spon（f/m）xxx	即兴独白	自然独白口语叙述:3—5分钟
1—15	a0001 – a0015	即兴回答	回答15个问题: (1) 你叫什么名字? (2) 出生年月日? (3) 你的联系电话? (4) 工作、学习单位? (5) 教育程度? (6) 父亲和母亲分别是哪里人? (7) 说出一个好朋友的名字。 (8) 说出一个网址。 (9) 有什么个人爱好? (10) 最喜欢吃什么菜? (11) 家里有私人汽车吗?准备买什么样的车? (12) 你经常到哪家餐厅吃饭? (13) 说出一个手机号码。 (14) 说出一部电影或电视剧的名字。 (15) 今年多大了?
16—35	qxxxx	朗读	常用口语句子20个
36—50	dxxxx	朗读	本地常用词语15个（方言）
51—165	sxxxx	朗读	语音平衡的句子110句左右

三　录音设备和录音软件

配置两套录音设备,每套包括:笔记本电脑一台,USB声卡（M-Audio）。两通道信号:分别采用德国的森海塞尔（Sennheiser）头式话筒和797厂生产的CR722电容传声器（20 - 20000Hz）。

录音时，记录录音的声学空间面积、背景噪音大小、录音场景。背景噪声用噪声计测量得到。

4—5 分钟的口语即兴独白话语用 Cool Edit 录制。

语句用我们编制的录音软件录制，同时录制近距话筒（离嘴角 2—3cm）和中距离话筒（离嘴角 20—30cm）两个通道语音信号。

四　数据存储

录音文件以 16kHz 采样，16bit 精度，wave 格式存储。每个文件至少存储在不同的两种存储介质上，每位发音人对应一个描述文件，记录发音人的信息：

> Speaker ID（发音人编号）
> Sex（性别）
> Age（年龄）
> Dialect（方言背景）
> Educational background（教育背景）
> Recording date（录音日期）

每一个声音样本对应一个描述文件（.inf）。表 8—4 给出厦门普通话的一个声音文件 A0001.wav（a 和 b 两个通道）的说明文件 A0001.inf。

表 8—4　　　　　　　　　一个描述文件示例

LHD：SAMPA	
//标注规范	Specification for annotation
DBN：RASC863	
//料库名	Name of the corpus
SES：Xmf001	
//录音文件夹编号	Serial number of recording folders
CMT：＊＊＊ Speech Label Information	
SRC：A0001.a.wav, A0001.b.wav	
//各通道的文件名	File names of every channel
DIR：..\ Xmf001	

续表

LHD：SAMPA	
//录音文件存放目录	Folders sound files placed in
CCD：1	
//语料编号	Serialnumber of recording materials
BEG：0	
//labled sequence begin position	
END：3.133375	
//labled sequence end position	
REP：office	
//录音场景	Settings of recording
RED：12-23-2003	
//录音日期	Date of recording
RET：17：20：28	
//录音时间点	Time point of recording
CMT：＊＊＊Speech Data Coding＊＊＊	
SAM：16000	
//SampleRate	
SNB：2 signed	
//BytesPerSample	
SBF：lohi	
//Sample byte order	
SSB：16	
//BitsPerSample	
QNT：PCM	
//录音格式	Format of recording
NCH：2	
//通道数	Number of channels
CMT：＊＊＊Speaker Information＊＊＊	
SCD：001	
//发音人ID	ID of speakers
SEX：female	
//性别	Sex

续表

LHD: SAMPA	
AGE: 31-40	
//年龄	Age
ACC: Xiamen	
//录音地点	Location of recording
CMT: *** Recording Conditions ***	
SNQ:	
//通道的 SNR	SNR of channels
MIP: close, medium	
//Mic 与发音人的位置关系	Locational relations between microphones and speakers
MIT: SENNHEISER_ME64, 797_CR722	
//Mic 信息	Information of microphones
SCC: ENV = office	
//环境信息	Environmental information
DBA: 38	
CMT: *** Label File Body ***	
LBD: A0001.TextGrid	
//标注文件	Annotation file
LBR: 0, 3.133375	
//Prompt text 的 begin end gain min max	
LBO: 0, 3.133375	
//Prompt text 的 begin end gain min max	
ELF:	

五 语料库标注规范

即兴话语部分，包括4—5分钟口语独白和回答问题，全部转写成对应汉字，包括副语言和非语言现象的转写。每个方言点标注20人的语音，包括语音音段和韵律标注。标注系统采用中国社会科学院语言所语音室的 C-ToBI 3.0 和 SAMPA-C 标注规范。转写规范参见第四章，标注软件使用 Praat。

朗读发音的标注，包括在时间点上标注正则的发音和实际发音，并且标注由于方言口音引起的"发音偏误"。如图8—2中"我要防晒霜","shai4"和"shuang1"的翘舌声母都念成平舌"s",用"#shai4（sai4）""#shuang1（suang1）"音节层和SAMPA-C层分别标出,括号中表示实际的发音。

方言普通话是一种中介语。在制定各个方言的声韵母以及对应的SAMPA-C时,主要参考江苏教育出版社1993年版李荣主编的41部汉语方言词典,同时去除老派发音影响。

我要防晒霜					
wo3 | yao4 | fang2#shai4#shuang1					
<wo3>	<yao4>	<fang2>	#shai4(sai4)	#shuang1(suang1)>	sil
<u-o-3>	<i-A-U-4>	<f-AN-2	#s`-a-I-4(s-a-I-4)	#s`-u-A-N-1(s-u-A-N-1)	sil

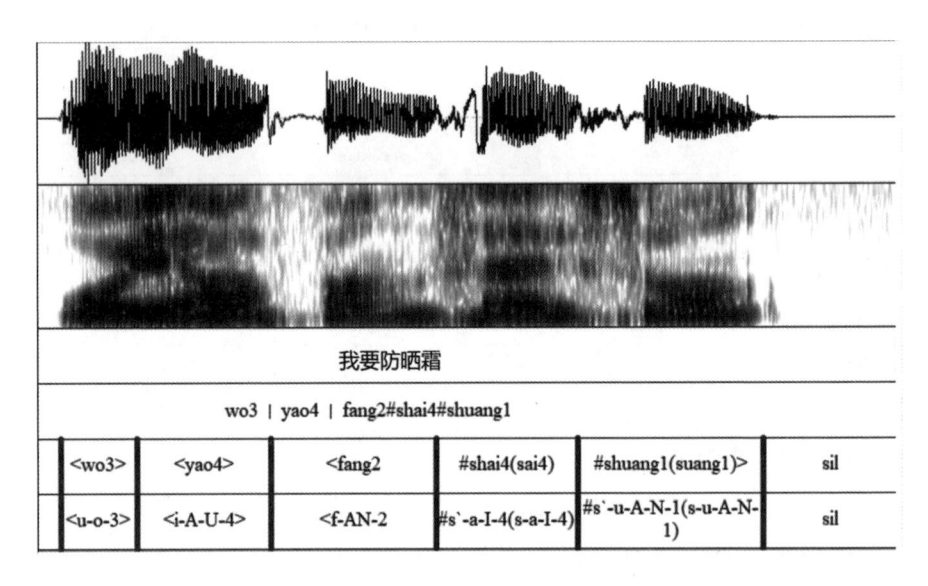

图8—2 音段标注例子"我要防晒霜"

六 法律声明

录音之后的法律声明非常重要,以免引起使用和分发过程中不必要的法律纠纷。只有发音人同意法律声明之后方可录音。每一位发音人录音之后,都必须签署一份法律声明,同意他录制的语音的所有内容可以归863项目组使用、复制和分发。我们在录音中也遇到一些发音人由于不同意这些声明而放弃录音的。

七 语料库评价和分发规范

在正式录音之前,应该进行试录音,然后进行预评测（pre-validation），目的是发现和解决问题，为大规模实际录音做准备。

录音之后的评价工作是分发单位在数据库分发之前必须进行的工作。"validation"的定义有几种，欧洲语言资源联盟 ELRA (the European Language Resources Association) 对它的定义是："the term validation in ELRA is normally used in reference to the activity of checking the suitability for the market, the adherence to standards, and the quality control of the LR product。"（"评价"一词通常用于检查语言资源产品的市场适用性，是否符合标准和质量控制。）

所以，对即将分发的数据库进行评测，有几个方面的目的：

（1）质量控制：由制作者的自我评价和相关机构对数据库的质量进行的评估，最后确定语音库的质量等级分。

（2）可控制性：购买者通过评价可以确定是否购买一个他真正需要的数据库。

（3）可扩展性：通过评价，可以产生更广泛的使用价值。

（4）可比较性：通过一套统一的评价标准，为不同数据库之间对比提供依据，可以通过评分进行对比。但是，需要说明的是，这种对比是有前提的，要和应用结合。

一般评价过程包括，确定评价参考标准、产生错误报告文件，然后进行手工或自动评测，最后产生一个评价报告。

其中，制作者需要按照分发商的要求填写、制作可供分发共享的数据库信息，如数据库内容，大小，存储的介质等，然后真正可以分发之前，分发商和制作者、使用者之间还需要制定和签署一整套法律合同。

第四节　连续汉语语音识别语音库 RASC863 的朗读语料设计

1998年建立的基于语言学和语音学规则的朗读文本语料库（祖漪清1998），极大地推动了语音工程的发展。但仍有待提高：第一，这个语料库是以朗读文本为主，而语音识别面对的则是口语，因此在言语的表述上存在区别；第二，这个语料库所挑选的句子在内容和语义上不完整，不能够完整地反映出一个语句所携带的韵律特征；第三，这个语料库在建立的时候按照一定的规则对三音子进行了归类，这种归类使在语音识别系统的训练过程中造成训练数据的稀疏，使训练不能够充分进行。

鉴于以上问题，我们从2001年开始，在863项目的资助下，又重新设计了发音语料库。这个语料库有以下特点：第一，语料库中的句子有一部分来自口语文本，还有方言词汇和即兴话语部分，可以更好地应用到口语和多口音语音识别，更符合语音识别面对的真实情形；第二，语料库中的句子在内容和语义上都是完整的，能够尽可能地反映一个句子的韵律信息；第三，对三音子不进行归类的挑选，有效地解决训练数据稀疏的问题。

本节介绍语料设计过程。语料的主要特点是以口语为主，选择在内容和语义上均完整的句子作为挑选对象，按照三音子作为挑选的基本单元，[①] 并且在挑选时首次尝试考虑了韵律信息。首先，对可能合理存在的三音子组合进行了统计，得到了可能存在的三音子集。其次，在对初始文本断句后，测算了断句后的句长及其标准差，得到了比较合理的录音文本控制长度。最后，给出了带韵律信息的文本挑选的算法，利用此算法，得到了录音文本，对挑选出的文本在音段和声调方面的覆盖情况也进行统计分析。

一　三音子搭配模型及个数统计

经过连续多年的探索，语音识别工程界已经认识到，尽管汉语普通话是由一个一个的音节连接而成的，但在连续语流中，音节的声学表现与孤立音节的情形不同，它受到左右音段的影响，偏离了它孤立存在时的位置。所以在语音识别中一般以三音子为识别的基本单位（祖漪清1998）。因此确定所有可能的三音子是设计语料库的第一步，同时也为计算语料中的三音子覆盖率提供依据。

（一）基本音子

所谓"音子"（phone），就是音素，从音质角度划分出来的最小的语音单位。从音系学的观点看，音素是音位在具体语音环境里的语音实现，

[①] 随着语音技术的发展，如端到端（Seq2Seq）技术，已经可以采用更大的建模粒度，如词、字等。本章目的是通过一个实例介绍语音库规范，对建模单元不予讨论。

但二者并非一对一的关系,一个音位可能实现为一个或多个音素。音素分为元音和辅音两大类。

而音位(phoneme)则是某一语言或方言的语音系统中最小的对立单位,常被定义为"能够区分意义的最小语音单位"。音位最重要的特性是它与该语音系统中的其他音位相对立。对立、互补分布以及语音相似性是结构主义音位学归纳音位的三个基本原则。

普通话的基本音子定义为如下的37个(括号内给出音子出现的音节例子)(祖漪清1998),括号中是给出的实例:

a1(ba, wa)、a2(an, ai)、a3(ang, ao)、b, c, ch, d, e1(ge)、e2(ei, ye)、e3(en, eng)、er, f, g, h, i1(bi, xia)、i2(zi, ci, si)、i3(zhi, chi, shi)、j, k, l, m, n, ng, o1(wo, po)、o2(ou)、p, q, r, s, sh, t, u, x, v, z, zh, sil(静音)。

通过基本音子,我们可以对音节按照基本音子进行拆分,然后得到各种三音子。如"薯饼",对应三音子有:sh(sil, u), u(sh, b), b(u, i1), i1(b, ng), ng(i1, sil)。

(二) 三音子搭配关系模型

对于语流中的三音子,按照有无静音段分成两部分考虑。

①不考虑静音的三音子搭配模型

a. 音节间的搭配关系

音节间的关系有几种情况:一种为前一个音节取两个尾音子,后一个音节取一个起始音子,我们称为2+1型;另一种为前一个音节取一个尾音子,后一个音节取两个起始音子,我们称为1+2型;最后一种情况是,中间的音子为单音子音节,在它的前一音节取一个尾音子,后一个音节取一个起始音子,我们称为1+1+1型。根据这样的搭配关系,我们可以编程实现音节间的三音子以及个数的计算。

b. 音节内的搭配关系

音节内的三音子测算比较简单,可以直接通过编程计算得到。

②考虑静音的三音子搭配模型

对于含有静音的三音子段,我们可以通过静音所在的不同位置,得到几种情形:静音+音子+音子,静音+音子+静音,音子+静音+音子,音子+音子+静音。然后根据音子的来源得到含有静音的三音子。

在上述两种情况下,我们还要考察是不是有相同的三音子被重复计数,对重复计数的三音子通过程序进行剔除。

(三) 三音子搭配关系计算结果

①不含静音的三音子搭配计算结果

a. 音节间搭配关系计算结果

2+1 型:前一个音节中不同的两个尾音子共有 95 个,后一个音节的不同的起始音子的个数有 33 个,所以理论上应该存在的总个数为 95×33=3135 个。

1+2 型:前一个音节不同的尾音子共有 12 个,后一个音节的不同的起始音子个数为 197 个,所以理论上应该存在的总个数为 12×197=2364 个。

1+1+1 型:中间的单音子音节共有 7 个,在它之前的音节的尾音子共有 12 个,在它之后的音节的起始音子有 33 个,所以理论上存在的三音子总个数为 7×12×33=2772 个。

b. 音节内搭配关系的计算结果

经过计算和计数,共得到音节内不同的三音子的个数有 285 个。

通过去除重复计数,共得到不含静音的可能存在的合理的音节间三音子搭配个数 7913 个。

②含有静音的三音子搭配计算结果

采用类似不含静音的三音子搭配计算中的分析方法,我们得到了包含静音的不重复的可能存在的三音子个数 593 个。

合计上述两种情况,我们得到了所有可能存在的合理的三音子个数为 8506 个。

二 语料挑选设计

(一) 语料收集

为了符合语音识别的需要,本次收集的语料主要是面向口语的,因此语料的来源主要取自谈话类节目、小说、课本、电影剧本、《现代汉语词典》示例等,并且要求文本书写比较规范。此外,我们收集到的话题涉及生活中的多个方面,包括政治、经济、文化、教育、体育、娱乐、科技、卫生等。

（二）文本处理

文本处理的第一步是要对文本进行断句。我们按照实际说话的情况，对文本按如下的标点处进行断句：句号"。"、问号"？"和感叹号"！"。

而对于逗号，我们并不把它设为断句的标志，并且不限制其在断得的句子内部的个数。这样做的好处在于可以保证句子在内容上，在语义上都是完整的，并且尽可能地保留完整的小句之间的篇章韵律信息。

断句后的工作是对文本进行拼音转注，并对文本进行韵律分词。这样就得到了拼音转注的带韵律分词信息的文本。

（三）断句后句子平均句长及标准差

对断句后的句长进行了测算，为确定合适的录音文本句子长度提供参考。经过对近 40 万句子的测算，我们得到了平均的句子长度为 35 字，标准差为 25 字。根据测算得到的结果，同时考虑录音条件下，录音人念文本的难易程度，我们认为将句长定为 30 字以内是比较合理的。因此，将断句后的文本按字长进行过滤，得到了 30 字以内的文本，相当于一个小语篇。

（四）带韵律信息的文本挑选

在文本挑选过程中，对于音段，我们主要考虑音节（包括带调与不带调）和三音子的覆盖；对于韵律，我们主要考虑声调的覆盖。

①对于音段的考虑

在本次语料设计中，不考虑对三音子进行聚类，以提供比较完备的三音子集。

②声调搭配模式

因为得到的分词文本是带韵律信息的，这使我们可以在文本挑选中尝试考虑带上韵律信息。在这次挑选中，对韵律信息主要考虑了声调的搭配模式。考虑到在实际语料中四字调严重的非完备性和覆盖的稀疏性，挑选中主要以两字调和三字调为主，兼带考虑对应音节声母的清浊，再考虑到轻声的存在，得到所有可能的声调搭配表。以下为可能的声调搭配个数：

两字调：4×2（清浊）$\times 5 \times 2$（清浊）$= 80$。

三字调：4×2（清浊）$\times 5 \times 2$（清浊）$\times 5 \times 2$（清浊）$= 800$。

③挑选算法的设计

语料挑选的基本目标是以尽可能少的语料覆盖尽可能多的语音现象。语料挑选的基本算法是贪婪算法，即每一次都选择一个最佳的句子作为语料保存。评定一个句子是否是最佳的句子，必须给出一套评价句子优劣的方案。吴华等（2000）提出了一个既可以解决数据稀疏性，又可以使三音子得到最大限度覆盖的评价方案，并在此基础上形成了一组算法。这种评价的核心思想是对三音子和聚类三音子按照未选、已选但稀疏、已选且不稀疏这样的等级分别给分，然后累积一个句子的得分，得到一个句子的最终分值。

由于我们不考虑聚类三音子的情况，而增加了考虑声调信息的情况，因此，我们基于等级评分的方案，给出了一种新的评分方案。对三音子和声调按照是否已选，是否稀疏分别给出它们的分值，然后对两个分值相加，得到一个句子的累积分值，并且作为这个句子的最终分值。

以下给出语料挑选的贪婪算法步骤：

步骤一：设置要挑选的句子数，初始化已挑选三音子个数为0，声调组合个数为0；

步骤二：输入语料，设定分值最大值 maxscore = 0；

步骤三：读入句子，对句子三音子和声调按照等级评分法分别给出分值；

步骤四：将得到的分值相加，并比较是否大于 maxscore。如果是，则保存当前句子，并更换 maxscore 值为当前分值；

步骤五：文件中所有句子是否全部处理完。若否，根据挑选的句子，更新记录已挑选的三音子和声调，继续步骤三；若是，则挑出分值最大的句子作为当前挑选的句子，并判断是否达到要挑选的句子数，若达到，结束挑选；若未达到，继续步骤二；

基于这种想法，得到了大约2200句的文本（去掉了一些文言文形式的句子）。

三 挑选文本分析

对挑选出的大约2200句的文本进行音段和声调方面的分析，得到了如表8—5的结果：

表 8—5　　　　　　　　　RASC863 语料覆盖情况

音节（不带调）	401
音节（带调，包含轻音）	1335
三音子	83.4%
声调（两字调和三字调）	70%

从挑选出的语料分析结果看，无论是带调还是不带调的音节，它们基本上覆盖了全部常用音节。对于三音子，我们认为这样的覆盖情况是令人满意的，因为在原始语料中，我们看到了在控制字长的句子集中，当三音子覆盖率达到约 80% 的时候，三音子的覆盖率相对于句子数的增长十分缓慢，平均每增加 5000 句，三音子才增加一个，并且随着句子数的增长，三音子的增长更加趋缓。最终，我们得到了原始语料中的三音子覆盖率为 89%。所以这 2200 句的语料基本上挑出了原始语料中的三音子。对于声调组合覆盖不是很高的原因，是只考虑了句法词，而不是韵律词，如果基于发音语料的韵律词统计，结果应该更高。

第五节　RASC863 语音标注规范

一　标注软件以及标注文件格式

标注软件使用 Praat 语音分析软件（http://www.fon.hum.uva.nl/Praat/）。

标注文件名对应声音文件号加"TextGrid"后缀，如"A0001.TextGrid"是"A0001"句对应的标注文件，可以用 Praat 调用。标注文件和声音文件存于同一个目录下面。

二　语音标注内容

尽管录音过程中尽量控制发音人的发音错误，但是也很难避免个别的实际发音与所给发音语料的细小差别。因此，我们对每个发音人的文本按照实际的发音进行了修正，准确文本见每句对应的 Praat 标注文件。

目前对上海、重庆、广州和厦门四个城市完成了语音学标注。标注分为精标和粗标两个部分。精标部分每个方言点选取 20 个人（10 男 10

女）语音，覆盖一整套设计的语料，并考虑发音人的年龄和学历分布等，见表8—6至表8—9。剩余部分均为粗标。表中口音按照普通话水平分为三级，从高到低用A、B、C表示，每一级又分为甲乙两等。如B-2表示普通话水平是二级乙等。见表8—6。

表8—6　　　　广州普通话精标语料发音人编号和信息

发音人编号	句子编号	口音	年龄	文化程度
GZM041	S0001 – S0110	B – 2	32	大专
GZM022	S0111 – S0220	B – 2	20	本科
GZM023	S0221 – S0330	B – 2	20	本科
GZM084	S0331 – S0440	B – 2	30	大专
GZM025	S0441 – S0550	B – 2	18	中专
GZM006	S0551 – S0660	B – 2	20	大学
GZM027	S0661 – S0770	C – 1	20	大学
GZM068	S0771 – S0880	B – 1	30	本科
GZM089	S0881 – S0990	B – 2	33	本科
GZM070	S0991 – S1100	B – 2	31	大专
GZF051	S1101 – S1210	B – 2	50	大学
GZF092	S1211 – S1320	B – 1	21	大学
GZF033	S1321 – S1430	B – 2	21	大学
GZF074	S1431 – S1540	B – 2	39	大学
GZF015	S1541 – S1650	B – 1	22	大学
GZF096	S1651 – S1760	A – 2	19	大学
GZF077	S1761 – S1870	B – 2	34	本科
GZF018	S1871 – S1980	A – 2	21	大学
GZF039	S1981 – S2090	B – 1	30	大学
GZF080	S2091 – S2200	B – 1	32	大学

表8—7　　　　上海普通话精标语料发音人编号和信息

发音人编号	句子编号	口音	年龄	文化程度
SHM081	S0001 – S0110	B – 2	45	高中
SHM042	S0111 – S0220	B – 2	53	大专
SHM013	S0221 – S0330	C – 1	43	大专

续表

发音人编号	句子编号	口音	年龄	文化程度
SHM044	S0331－S0440	B－2	49	高中
SHM025	S0441－S0550	B－1	24	本科
SHM066	S0551－S0660	B－2	46	高中
SHM007	S0661－S0770	B－2	20	本科
SHM048	S0771－S0880	B－1	33	高中
SHM069	S0881－S0990	C－2	50	初中
SHM050	S0991－S1100	A－2	24	大专
SHF011	S1101－S1210	B－2	21	本科
SHF072	S1211－S1320	A－2	58	大学
SHF053	S1321－S1430	B－2	39	高中
SHF094	S1431－S1540	C－1	45	中专
SHF055	S1541－S1650	A－2	20	大专
SHF036	S1651－S1760	B－1	38	研究生
SHF017	S1761－S1870	B－2	22	本科
SHF058	S1871－S1980	B－2	41	高中
SHF019	S1981－S2090	B－2	21	本科
SHF060	S2091－S2200	B－1	30	高中

表 8—8　　重庆普通话精标语料发音人编号和信息

发音人编号	句子编号	口音	年龄	文化程度
CQM001	S0001－S0110	B－1	26	大专
CQM022	S0111－S0220	B－2	63	大学
CQM023	S0221－S0330	B－1	28	大学
CQM044	S0331－S0440	B－2	20	本科
CQM085	S0441－S0550	C－2	40	中技
CQM086	S0551－S0660	B－2	28	初中
CQM027	S0661－S0770	B－2	47	高中
CQM048	S0771－S0880	B－1	20	专科
CQM049	S0881－S0990	B－2	21	本科
CQM070	S0991－S1100	A－2	58	大学
CQF071	S1101－S1210	B－1	52	大专

续表

发音人编号	句子编号	口音	年龄	文化程度
CQF032	S1211 – S1320	A – 2	21	本科
CQF073	S1321 – S1430	B – 2	31	高中
CQF094	S1431 – S1540	B – 2	34	大专
CQF035	S1541 – S1650	B – 2	38	本科
CQF036	S1651 – S1760	A – 2	30	本科
CQF017	S1761 – S1870	B – 1	20	大专
CQF018	S1871 – S1980	B – 1	22	大专
CQF059	S1981 – S2090	B – 2	49	中专
CQF080	S2091 – S2200	B – 2	30	大学

表8—9　厦门普通话精标语料发音人编号和信息

发音人编号	句子编号	口音	年龄	文化程度
XMf041	S0001 – S0110	B – 2	20	大专
XMf002	S0111 – S0220	B – 1	27	大学
XMf063	S0221 – S0330	B – 2	41	高中
XMf064	S0331 – S0440	B – 2	43	高中
XMf045	S0441 – S0550	B – 1	19	大专
XMf086	S0551 – S0660	B – 1	32	大专
XMf067	S0661 – S0770	B – 1	18	大学
XMf028	S0771 – S0880	B – 2	50	高中
XMf049	S0881 – S0990	B – 2	46	初中
XMf070	S0991 – S1100	B – 1	19	大专
XMm051	S1101 – S1210	B – 1	21	本科
XMm012	S1211 – S1320	B – 1	21	本科
XMm033	S1321 – S1430	B – 1	22	本科
XMm074	S1431 – S1540	B – 1	50	大学
XMm035	S1541 – S1650	B – 1	21	本科
XMm056	S1651 – S1760	B – 2	29	大专
XMm037	S1761 – S1870	B – 1	24	本科
XMm058	S1871 – S1980	B – 1	33	本科
XMm019	S1981 – S2090	B – 1	25	硕士
XMm020	S2091 – S2200	B – 1	18	高中

精标包括以下内容：

①对所有发音人的口语独白进行了语音到文字的转写，包括口语中出现的副语言和非语言信息的转写。

②所有朗读、常用方言词汇和回答问题的汉字转写。如果是出现数字，那么用汉字标注，如"五十二"。如果是英文网址用英语表示，如 chinaren 点 com；字母单读时，字母之间用空格隔开。

③对所有朗读、常用方言词汇和回答问题的正则拼音的转写，并且标注分词信息。如果是英文网址用英语表示，如 chinaren 点 com；字母单读时，字母之间用空格隔开。

④对所有朗读和回答问题的对应时间点的正则音节标注，并且标注副语言和非语言的现象。如果是英文单词，如 com，则作为一个单元切分标注；字母单读时，每个字母切分开标注。

⑤对所有朗读和回答问题的对应时间点的声母和韵母实际的读音拼音标注，包括增音、减音等语音音变标注，以及由于方言引起的"错误发音"。

⑥对所有朗读和回答问题的对应时间点的声母和韵母实际的读音 SAMPA – C 符号标注。

粗标包括以下内容：

①对所有发音人的口语独白进行了语音到文字的转写，包括口语中出现的副语言和非语言信息的转写。

②所有朗读、常用方言词汇和回答问题的汉字的转写。如果是出现数字，那么用汉字标注，如"五十二"。如果是英文网址用英语表示，如 chinaren 点 com；字母单读时，字母之间用空格隔开。

③对所有朗读、常用方言词汇和回答问题的正则拼音的转写，并且标注分词信息。如果是英文网址用英语表示，如 chinaren 点 com；字母单读时，字母之间用空格隔开。

三　标注规范

（一）口语到汉字的转写

转写实际发音，包括口语中出现的副语言和非语言现象（详细内容可参见第四章第一节）。

表 8—10　　　　　口语现象/副语言现象标注符号

编号	现象	标注符号	例句
1	拖音（lengthening）	[LE]	呃［MO］［LE］，还有那个［LE］保龄球、橄榄球，等等，都是非常喜欢［SM］
2	喘息（breathing）	[BR]	［BR］我的业余爱好是看书［BR］
3	笑声（laughing）	[LA]	本来我也很想报那所［LA 学校］
4	哭声（crying）	[CR]	［CR 他学历很高，是一名大学生］ ［CR 我非常崇拜他写一手好字］
5	咳嗽（coughing）	[CO]	［CO］到上海去看病也不会好［BR］
6	间断（disfluency）	[DS]	我跟我爱人是在一九［DS］七五年［DS］认识的
7	噪音（noise）	[NS]	因为［NS］，那里很多老鼠，爸妈就［DS］，买了很多猫回来养
8	沉默（silence long）	[SI]	到了北京［SI］，所谓的北京的几大名吃［BR］南方人吃起来，总觉得味儿不大对劲［BR］
9	含混音（murmur/uncertain segment）	[UC]	啊［UC］
10	语气词（modal/exclamation）	[MO]	嗯［MO］［BR］哎［MO］我说的话题是上网的感觉
11	咂嘴音（smack）	[SM]	天安门［SM］对面就是个高高的纪念碑，然后，往后就是毛主席的纪念堂
12	其他语言（non-Chinese）	[NC]	然后中国人的话，不是说特别的［NC］［BR］，但是日本人和韩国人就更加的［NC］
13	吸鼻音（sniffle）	[SN]	瞧多可爱的儿子［SN］［DE］. 瞧多可爱的儿子，还有每次吃饭，他总是抢着第一个去吃［BR］
14	打哈欠（yawn）	[YA]	
15	重叠发音（overlap）	[OV]	
16	插话（interjection）	[IN]	
17	吞咽（deglutition）	[DE]	所以说在学英语当中，第一个要注重［BR］怎么样去［DE］解释这个单词

续表

编号	现象	标注符号	例句
18	清嗓子（hawk）	[HA]	而且吧[MO]，特别[HA]特别是不喜欢上台[HA]
19	打喷嚏（sneezes）	[SE]	
20	电话忙音（beep）	[BP]	[BP]说起来[LE]这些就是我[LE][BP]现在想要说的]
21	颤音（trill）	[TR]	但是[HA]，由于书[TR]上呢[MO]，保留了这个技术
22	口误（error）	[ER]	[ER]啊[MO]还有那个[BR]笛子，也学过一点
23	填充停顿（filled pause）	[FP]	而现在[DS]，由于[DS]那个[FP]
24	感叹（exclamation）	[EX]	当时我的第一的[DS]第一个感觉就是[BR]，[EX哎呀[MO]我说普通话怎么这么差呀[MO]]！
25	重复发音（repetition）	[RE]	然后就[DS]，就向他挑战吧[MO]，比如说[RE 我我[BR]我我]要在这个地方杀一个人
26	歌声（song）	[SO]	
27	废弃音	[DIS]	

（二）语音学标注

朗读发音的标注，包括在时间点上标注正则的发音和实际发音，并且标注由于方言口音引起的"错误发音"。精标包括以下几个层次的标注，粗标只标前两层。

第一层：汉字层（HZ），标注汉字。

第二层：拼音层（PY），标注正则拼音。

第三层：音节层（YJ），对应时间点的正则音节拼音标注。

第四层：声韵层（SY），对应时间点的实际的声母和韵母读音的拼音标注，包括增音、减音等语音音变（表4—11），以及由于方言口音引起的"错误发音"。

第五层：SAMPA-C声韵母层（SAM），对应时间点实际的声母和韵母读音的SAMPA-C符号标注。SAMPA-C是基于SAMPA标注集的汉语标注规范，是方便机读和数据交换的对应IPA的符号集。（参见第四章第二节）

第六层：标注副语言和非语言现象（符号见表8—10）。

第四层标注是难点。由于受方言的影响，发音人的声韵母有很多的"偏误"。这里给出2个语音学精标和2个粗标实例加以说明，具体的标注原则参见第四章。

精标例1："上海餐厅"。HZ为汉字层，PY为带分词标记的正则拼音层，YJ为时间点对齐的音节拼音层，SY为时间点对齐的声韵母实际发音标注。"#s"表示由于方言引起的错误读音，将"sh"读成了"s"。

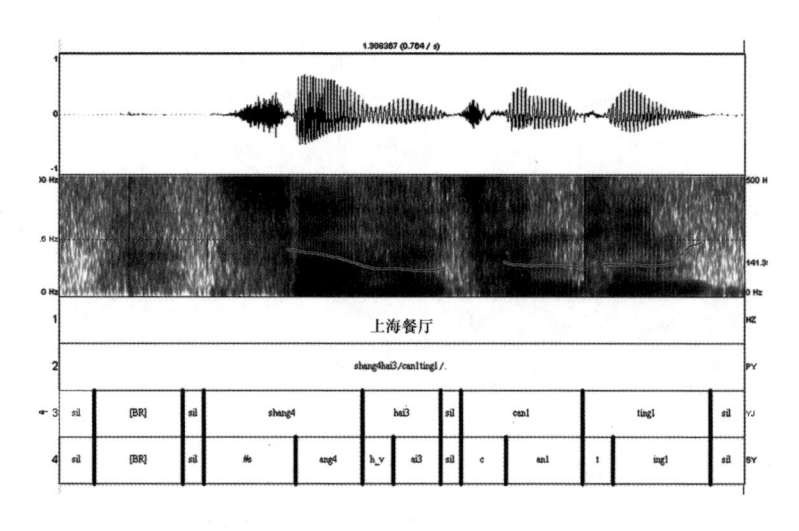

图8—3　"上海餐厅"的语音学标注

精标例2："女娲补天，不，不，女娲，女娲"，"*h*uo"表示错误发音。

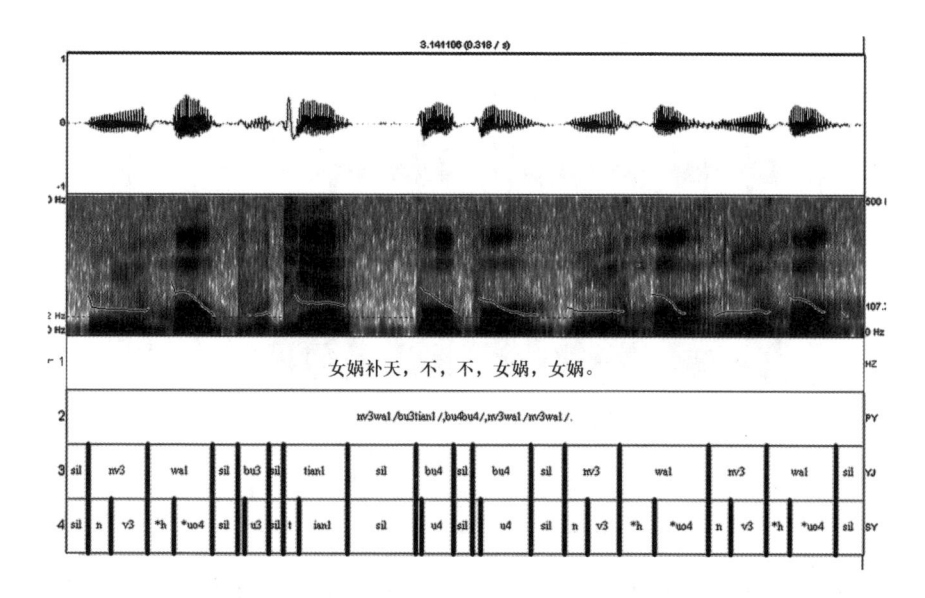

图8—4 "女娲补天，不，不，女娲，女娲"的语音学标注

粗标例1："科恩今天下午参观了上海证券交易所"，HZ 为汉字层，PY 为正则拼音层。"/"为分词符号。

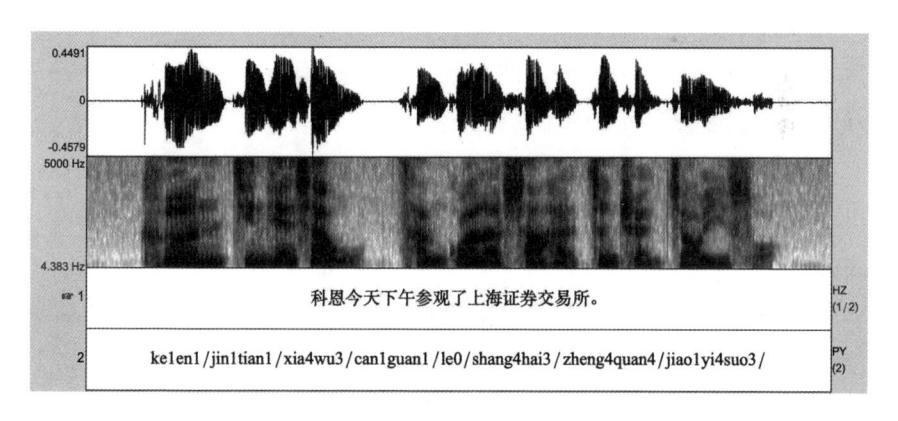

图8—5 "科恩今天下午参观了上海证券交易所"的粗标

粗标例2："企业与员工企业与客户共同发展，每一位员工都是企业的主人"。HZ 为汉字层，PY 为正则拼音层。"/"为分词符号。

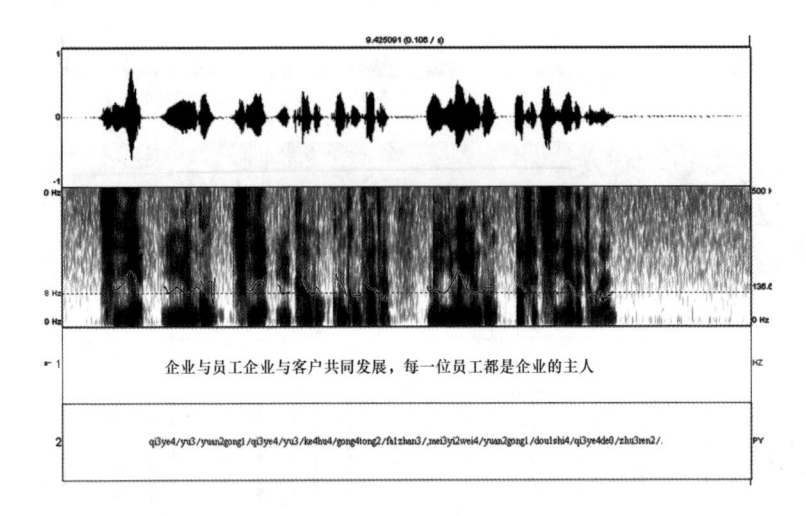

图8—6　"企业与员工企业与客户共同发展，每一位员工都是企业的主人"的粗标

第六节　即兴口语语言学单元统计

语音库还有一项工作就是对标注结果进行一些基本统计。比如，我们可以对 RASC863 中发音人的即兴独白话语转写的结果进行各种语言学单元的出现频度或者分布情况的统计。

这里给出了重庆、厦门、上海、广州四个方言点，每个点200发音人的即兴独白语音转写后的一些统计结果，包括声韵音段和词汇的出现分布情况。

表8—9给出了几个主要累计概率点对应的单元出现个数。可以看到上海和广州的词汇和音节（无调和有调）出现个数都大于重庆和厦门，厦门最少。只有重庆方言有儿化韵或者儿化音节，因此方言口音普通话即兴口语中也是出现最多的，比其他三个地区高将近三倍，而其他三个地区并无差异。

表8—12至表8—15分别给出了出现频率位于前20位的声母和韵母、出现频率位于前20位的有调音节、出现频率位于前20位的无调音节、出现频率位于前30位的词汇。从出现的单元看，非常相近；表8—15中排

在前 30 位高频词汇以虚词、代词为主。如话语标记词"啊、嗯、恩、呢";语气词"呢";动词以单音节动词为主,如"说、去、到"等。

表 8—11　　RASC863 中四个方言区的即兴口语词汇统计

数据库累计概率	音库总量（音节总数）	词汇出现个数	音节（有调）	音节（无调）	声韵母	儿化韵（无调）
上海	180615	7935	1117（1127）	390（399）	167（178）	11
70%		346	130	77	41	
80%		758	203	108	58	
90%		1883	330	160	80	
重庆	159978	7293	1102（1181）	389（446）	167（198）	31
70%		314	128	77	42	
80%		685	199	109	59	
90%		1728	324	158	82	
广州	173506	7639	1095（1127）	387（406）	166（178）	12
70%		303	127	76	43	
80%		679	197	107	59	
90%		1732	317	158	83	
厦门	130308	6483	1058（1090）	384（395）	167（174）	13
70%		316	127	76	42	
80%		692	199	108	58	
90%		1686	329	159	81	

表 8—12　　RASC863 四个方言区的即兴口语中出现频率位于前 20 位的声母和韵母

编号	上海	重庆	广州	厦门
1	e	e	e	e
2	j+i	j+i	j+i	a
3	iii	iii	iii	j+i
4	d+e	a	a	iii

续表

编号	上海	重庆	广州	厦门
5	a	d + e	d + e	d + e
6	i	i	i	i
7	sh + iii	sh + iii	sh + iii	sh + iii
8	ai	en	en	x + i
9	en	ai	x + i	ai
10	u	x + i	ai	en
11	x + i	u	u	u
12	uo	uo	$yi	uo
13	$yi	$yi	an	$yi
14	ian	$wo	uo	ao
15	ao	ian	ao	ian
16	l + i	ao	ian	an
17	an	an	ou	ou
18	iao	ou	l + i	iao
19	ong	l + i	iao	g + e
20	ang	ang	iu	ang

表8—13　　RASC863四个方言区的即兴口语中出现频率位于前20位的有调音节

编号	上海	重庆	广州	厦门
1	de0	de0	de0	de0
2	shi4	wo3	shi4	shi4
3	wo3	shi4	wo3	wo3
4	yi1	yi1	yi1	yi1
5	ta1	jiu4	ta1	na4
6	jiu4	ta1	jiu4	you3
7	you3	zai4	you3	ta1
8	zai4	na4	na4	jiu4
9	ge4	you3	zai4	zai4
10	ne0	ge4	bu4	bu4
11	zhe4	shi2	ge4	ge4

续表

编号	上海	重庆	广州	厦门
12	bu4	men0	shi2	shi2
13	le0	zhe4	hen3	zhe4
14	na4	bu4	le0	le0
15	men0	le3	men0	hou4
16	shi2	en1	yi3	men0
17	yi3	shuo1	zhe4	shuo1
18	hen3	hou4	xue2	yi3
19	ye3	hen3	hou4	hen3
20	shuo1	yi3	ye3	lai2

表8—14 RASC863四个方言区的即兴口语中出现频率位于前20位的无调音节

编号	上海	重庆	广州	厦门
1	de	de	de	de
2	shi	shi	shi	shi
3	yi	yi	yi	yi
4	wo	wo	wo	wo
5	ge	ge	you	ge
6	you	jiu	jiu	na
7	ta	you	ta	you
8	jiu	ta	ge	jiu
9	zhe	zai	na	ta
10	zai	na	zai	hou
11	ne	zhe	hou	zai
12	le	men	bu	zhe
13	na	hou	zhe	bu
14	bu	le	le	men
15	men	bu	hen	le
16	ji	ji	ji	ji
17	hou	zhong	men	ye
18	ye	dao	ye	dao

续表

编号	上海	重庆	广州	厦门
19	zhong	ye	zhi	hai
20	li	zhi	ren	shuo

表 8—15　RASC863 四个方言区的即兴口语中出现频率位于前 30 位的词汇

编号	上海	重庆	广州	厦门
1	的	的	的	的
2	我	我	我	我
3	是	是	是	是
4	呢	就	就	了
5	了	了	了	就
6	在	在	在	在
7	也	恩	他	有
8	我们	我们	呃	那个
9	就	说	也	说
10	他	呢	呢	他
11	有	也	有	也
12	说	有	啊	呃
13	就是	他	很	我们
14	很	那个	嗯	恩
15	恩	就是	我们	那
16	啊	一	一个	然后
17	呃	一个	都	啊
18	那个	啊	说	很
19	一个	时候	就是	时候
20	嗯	嗯	时候	就是
21	要	很	一	都
22	这个	不	然后	一个
23	一	都	去	到
24	都	这个	那个	要
25	时候	人	到	一

续表

编号	上海	重庆	广州	厦门
26	它	然后	那	比较
27	到	到	不	不
28	这	上	人	去
29	不	你	比较	一些
30	你	觉得	上	嗯

第七节 本章小结

方言普通话语音库 RASC863，反映了口语化、语篇化的特点。在朗读语料的设计上，尽量覆盖所有音节间的音段音联关系，而没有将三音子进行语音学归并，这样做主要是考虑到在连续语流中，受到韵律因素的影响，音节音段音联表现的复杂性。同时，由于句子长度的增加，长句子就是一个小语篇，丰富了语句的韵律结构信息。有很多口语句，如问句增加很多。

独白口语部分非常自然，包含一些情感强烈的语音，为情感语音标注和分析可以提供一些宝贵的材料。

语音库的制作和分发应该是一个系统工程，每一步都应该遵从特定的规范。我们应该在语料库的制作中尽量使用国际上通用的规范，以便汉语语音库在国内外分发和共享。

由于资金和时间的原因，RASC863 对 2000 人的自然口语独白只做了声音到文字的转写，也只对四方言点的朗读语音进行精细的语音学标注。即便如此，这个库已经为多家研究单位和公司的语音识别的建模所用，同时，也为方言普通话的声学语音研究（于珏等 2003；陈娟文等 2003；Li & Wang 2003），特别是客观普通话水平测试提供基础数据。

参考文献

陈娟文、李爱军、王霞：《上海普通话与普通话两音节调连对比研究》，《第六届全国现代语音学学术会议论文集》，2003 年。

李爱军、王天庆、殷治纲：《863 语音识别语音语料库 RASC863——四大方言普通话语音库》，第七届全国人机语音通信学术会议，2003年。

李荣主编：《汉语方言词典》系列（41部），江苏教育出版社2002年版。

李智强：《韵律研究和韵律标音》，《语言文字应用》1998年第1期。

王天庆、李爱军：《连续汉语语音识别语料库的设计》，《第六届全国现代语音学学术会议论文集》，2003年。

吴华、徐波、黄泰翼：《基于三音子模型的语料自动选择算法》，《软件学报》2000年第2期。

熊子瑜：《自然语句边界的韵律特征及其交际功能》，博士学位论文，中国社会科学院，2003年。

于珏、李爱军、王霞：《上海普通话与普通话元音系统的声学特征对比研究》，《第六届全国现代语音学学术会议论文集》，2003年。

祖漪清：《连续语音数据库设计的科学性问题》，《语音研究报告》，中国社会科学院语言研究所，1998年。

Chen, X., Li, A., Sun, G., Yu, Z. 2000. Application of SAMPA-C for Standard Chinese. *Proceedings of ICSLP 2000*, Beijing.

Iskra, D., Grosskopf, B., Marasek, K. 2002. SPEECON—speech databases for consumer devices: Database specification and validation. *Proceedings of LREC 2002*, pp. 329–333.

Li, A. 2002. Chinese prosody and prosodic labeling of spontaneous. *Proceedings of Speech Prosody 2002*, Aix-en-Provence, France.

Li, A. 2016. Chinese telephone conversation corpus. In R. Sybesma, W. Behr, Y. Gu, Z. Handel, C.-T. J. Huang, J. Myers (Eds.), *Encyclopedia of Chinese Language and Linguistics* (5 Volumes). Brill.

Li A., Wang X., 2003. A contrastive investigation of Standard Mandarin and accented Mandarin. *Eurospeech 2003*.

Schiel, F., Draxler, C. 2003. *Production and Validation of Speech Corpora: Bavarian Archive for Speech Signals*. Munchen: Bastard Verlag.

国际著名语料库以及相关规范、软件网站：

www.ldc.upenn.edu

www.bas.uni-muenchen.de/Bas

www. icp. grenet. fr/ELRA/home. html

www. nist. gov/speech

www. phon. ucl. ac. uk/home/sampa/home. htm

www. speechdat. org

www. w3c. org

第九章

具有深度言语信息标注的口语语篇库 Discourse-CASS

  Discourse-CASS 是目前规模最大的具有深度标注的口语语篇库。为什么称为深度标注？首先是标注的层级多，多达 18 层；另外是标注的内容"深"，包括了我们在第二章口语语篇的多层级表示和标注体系的大部分层级信息。包括：音段和韵律标注、言语行为标注、修辞关系和依存关系标注、应答关系标注、情感态度标注等。

  Discourse-CASS 分为几个子库，在近 20 年建设中，先后得到国家社科基金重点项目、863 项目、973 项目以及科技部重点研发项目支持。从开始的朗读口语语篇到自然口语对话语篇建设，历经了语音研究和应用的重要发展历程。这个库部分内容在 ChineseLDC 分享给学界和工业界，围绕标注结果开展了一系列的创新研究，比如，语篇韵律的接口和韵律建模研究，口语交互的意图编解码研究，口语对话言语行为建模研究，口语依存与修辞关系研究等。

  本章将详细介绍 Discourse-CASS 的语料内容、标注层级信息和基于标注的各种语言和基本语音学信息的统计结果，希望这些结果可以为一些相关研究提供基础数据支持。

第一节 口语语篇库 Discourse-CASS 的基本信息

  Discourse-CASS 包括不同时期建设的三个语音库：
  ① 2000 年开始建设的朗读语篇库 ASCCD（Annotated Speech Corpus of

Chinese Discourse），含各种风格和类型的朗读语篇 18 篇，由 10 位普通话发音人录制。具有音段（音节和声韵母边界）和韵律信息（韵律结构和重音）的标注（Li, Chen, Sun, et al. 2000a；Li, Chen, Sun et al. 2000b；Li, Lin, Chen et al. 2000）。2012 年之后陆续进行了语篇结构信息标注，如信息结构、依存语法、修辞结构、回指等标注（Jia & Li 2016；贾媛 2019）。

② 2000 年开始建设的自然口语对话聊天库 CADCC。包括旅馆客服电话对话语音以及面对面无主题的自由聊天语音（李爱军等 2001；刘亚斌、李爱军 2002；Li & Zu 2006）。

③ 2010 年之后收集建设的各种复杂场景的大规模口语对话库。包括网络聊天口语对话、15 个服务领域的真实客服电话口语对话等（Jia & Li 2016）。

一 Discourse-CASS 数据库采集方法

① 专业录音棚内采集

使用 Cool Edit 或 Audition 录音软件，以两人对话形式进行录制，采样率为 16kHz，16Bit，双声道，wav 格式。

② 电话录音采集（座机/手机）

a. 在电话上外接录音装置进行实时录音，采样率为 16kHz，16Bit，单声道，wav 格式。

b. 直接使用带录音功能的电话进行实时录音，采样率为 8kHz，16Bit，单声道，wav 格式。

③ 磁带或电视节目转录

a. 使用磁带进行转录。将能播放磁带且有输入输出接口的录音机接到电脑上，使用 Cool Edit 或 Audition 录音软件进行转录。采样率为 16kHz，16Bit，单声道，wav 格式。

b. 直接从网络上进行转录。用 Windows 自带的录音机功能进行录制。采样率为 11025Hz，16Bit，双声道，wma 格式。

c. 电视转录，用采集卡进行录制。采样率为 16kHz，16Bit，双声道，wav 格式。

④ 网络通信采集

使用网络聊天工具进行录音。如：Skype、QQ、微信等。

二 朗读语篇库（ASCCD）

ASCCD 朗读语篇语料库由语篇语料、语音数据和语音学标注信息组成，适用于语音研究、语音工程开发和基础汉语普通话教学等领域，目前已经公开发布。

本语音语料库的语料结合学术和工程需求，经过科学的研究、论证、设计而成，内容包括 18 篇文章，体裁覆盖记叙、议论、通讯、散文等常见文体，每篇有 300—500 字。

语音数据由精选的 10 位（5 女 5 男）北京地区标准普通话发音人录制而成，每个人以自然语速朗读 18 篇语篇。录制了多模态声音信号，其中左声道为语音信号，右声道为声门信号（采用专业喉头仪录制声门波信号），如图 9—1 和图 9—2 所示。库容量约 1.5GB，时长约 7 小时。左右声道信号可以采用常见的语音处理程序（如 Cool Edit、Creative Wavesaudio、Praat 等）分离并单独存储，用户可根据自己的情况使用不同声道的信号。

语音学标注信息采用人工标注方法，通过观测语谱图和听音感知完成，标注内容包括拼音、声韵母、韵律结构、重音等。所有语音数据均进行了语音学标注。

【录音规范】

录音环境：专业录音室

录音设备：SONY DTC – 55ES 数码录音机

喉头仪：KAY Layyngograph Model 6094

话筒：CONDENSER CR1 – 4

发音人嘴唇到话筒距离：约 20cm

声卡：CREATIVE SOUND BLASTER LIVE！

录音采样率：44.1kHz，16Bit，双声道

信噪比：<34dB

声音文件格式：.wav

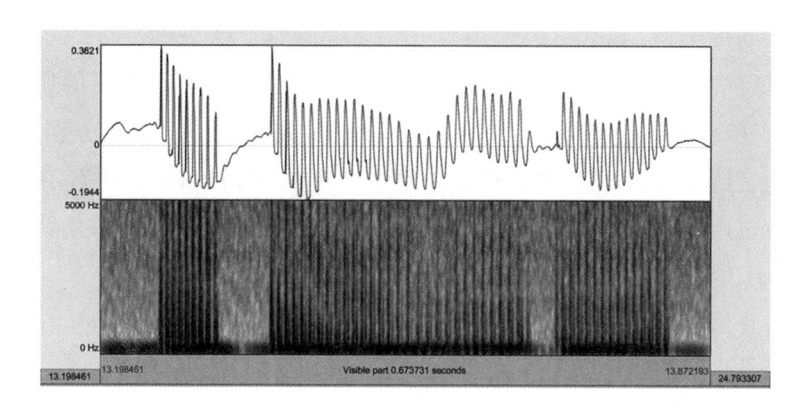

第九章　具有深度言语信息标注的口语语篇库 Discourse-CASS / 277

图 9—1　喉头仪录制的喉头振动信号"科学研究"

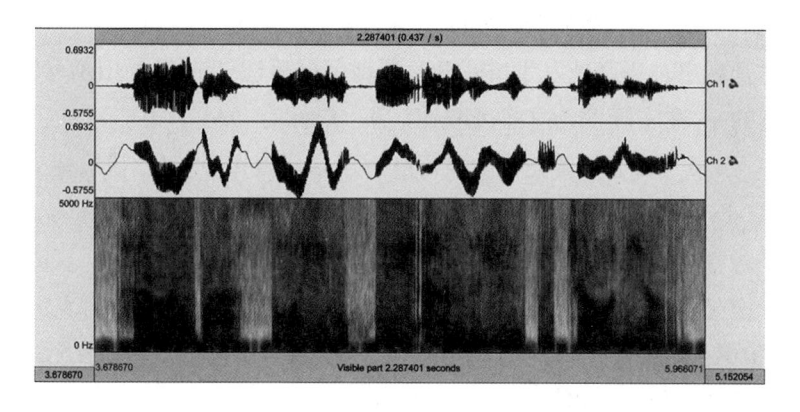

图 9—2　双通道信号：Ch1 为语音信号，Ch2 为喉头信号。下为三维语谱。

【语音标注】

包括音段和韵律标注。音段采用 SAMP-C、韵律采用 C-ToBI 符号集，利用软件 Praat 标注完成。共标注了 4 层信息，如图 9—3 所示，分别是：

①声韵母层（DE）

标记汉语的声母韵母边界，根据实际发音标注，采用普通话拼音符号，声母标注中包含后接韵母信息，例 jian3，声母标为：j + i，韵母标为：ian。

本层中音节声调未发生变化时不标，当实际发音声调和正则声调不同时，标注实际发音声调，声调标在韵母之后，用 1、2、3、4 分别表示四个声调，0 表示轻声，例 guo2，若实际发音发为 guo1，则声母标为：g+u，韵母标为：uo1。

本层中除采用标准拼音外，因为涉及实际发音中可能出现的特殊情况和音变现象，还使用了 C-ToBI 符号集中的特殊符号，其含义分别为：

浊音清化（~u）：当浊辅音或元音（标准状态发音时声带应振动）在发音时声带未振动，即为清化现象，对应符号后加 u，例如发生清化现象的 ba1 中韵母标为 a1u。

清音浊化（~v）：当清辅音（标准状态发音时声带不振动）在发音时声带发生了振动，即为浊化现象，对应符号后加 v，例如发生浊化现象的 da4 中声母标为 d+av。

减音现象：当某处发生减音时，所减部分后注"−"并用括号括起，如正则的 men2 在实际发音时 en 减音后，标记为 m（en−）。

增音现象：当某处发生增音时，所增部分后注"+"并用括号括起，如正则的 a1 在实际发音时前边增 r 音后，应标为（r+）a1。

tl：当某一音节发音完毕阶段留有一段余尾（tile）时，该段标为 tl。

sil/silv：静音无声段（silence）标为 sil，带音"静音"段标为 silv。

②拼音层（PY）

标记汉语的音节边界和音节正则读音，用 1、2、3、4 分别表示四个声调，0 表示轻声，声调标在韵母之后，例 ke3yi3。

③间断指数层（BI）

本层标记汉语的韵律结构。间断指数代表感知到的音节之间以及音节和无声段（silence）之间的音联程度，每一个音节之后都必须有一个间断指数标记。话语的韵律结构是层级组织结构，从小到大可以分为：音节、韵律词、韵律短语、语调短语和韵律组，分别用间断指数值 0、1、2、3、4 表示。

0（缺省值，未标出）：韵律词内的音节边界。如"中国"的"中"之后的间断是 0。p：不正常间断，如说话人犹豫或被别人打断的间断。

如图 9—3 所示，"可以用极简单的示例加以说明"为一个语调短语，包含两个韵律短语，边界在"示例"之后；包含五个韵律词："可以用""极简单的""示例""加以""说明"。

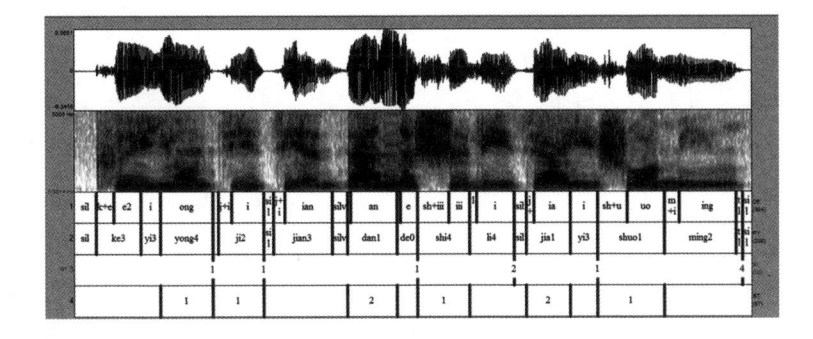

图9—3 朗读语篇语音标注示例："可以用极简单的示例加以说明。"

④重音层（ST）：

标记每个层级韵律单位的重音，"1、2、3"分别对应韵律词、韵律短语和语调短语重音，汉语的重音具有与韵律结构对应的层级结构。

韵律组因为一般较长，不易感知出最重音节，故该层级的重音不标。

若某一音节从不同韵律层级看其重音级别不同时，只标出最高级别的重音（如某一音节不仅在韵律词中为最重，还在韵律短语中最重，则其重音级别只标为2）。

【句法标注】

该部分标注信息参考并借鉴了俞士汶、朱学锋等《现代汉语语法信息词典详解》（1998）中的相关符号，对语料库内容进行了分词和词性标注。

句法标注符号说明，见表9—1。

表9—1　　　　　　　　句法标注符号

名称	词类代码	短语
形容词	a	AP
区别词	b	BP
连词	c	
副词	d	DP
叹词	e	

续表

名称	词类代码	短语
方位词	f	
语素	g	
前接成分	h	
成语	I	
简称略语	j	
后接成分	k	
习用语	l	
数词	m	MP
名词	n	NP
拟声词	o	
介词	p	PP
量词	q	MP
代词	r	
处所词	s	
时间词	t	
助词	u	
动词	v	VP
语气词	y	
状态词	z	

三 自然口语对话库（CADCC）

CADCC 自然口语对话语料库（Chinese Annotated Dialogue and Conversation Corpus）包括 Set1 和 Set2 两个部分（李爱军等 2001；刘亚斌、李爱军 2002）。由自然口语对话语音数据、对话文本、语音基础标注组成，适用于自然口语研究、语音识别工程和高级汉语普通话教学等领域。

Set1 是旅馆服务的电话录音，完全真实场景对话。Set2 是面对面聊天对话，为保证自然口语的纯粹性，参与录音的发音人为朋友或者同学，互相比较熟悉,录音中对发音人的对话内容不作任何限制,话题自由转换,完全反映真实环境下汉语自然口语特征。发音人在专业录音环境下录制,共计20个对话单元,每一对话单元有2位发音人。库容量约3.7GB,约17小时。语料库采用人工标注方式完成,可信度高。

表9—2　　　　　　　　　CADCC的详细信息

	Set1（电话库）	Set2（面对面对话库）
内容	旅馆服务	自由聊天
总时长	2小时	17小时
发音人数	>200人	28男和12女
口音	√	×
汉字转写	√	√
语音学标注	韵律和音段	韵律和音段
采样率/精度	8 KHz/16bit	16KHz/16bit
存储形式	.wav	.wav

【录音规范】

录音环境：专业录音室（部分数据在安静的办公室环境录制）

录音设备：GOLDEN无线录音设备、CR722电容话筒、SPIRIT调音台

发音人嘴唇到话筒距离：约20cm

声卡：CREATIVE SOUND BLASTER LIVE！

录音采样率16kHz采样（声卡采样率）、量化精度16Bit、单声道

信噪比：<34dB

声音文件格式：wav

【语音学标注】

基于自己编制的转写工具CHOPWAVE，对声音进行字音转写，存储格式为txt。如图9—4所示，左边界面的转写结果显示中具有起始采样点和结束采样点信息。

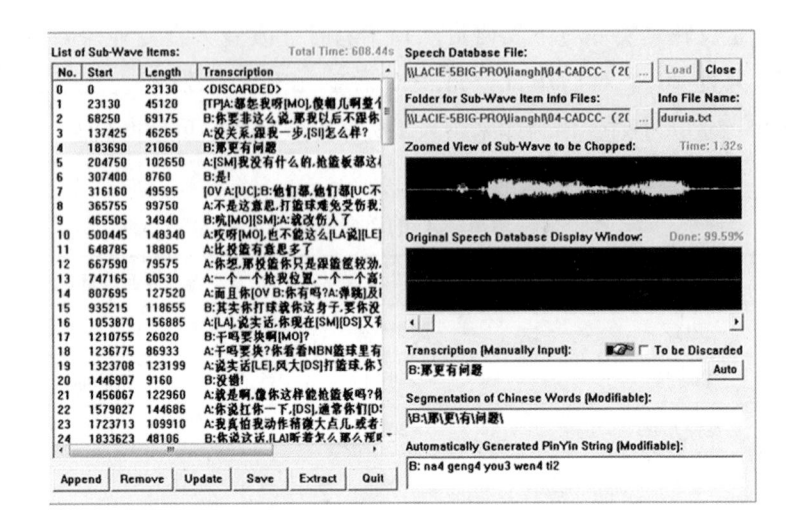

图 9—4　口语对话的字音转写软件界面

字音转写包含三层信息，如图 9—5 所示，第 1 层为汉字；第 2 层为分词；第 3 层为拼音。

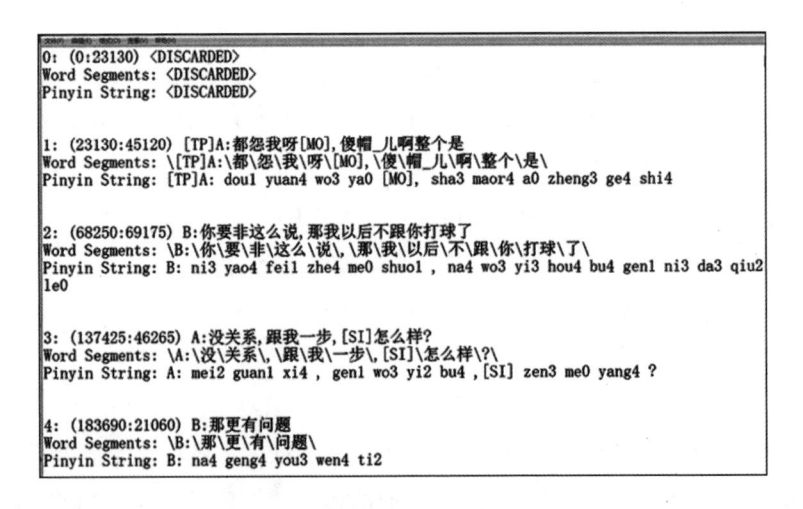

图 9—5　口语对话的字音转写结果示例

第 1 行开头的数字指声音对应的句子编号（段号）；随后括号中的数

字串分别指该段声音在声音文件中的起始点和结束点（单位为采样点）；最后的文字信息指发音人序号和其所说文字内容。

第 2 行 Word Segments 是分词信息。

第 3 行 Pinyin String 是拼音信息。

此外，采用 Praat 标注工具，对声音进行了语音学标注，存储格式为 TextGrid。如图 9—6 所示，标注内容包含 7 层信息，第 1 层为话轮（SPK）；第 2 层为汉字（HZ）；第 3 层为拼音（PY）；第 4 层为声韵母（SY）；第 5 层为副语言现象（MIS）；第 6 层为韵律边界（BI）；第 7 层为重音（ST）。标记符号见第四章及前一节说明。

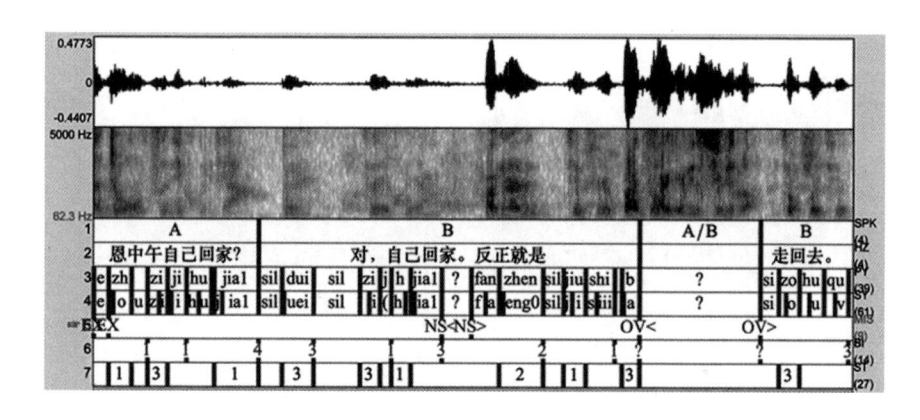

图 9—6　口语对话的语音学标注

四　各种真实场景对话库

此口语库采用不同录音方法、不同录音场景（客服、网络、话剧、面对面聊天等）、不同发音人，共收集数据 1177 段，约 60.5 小时，其中包括有脚本对话的 37 段，约 7.5 小时；即兴自然口语对话 1140 段，约 53 小时。信息详见第二节中表 9—3 和表 9—4 说明。

①客服行业自然口语电话对话

【录音规范】

录音设备：客服电话录音

录音环境：客服办公场所

录音采样率：8kHz，16Bit，单声道

声音文件格式：wav

【语音学标注】

采用 Praat 标注工具，对声音进行语音学标注，存储格式为 TextGrid。标注内容包含 18 层信息，如图 9—7 所示。第 1 层为发音人信息描述层（发音人年龄、口音、与对话人之前的关系等）；第 2 层为句子编号（以话轮为基础进行标记，方便提取句子进行自动语音切分处理）；第 3 层为话轮；第 4 层为汉字；第 5 层为句子；第 6 层为单字；第 7 层为拼音；第 8 层为声韵母；第 9 层为韵律边界；第 10 层为重音；第 11 层为副语言现象；第 12 层为音质；第 13 层为言语对话行为；第 14 层为言外意；第 15 层为主题；第 16 层为邻接对；第 17 层为口语现象；第 18 层为情感。

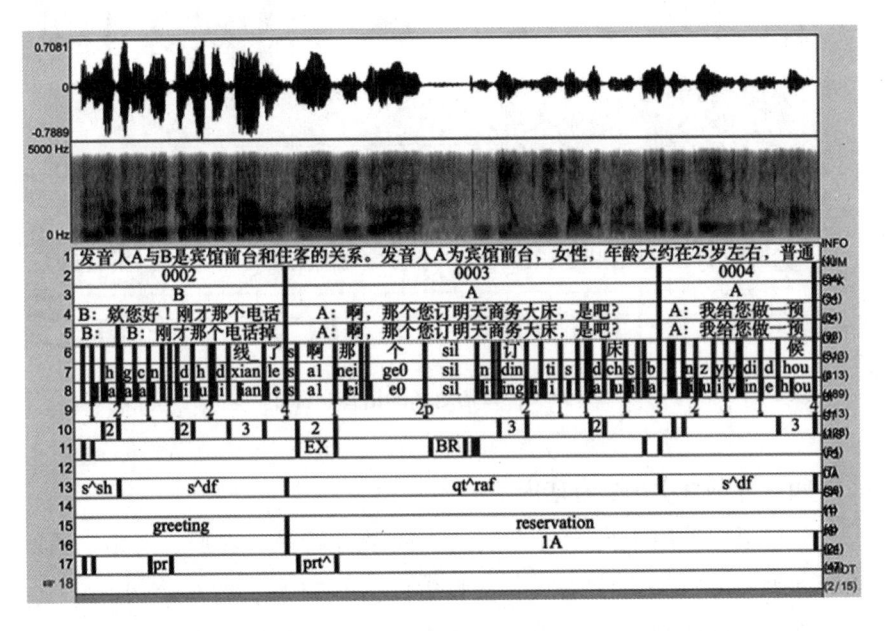

图 9—7 具有深度标注的客服自然口语电话对话标注示例

②网络语音聊天

【录音规范】

录音设备和软件：手机 QQ 聊天工具

录音环境：家或办公室

录音采样率：16kHz，16Bit，单声道

声音文件格式：wav

【语音学标注】

同上。如图 9—8 所示。

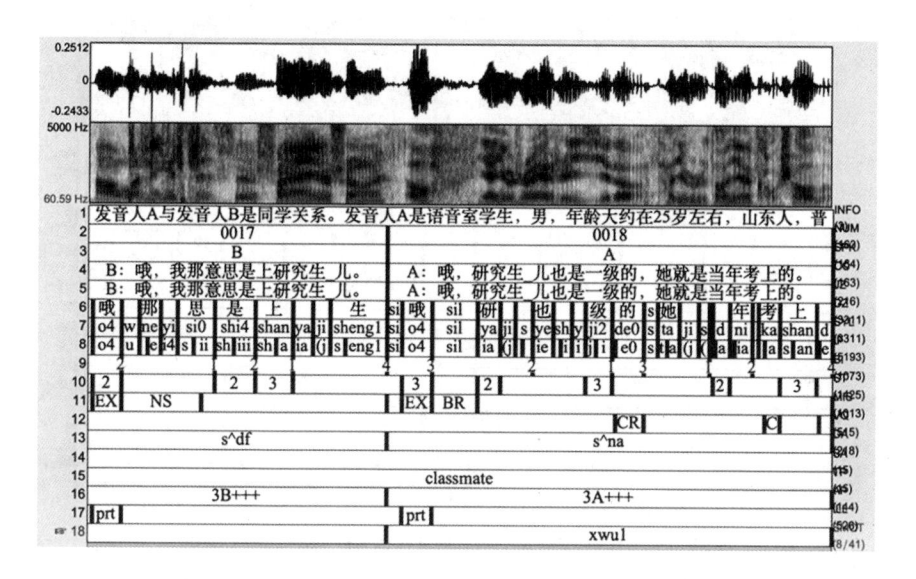

图 9—8　具有深度标注的网聊自然口语对话标注示例

③话剧《雷雨》

为了研究艺术语言，特别是情感语音，我们收集了艺人濮存昕主演的话剧《雷雨》，实际语音与对应脚本略有出入。共计 2.47 小时。

【录音规范】

录音设备：TASCAM 102MK

录音采样率16kHz，量化精度16Bit，单声道

声音文件格式：wav

【语音学标注】

同上。如图 9—9 所示。

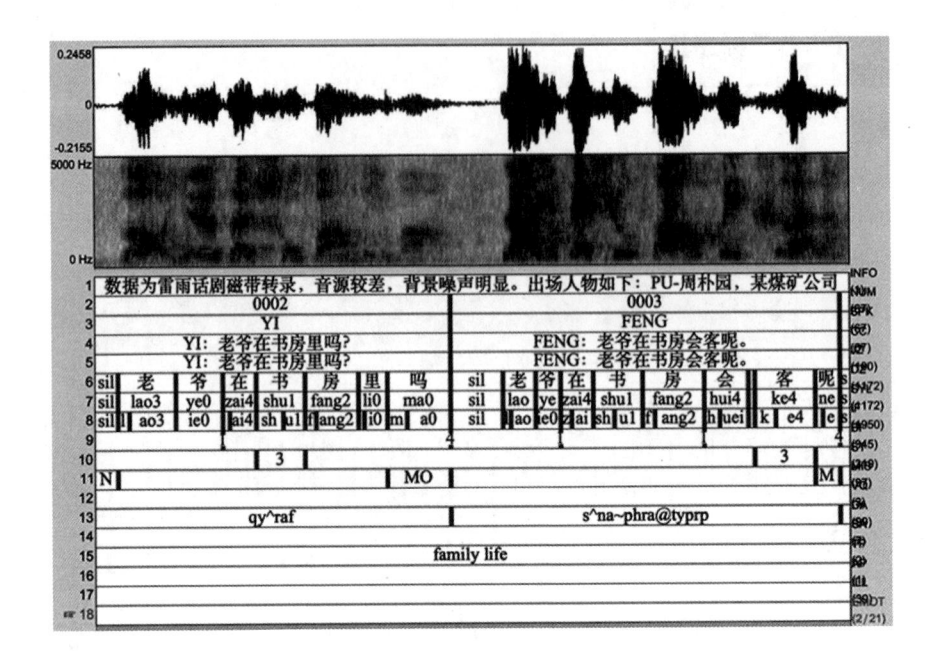

图 9—9　具有深度标注的话剧《雷雨》对话标注示例

④面对面有主题的聊天

与 CADCC 中的面对面聊天不同，此库录制前先给发音人播放一段影片，然后发音人围绕影片话题进行描述和讨论。共录制了 9 组发音人，每组观看 10 段影片，最终采集了 90 段语音和视频。语音数据约 7.3GB，30.5 小时；视频数据约 138GB。

【录音规范】

录音设备：专业录音室

录音环境：GOLDEN 无线录音设备、CR722 电容话筒、SPIRIT 调音台

发音人嘴唇到话筒距离：约 20cm

声卡：CREATIVE SOUND BLASTER LIVE！

录音采样率 16kHz（声卡采样率），量化精度 16Bit，单声道

信噪比：<34dB

声音文件格式：wav

【语音学标注】

同上，如图9—10所示。

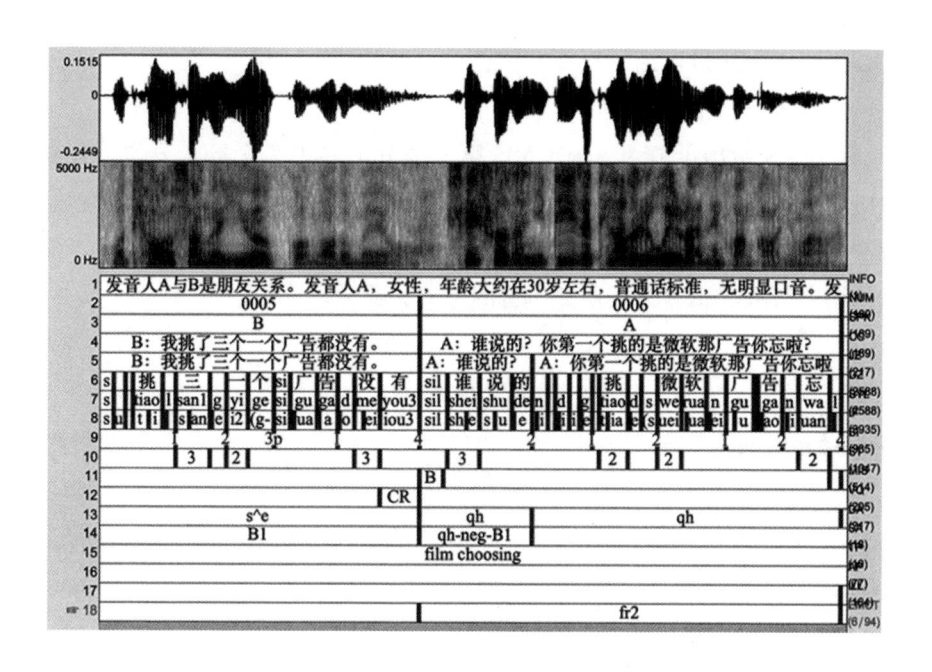

图9—10　具有深度标注的面对面聊天标注示例

第二节　基于 Discourse-CASS 多层级标注信息统计

第三章语音库规范中介绍，语音库标注后，一般需要对标注信息进行基本统计，作为语音库的一部分内容分发。对于 Discourse-CASS 标注的多层标注的信息，进行了多维度的信息统计，如语音音段和韵律特征、语言基本结构、各种口语信息、语用信息等。

本节主要介绍对 Discourse-CASS 中的真实场景口语对话语音的多层级标注信息统计，但由于篇幅的限制，主要的声学信息统计，比如音高、音色等特征不涉及。

关于 Discourse-CASS 中其他两个子库：朗读语篇库 ASCCD 的统计信息见李爱军等（2001），韵律建模研究见刘方舟（2009），节奏研究见殷治纲

(2011);关于口语对话库 CADCC 的统计信息,韵律特征和自动标注研究见刘亚斌(2003),朗读与口语语篇声学对比研究见刘亚斌和李爱军(2002)。

一 不同场景对话语料基本信息

①数据分布信息

表9—3 给出了 Discourse-CASS 第三部分语料中 5 个场景分类,分别对应对话语料的内容和时长分布。其中 D04-callcenter 包含 11 个实际客服应用领域的电话对话数据。对话中客服方一般使用普通话,客户有一部分使用方言或者带有比较明显口音的地方普通话。

表9—3 各种应用场景的对话语料分布

分类编号（对话/朗读语篇）	内容	领域	文件个数	时长（时分秒）
D01-opera	话剧（有脚本）	《雷雨》	31 段	2:47:14
D02-ftof	面对面自由交谈（普通话）	根据所看广告话题讨论对话	24 段	3:27:38
D03-phonchat	网络聊天（普通话）	QQ 语音聊天	43 段	8:15:14
	手机聊天	手机语音聊天	20 段	1:59:38
D04-callcenter	服务行业电话录音（多口音）	商旅客服与客户电话录音	50 段	3:21:58
		保险客服与客户电话录音	51 段	2:02:24
		机场客服与客户电话录音	189 段	4:08:37
		电信客服与客户电话录音	50 段	3:00:53
		联通客服与客户电话录音	50 段	1:57:41
		银行客服与客户电话录音	50 段	5:51:57

续表

分类编号 （对话/朗读语篇）	内容	领域	文件个数	时长 （时分秒）
D04-callcenter	服务行业电话录音 （多口音）	餐厅客服与客户电话录音	201 段	3：57：08
		旅馆客服与客户电话录音	163 段	4：03：21
		旅行社客服与客户电话录音	98 段	5：03：30
		出租车客服与客户电话录音	101 段	3：56：24
		移动客服与客户电话录音	50 段	1：48：51
D05-TVs	电视剧 （有脚本）	《都挺好》6 位主演对话片段	22 段	4：43
总计			1199	60：25：28

本节中所有的统计数据不包括 D05，其他按照场景分为 4 个不同领域：话剧、面对面自由交谈、网聊、服务行业的客服电话。

②发音人口音轻重

根据普通话水平测试，标注员给出的表 9—3 中 D04 服务行业电话录音中客服和客户的男（M）、女（F）发音人的口音统计信息，如表 9—4 所示。绝大部分（95% 左右）客服人员普通话标准，听不出口音；客户的口音相对重一些，但是大部分客户（83% 左右）普通话较标准，听不出口音，使用方言的客户占比不到 5%。相比女性发音人，男性发音人的口音更重。

表 9—4　　服务领域客服与客户口音轻重统计［人/百分比（%）］

口音轻重	客服 F	客服 M	客户 F	客户 M
A 听不出口音	703/（93.86）	307/（97.46）	430/（86.87）	449/（77.68）
B 略带口音	44/（5.87）	8/（2.54）	51/（10.3）	101/（17.47）

续表

口音轻重	客服 F	客服 M	客户 F	客户 M
C 口音较重	2/（0.27）	0/（0）	14/（2.83）	28/（4.84）
共计	749	315	495	578

二　不同场景对话语料的基本语言学标注信息统计

按照四个场景分别统计了声韵调、声调组合、汉字、方言口音造成的声母发音错误分布，以及口语中高频出现的语气词和感叹词。由于篇幅限制，有的表格只显示了部分内容。

①声调分布统计

表 9—5 的统计结果显示，去声是四个声调中出现比例最高的（31%—38%），其次是上声（17%—23%），阴平的比例相对较低（11%—15%），比较突出的是轻声的比例（16%—18%），比阴平还高。

这些声调分布统计结果充分反映了口语与书面语的差异。据刘连元和马亦凡（1986）对《国际标准字符集》统计的结果，阴平、阳平、上声、去声、轻声的分布分别是 25.19%、25.35%、16.71%、32.00%、0.75%，T4＞T2＞T1＞T3＞T0（与《现代汉语词典》统计基本一致）。对比我们口语对话库的结果，T4＞T3＞T0＞T2＞T1，去声出现频率相差不大，其他分布差异较大，特别是轻声分布，口语中出现频率大大增加。

表 9—5　　　　四种不同场景对话中声调分布统计　　　　单位：个、%

领域 声调	话剧 个数	话剧 百分比	面对面自由交谈 个数	面对面自由交谈 百分比	网络及手机聊天 个数	网络及手机聊天 百分比	客服电话对话 个数	客服电话对话 百分比
轻声 0	4490	16.48	8051	16.40	19835	16.55	84544	17.56
阴平 1	3918	14.38	5756	11.72	17085	14.26	54522	11.32
阳平 2	4275	15.69	8021	16.34	18803	15.69	81338	16.89
上声 3	6061	22.25	8573	17.46	23168	19.33	86639	17.99
去声 4	8502	31.20	18702	38.09	40960	34.18	174549	36.24

②声母分布统计

表9—6 的统计结果显示，不送气塞音、擦音 sh、h 和鼻声母出现比率较高，声母 c 和 p 出现比率最低。擦音中 f 和 s 出现比率较低；不送气塞音和不送气塞擦音高于对应的送气塞音和送气塞擦音。

表9—6　　　　　四种不同场景对话中声母分布统计　　　　单位：个、%

领域 声母	话剧 个数	百分比	面对面自由交谈 个数	百分比	网络及手机聊天 个数	百分比	客服电话对话 个数	百分比
b	1479	5.43	2331	4.81	6564	5.67	23791	5.34
d	2305	8.46	4229	8.72	10281	8.88	47288	10.61
g	1141	4.19	3683	7.59	6232	5.39	24637	5.53
p	251	0.92	533	1.10	714	0.62	2295	0.51
t	1216	4.46	2377	4.90	4468	3.86	11180	2.51
k	533	1.96	1154	2.38	2708	2.34	10561	2.37
z	1153	4.23	1493	3.08	3567	3.08	12999	2.92
j	1227	4.50	3345	6.90	7062	6.10	26398	5.92
zh	1232	4.52	2477	5.11	4925	4.26	20333	4.56
c	205	0.75	339	0.70	709	0.61	3352	0.75
q	826	3.03	1153	2.38	2653	2.29	12319	2.76
ch	300	1.10	1132	2.33	1445	1.25	7745	1.74
f	480	1.76	649	1.34	1538	1.33	8388	1.88
h	1304	4.79	2860	5.90	7094	6.13	27251	6.11
s	342	1.26	576	1.19	1206	1.04	7958	1.79
x	893	3.28	1970	4.06	4844	4.19	23356	5.24
sh	2142	7.86	4627	9.54	10925	9.44	39383	8.84
m	1513	5.55	1709	3.52	5979	5.17	20654	4.63
n	2119	7.78	2698	5.56	7801	6.74	34663	7.78
l	1534	5.63	2089	4.31	5626	4.86	20393	4.58
r	456	1.67	1327	2.74	2294	1.98	6216	1.39
零声母	4595	16.86	5756	11.87	17085	14.76	54522	12.23

③不带调韵母分布统计

表9—7 的统计结果显示，按照开齐合撮来看，开口呼韵母出现

比率较高，其次是合口呼，撮口呼最低。按照元音类型来看，单元音"e"出现比率最高，其次是翘舌元音 i [ʅ]，三个顶点元音出现比率高于其他单元音，这与口语中单音节频率和字频有很大关系，可参见表9—9 和表9—16。

表9—7　　　　四种不同场景对话中韵母分布统计　　　　单位：个、%

领域 韵母	话剧 个数	百分比	面对面自由交谈 个数	百分比	网络及手机聊天 个数	百分比	客服电话对话 个数	百分比
a	1846	6.78	2755	5.62	8654	7.22	34638	7.19
ai	1572	5.77	2388	4.87	6045	5.04	18370	3.81
an	542	1.99	1929	3.93	4328	3.61	15328	3.18
ang	576	2.11	1109	2.26	2330	1.94	10729	2.23
ao	960	3.52	1485	3.03	4481	3.74	21020	4.36
e	3240	11.89	5765	11.76	13367	11.15	51107	10.61
ei	924	3.39	2678	5.46	5094	4.25	19172	3.98
en	1203	4.42	1694	3.46	4601	3.84	13589	2.82
eng	447	1.64	955	1.95	1805	1.51	7946	1.65
er	128	0.47	162	0.33	320	0.27	3503	0.73
i	2534	9.30	3714	7.57	9044	7.55	35330	7.34
ia	402	1.48	470	0.96	1901	1.59	7152	1.49
ian	1032	3.79	1475	3.01	4424	3.69	22734	4.72
iang	458	1.68	954	1.95	1788	1.49	5268	1.09
iao	554	2.03	918	1.87	2220	1.85	10346	2.15
ie	501	1.84	917	1.87	2032	1.70	6409	1.33
ii	506	1.86	597	1.22	1118	0.93	4533	0.94
iii	1191	4.37	3361	6.85	7535	6.29	29210	6.07
in	571	2.10	479	0.98	1191	0.99	18021	3.74
ing	655	2.40	1194	2.44	2409	2.01	14339	2.98
iong	61	0.22	87	0.18	212	0.18	1560	0.32
iou	699	2.57	2617	5.34	5077	4.24	20597	4.28
ng	113	0.41	406	0.83	1792	1.50	5843	1.21
o	106	0.39	112	0.23	926	0.77	2189	0.45

续表

领域 韵母	话剧 个数	话剧 百分比	面对面自由交谈 个数	面对面自由交谈 百分比	网络及手机聊天 个数	网络及手机聊天 百分比	客服电话对话 个数	客服电话对话 百分比
ong	352	1.29	1105	2.25	1685	1.41	7711	1.60
ou	634	2.33	1546	3.15	3497	2.92	10219	2.12
u	1467	5.39	2228	4.54	5028	4.20	20381	4.23
ua	154	0.57	215	0.44	606	0.51	3905	0.81
uai	128	0.47	188	0.38	413	0.34	1559	0.32
uan	217	0.80	536	1.09	1375	1.15	5744	1.19
uang	139	0.51	350	0.71	549	0.46	2850	0.59
uei	602	2.21	1164	2.37	2688	2.24	12992	2.70
uen	90	0.33	165	0.34	674	0.56	2941	0.61
uo	2069	7.60	2077	4.24	7090	5.92	22673	4.71
v	394	1.45	598	1.22	1646	1.37	6061	1.26
van	100	0.37	146	0.30	433	0.36	2228	0.46
ve	60	0.22	434	0.89	1367	1.14	2580	0.54
vn	14	0.05	57	0.12	101	0.08	807	0.17

④ 有调音节统计

表 9—8　四种不同场景对话中有调音节统计（部分统计结果）

单位：个、%

领域 有调音节	话剧 个数	话剧 百分比	面对面自由交谈 个数	面对面自由交谈 百分比	网络及手机聊天 个数	网络及手机聊天 百分比	客服电话对话 个数	客服电话对话 百分比
shi4	791	2.90	2287	4.66	4301	3.59	17146	3.60
de0	1056	3.88	1403	2.86	3453	2.88	15114	3.18
nin2	238	0.87	——	——	40	0.03	11928	2.51
wo3	1381	5.07	511	1.04	3634	3.03	11495	2.42
jiu4	268	0.98	1545	3.15	2612	2.18	7164	1.51
hao3	208	0.76	401	0.82	1261	1.05	6857	1.44
you3	286	1.05	620	1.26	1419	1.18	6634	1.39
shi2	99	0.36	417	0.85	1344	1.12	6444	1.35
ge0	116	0.43	1088	2.22	1667	1.39	6148	1.29

续表

领域 有调音节	话剧 个数	话剧 百分比	面对面自由交谈 个数	面对面自由交谈 百分比	网络及手机聊天 个数	网络及手机聊天 百分比	客服电话对话 个数	客服电话对话 百分比
yi2	224	0.82	729	1.48	1063	0.89	6001	1.26
zai4	388	1.42	492	1.00	1500	1.25	6000	1.26
ge4	167	0.61	695	1.42	936	0.78	5913	1.24
dui4	77	0.28	384	0.78	778	0.65	5870	1.23
na4	104	0.38	139	0.28	925	0.77	5586	1.17
nei4	73	0.27	1218	2.48	1725	1.44	4618	0.97
ni3	1266	4.65	442	0.90	2723	2.27	4514	0.95
le0	598	2.19	580	1.18	2098	1.75	4420	0.93
ng4	66	0.24	305	0.62	1119	0.93	4434	0.93
dao4	264	0.97	339	0.69	896	0.75	4260	0.90
zhei4	253	0.93	599	1.22	598	0.50	4302	0.90
ma0	138	0.51	167	0.34	915	0.76	4256	0.89
xia4	99	0.36	133	0.27	474	0.40	4071	0.86
ba0	162	0.59	208	0.42	812	0.68	3561	0.75
men0	211	0.77	329	0.67	1074	0.90	3417	0.72
yi3	121	0.44	162	0.33	535	0.45	3338	0.70
zhe4	282	1.04	238	0.48	628	0.52	3336	0.70
hua4	114	0.42	138	0.28	429	0.36	3240	0.68
mei2	196	0.72	247	0.50	1127	0.94	3255	0.68
bu4	351	1.29	413	0.84	1341	1.12	3156	0.66
me0	382	1.40	253	0.52	1297	1.08	3060	0.64
wu3	9	0.03	56	0.11	311	0.26	3023	0.64
san1	37	0.14	70	0.14	278	0.23	3015	0.63
shuo1	324	1.19	514	1.05	1241	1.04	2961	0.62
hou4	51	0.19	685	1.40	1359	1.13	2887	0.61
dian3	99	0.36	100	0.20	409	0.34	2758	0.58
hao4	2	0.01	16	0.03	212	0.18	2721	0.57
ke3	102	0.37	287	0.58	481	0.40	2727	0.57
yao4	323	1.19	168	0.34	744	0.62	2721	0.57
ta1	462	1.70	1178	2.40	1970	1.64	2675	0.56

续表

领域 有调音节	话剧 个数	话剧 百分比	面对面自由交谈 个数	面对面自由交谈 百分比	网络及手机聊天 个数	网络及手机聊天 百分比	客服电话对话 个数	客服电话对话 百分比
wei4	70	0.26	194	0.40	448	0.37	2683	0.56
ba1	16	0.06	30	0.06	123	0.10	2600	0.55
yi4	215	0.79	524	1.07	864	0.72	2596	0.55
a0	58	0.21	86	0.18	1012	0.84	2555	0.54
ji1	3	0.01	124	0.25	188	0.16	2571	0.54
bu2	364	1.34	400	0.81	1319	1.10	2398	0.50
xian4	92	0.34	180	0.37	505	0.42	2394	0.50

⑤无调音节统计

表9—9　四种不同场景对话中无调音节统计（部分统计结果）

单位：个、%

领域 无调音节	话剧 个数	话剧 百分比	面对面自由交谈 个数	面对面自由交谈 百分比	网络及手机聊天 个数	网络及手机聊天 百分比	客服电话对话 个数	客服电话对话 百分比
shi	962	3.53	2920	5.95	6295	5.25	24715	5.13
de	1072	3.93	1426	2.90	3477	2.90	15194	3.16
yi	607	2.23	1519	3.09	2757	2.30	14377	2.99
ge	335	1.23	1822	3.71	2755	2.30	12263	2.55
nin	238	0.87	——	——	40	0.03	11931	2.48
wo	1381	5.07	521	1.06	3639	3.04	11546	2.40
hao	228	0.84	417	0.85	1493	1.25	9618	2.00
jiu	286	1.05	1584	3.23	2753	2.30	9495	1.97
you	353	1.30	779	1.59	1778	1.48	7949	1.65
ba	348	1.28	372	0.76	1118	0.93	6664	1.38
na	197	0.72	185	0.38	1246	1.04	6651	1.38
zai	389	1.43	494	1.01	1506	1.26	6025	1.25
a	132	0.48	150	0.31	1445	1.21	5981	1.24
dui	78	0.29	386	0.79	782	0.65	5871	1.22
ng	113	0.41	406	0.83	1791	1.49	5854	1.22
bu	740	2.72	837	1.70	2751	2.30	5816	1.21

续表

领域 无调音节	话剧 个数	话剧 百分比	面对面自由交谈 个数	面对面自由交谈 百分比	网络及手机聊天 个数	网络及手机聊天 百分比	客服电话对话 个数	客服电话对话 百分比
ma	380	1.39	214	0.44	1176	0.98	5392	1.12
yao	323	1.19	186	0.38	771	0.64	4984	1.03
nei	89	0.33	1235	2.52	1774	1.48	4931	1.02
dian	119	0.44	140	0.29	688	0.57	4845	1.01
ji	128	0.47	383	0.78	858	0.72	4866	1.01
ni	1266	4.65	453	0.92	2737	2.28	4558	0.95
dao	277	1.02	347	0.71	1004	0.84	4527	0.94
le	601	2.21	592	1.21	2115	1.76	4485	0.93
zhei	253	0.93	599	1.22	598	0.50	4302	0.89
wu	77	0.28	171	0.35	450	0.38	4219	0.88
men	256	0.94	365	0.74	1164	0.97	4143	0.86
xia	114	0.42	136	0.28	487	0.41	4118	0.86
xian	146	0.54	234	0.48	635	0.53	4085	0.85
zhe	442	1.62	435	0.89	1025	0.86	4059	0.84
zhi	191	0.70	381	0.78	933	0.78	3870	0.80
mei	218	0.80	355	0.72	1290	1.08	3613	0.75
hua	135	0.50	182	0.37	502	0.42	3511	0.73
ke	140	0.51	346	0.70	860	0.72	3517	0.73
er	128	0.47	162	0.33	320	0.27	3444	0.72
hou	106	0.39	804	1.64	1785	1.49	3473	0.72
wei	127	0.47	255	0.52	572	0.48	3227	0.67
xing	55	0.20	154	0.31	497	0.41	3149	0.65
e	60	0.22	87	0.18	323	0.27	3076	0.64
me	382	1.40	253	0.52	1298	1.08	3061	0.64
qi	123	0.45	254	0.52	587	0.49	3096	0.64
qian	123	0.45	139	0.28	444	0.37	3091	0.64
da	183	0.67	294	0.60	746	0.62	3019	0.63
guo	138	0.51	485	0.99	707	0.59	3033	0.63
san	38	0.14	76	0.15	289	0.24	3026	0.63
shuo	327	1.20	516	1.05	1259	1.05	2976	0.62

续表

领域 无调音节	话剧		面对面自由交谈		网络及手机聊天		客服电话对话	
	个数	百分比	个数	百分比	个数	百分比	个数	百分比
jian	200	0.73	163	0.33	524	0.44	2874	0.60
si	180	0.66	181	0.37	362	0.30	2769	0.58
ta	462	1.70	1179	2.40	1973	1.65	2695	0.56
liu	12	0.04	52	0.11	227	0.19	2646	0.55
shen	250	0.92	190	0.39	866	0.72	2659	0.55
qu	193	0.71	290	0.59	975	0.81	2623	0.54
shang	210	0.77	303	0.62	891	0.74	2560	0.53
hai	247	0.91	585	1.19	1276	1.06	2468	0.51
ling	8	0.03	56	0.11	85	0.07	2423	0.50

⑥声母异读

根据实际发音的标注数据，我们统计了由方言口音产生的声母异读情况，表9—10是出现频度较高的错误读音。"sh（s）"表示正则发音是"sh"，实际发音为"s"。

表9—10　　　四种不同场景对话中异读声母（出现率较高的）

单位：次、%

领域 声母异读	话剧		面对面自由交谈		网络及手机聊天		客服电话对话	
	频数	百分比	频数	百分比	频数	百分比	频数	百分比
sh（s）	2	5.00	3	10.71	94	25.61	1638	44.80
zh（z）	32	80.00	13	46.43	89	24.25	847	23.17
ch（c）	1	2.50	0	0.00	16	4.36	345	9.44
n（l）	0	0.00	1	3.57	83	22.62	246	6.73
l（n）	0	0.00	0	0.00	30	8.17	175	4.79
r（l）	0	0.00	0	0.00	6	1.63	121	3.31
s（sh）	0	0.00	0	0.00	5	1.36	44	1.20
z（zh）	0	0.00	4	14.29	2	0.54	43	1.18
c（ch）	0	0.00	0	0.00	0	0.00	31	0.85

⑦声调组合

表9—11 和图9—11 显示了四种不同场景对话中韵律词按照音节个数计算的分布情况。可以看到，两音节韵律词的出现比率最高，其次是三音节韵律词，单音节韵律词和四音节分别排第三位和第四位。与书面语统计结果不同的是，单音节韵律词的比率比较高，因为口语对话中有单字句，如"好!""对!""行!"

表9—11　　　　四种不同场景对话中韵律词的音节数分布

单位：个、%

领域 音节数	话剧		面对面自由交谈		手机及网络聊天		客服电话对话	
	个数	百分比	个数	百分比	个数	百分比	个数	百分比
1	1701	18.50	1965	13.81	6051	17.59	40927	19.00
2	3086	33.57	5534	38.91	12583	36.59	95373	44.28
3	2589	28.16	3464	24.35	8686	25.26	49802	23.12
4	1111	12.09	1918	13.48	4609	13.40	18429	8.56
5	398	4.33	833	5.86	1661	4.83	6425	2.98

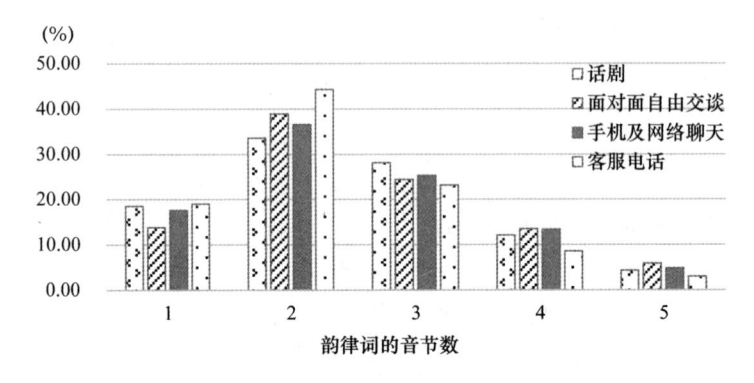

图9—11　四种不同场景对话中韵律词的音节数分布

表9—12 给出了根据韵律标音统计的1—3音节韵律词中声调组合情况。单音节韵律词中有一些是语气词，声调标记为0，其实这种情况下的表层调是语调，不过这里当成单音节声调0处理。就单音节韵律词的4个调（0除外）来看，出现率从高到低依次是 T4 > T3 > T1 > T2，该顺序与表9—5 的所有声调统计结果顺序不太一致。两音

节韵律词中后字为去声的比例较高；三音节韵律词中，末字为去声和轻声的出现率较高。

表 9—12　　四种不同场景对话中韵律词的声调组合分布

（只给出 1—3 音节韵律词）

单位：个、%

领域 声调组合		话剧		面对面自由交谈		网络及手机聊天		客服电话对话	
		个数	百分比	个数	百分比	个数	百分比	个数	百分比
单音节 韵律词	0	40	0.40	63	0.44	293	0.85	1095	0.51
	1	379	3.84	452	3.17	1291	3.73	8753	4.04
	2	271	2.74	201	1.41	697	2.01	4224	1.95
	3	418	4.23	242	1.70	816	2.36	4178	1.93
	4	612	6.19	1064	7.47	3047	8.81	22367	10.33
两音节 韵律词	10	186	1.88	189	1.33	441	1.27	1755	0.81
	11	106	1.07	161	1.13	401	1.16	3849	1.78
	12	115	1.16	231	1.62	285	0.82	2871	1.33
	13	59	0.60	90	0.63	239	0.69	2720	1.26
	14	176	1.78	349	2.45	820	2.37	5923	2.73
	20	241	2.44	167	1.17	678	1.96	3135	1.45
	21	85	0.86	75	0.53	305	0.88	3581	1.65
	22	93	0.94	155	1.09	300	0.87	2239	1.03
	23	131	1.33	182	1.28	357	1.03	4106	1.90
	24	249	2.52	651	4.57	1322	3.82	8538	3.94
	30	340	3.44	134	0.94	0	0.00	5420	2.50
	31	156	1.58	119	0.84	486	1.40	2406	1.11
	32	99	1.00	228	1.60	0	0.00	2558	1.18
	33	171	1.73	123	0.86	442	1.28	4524	2.09
	34	291	2.95	379	2.66	950	2.75	6219	2.87
	40	381	3.86	576	4.05	0	0.00	10239	4.73
	41	126	1.28	220	1.55	516	1.49	3878	1.79
	42	129	1.31	268	1.88	499	1.44	4656	2.15
	43	243	2.46	261	1.83	616	1.78	4309	1.99
	44	426	4.31	986	6.93	1443	4.17	12421	5.74

续表

领域 声调组合		话剧		面对面自由交谈		网络及手机聊天		客服电话对话	
		个数	百分比	个数	百分比	个数	百分比	个数	百分比
三音节韵律词	100	31	0.31	20	0.14	83	0.24	185	0.09
	101	13	0.13	21	0.15	23	0.07	46	0.02
	102	9	0.09	6	0.04	16	0.05	59	0.03
	103	16	0.16	8	0.06	22	0.06	29	0.01
	104	14	0.14	32	0.22	42	0.12	145	0.07
	110	37	0.37	43	0.30	108	0.31	745	0.34
	111	3	0.03	27	0.19	35	0.10	403	0.19
	112	5	0.05	17	0.12	24	0.07	332	0.15
	113	4	0.04	16	0.11	25	0.07	251	0.12
	114	13	0.13	52	0.37	70	0.20	556	0.26
	120	43	0.44	43	0.30	79	0.23	443	0.20
	121	6	0.06	12	0.08	14	0.04	236	0.11
	122	4	0.04	20	0.14	28	0.08	331	0.15
	123	10	0.10	26	0.18	33	0.10	460	0.21
	124	23	0.23	51	0.36	91	0.26	602	0.28
	130	21	0.21	38	0.27	89	0.26	457	0.21
	131	7	0.07	11	0.08	77	0.22	380	0.18
	132	4	0.04	21	0.15	31	0.09	280	0.13
	133	7	0.07	11	0.08	19	0.05	208	0.10
	134	3	0.03	27	0.19	69	0.20	327	0.15
	140	49	0.50	109	0.77	241	0.70	1106	0.51
	141	20	0.20	30	0.21	79	0.23	277	0.13
	142	10	0.10	37	0.26	46	0.13	573	0.26
	143	29	0.29	22	0.15	63	0.18	317	0.15
	144	29	0.29	66	0.46	143	0.41	649	0.30
	200	28	0.28	20	0.14	124	0.36	316	0.15
	201	4	0.04	5	0.04	26	0.08	52	0.02
	202	7	0.07	5	0.04	11	0.03	157	0.07
	203	13	0.13	3	0.02	26	0.08	55	0.03
	204	10	0.10	12	0.08	31	0.09	205	0.09

续表

声调组合	领域	话剧 个数	话剧 百分比	面对面自由交谈 个数	面对面自由交谈 百分比	网络及手机聊天 个数	网络及手机聊天 百分比	客服电话对话 个数	客服电话对话 百分比
	210	23	0.23	19	0.13	93	0.27	803	0.37
	211	6	0.06	7	0.05	35	0.10	158	0.07
	212	7	0.07	15	0.11	17	0.05	163	0.08
	213	1	0.01	4	0.03	17	0.05	299	0.14
	214	18	0.18	15	0.11	61	0.18	623	0.29
	220	38	0.38	29	0.20	117	0.34	391	0.18
	221	1	0.01	5	0.04	31	0.09	199	0.09
	222	1	0.01	8	0.06	16	0.05	167	0.08
	223	6	0.06	7	0.05	16	0.05	163	0.08
	224	13	0.13	28	0.20	69	0.20	508	0.23
	230	15	0.15	14	0.10	78	0.23	491	0.23
	231	6	0.06	18	0.13	42	0.12	287	0.13
	232	13	0.13	11	0.08	28	0.08	200	0.09
	233	5	0.05	7	0.05	27	0.08	284	0.13
三音节韵律词	234	12	0.12	34	0.24	51	0.15	465	0.21
	240	53	0.54	98	0.69	217	0.63	1410	0.65
	241	15	0.15	40	0.28	71	0.21	535	0.25
	242	29	0.29	47	0.33	68	0.20	764	0.35
	243	34	0.34	25	0.18	89	0.26	398	0.18
	244	53	0.54	82	0.58	179	0.52	1207	0.56
	300	30	0.30	15	0.11	66	0.19	235	0.11
	301	21	0.21	3	0.02	36	0.10	84	0.04
	302	8	0.08	4	0.03	13	0.04	65	0.03
	303	16	0.16	3	0.02	25	0.07	115	0.05
	304	30	0.30	16	0.11	108	0.31	572	0.26
	310	45	0.46	34	0.24	143	0.41	592	0.27
	311	21	0.21	16	0.11	61	0.18	196	0.09
	312	26	0.26	41	0.29	48	0.14	315	0.15
	313	21	0.21	8	0.06	44	0.13	288	0.13
	314	50	0.51	37	0.26	96	0.28	547	0.25

续表

领域 声调组合		话剧		面对面自由交谈		网络及手机聊天		客服电话对话	
		个数	百分比	个数	百分比	个数	百分比	个数	百分比
三音节韵律词	320	46	0.47	104	0.73	220	0.64	556	0.26
	321	6	0.06	22	0.15	63	0.18	360	0.17
	322	11	0.11	24	0.17	37	0.11	140	0.06
	323	16	0.16	11	0.08	50	0.14	452	0.21
	324	63	0.64	88	0.62	177	0.51	988	0.46
	330	50	0.51	53	0.37	0	0.00	824	0.38
	331	28	0.28	24	0.17	71	0.21	301	0.14
	332	29	0.29	36	0.25	63	0.18	316	0.15
	333	37	0.37	8	0.06	90	0.26	465	0.21
	334	32	0.32	27	0.19	89	0.26	500	0.23
	340	88	0.89	96	0.67	0	0.00	1120	0.52
	341	40	0.40	25	0.18	96	0.28	657	0.30
	342	33	0.33	39	0.27	99	0.29	590	0.27
	343	83	0.84	41	0.29	140	0.40	477	0.22
	344	90	0.91	77	0.54	275	0.79	1345	0.62
	400	19	0.19	15	0.11	84	0.24	524	0.24
	401	15	0.15	31	0.22	73	0.21	244	0.11
	402	18	0.18	23	0.16	42	0.12	224	0.10
	403	34	0.34	18	0.13	37	0.11	221	0.10
	404	19	0.19	28	0.20	67	0.19	513	0.24
	410	45	0.46	39	0.27	120	0.35	747	0.34
	411	10	0.10	24	0.17	60	0.17	358	0.17
	412	12	0.12	27	0.19	43	0.12	359	0.17
	413	7	0.07	32	0.22	49	0.14	307	0.14
	414	45	0.46	67	0.47	148	0.43	798	0.37
	420	81	0.82	0	0.00	291	0.84	1211	0.56
	421	9	0.09	19	0.13	80	0.23	383	0.18
	422	11	0.11	31	0.22	52	0.15	352	0.16
	423	12	0.12	29	0.20	57	0.16	329	0.15
	424	51	0.52	111	0.78	287	0.83	2070	0.96

续表

领域 声调组合		话剧		面对面自由交谈		网络及手机聊天		客服电话对话	
		个数	百分比	个数	百分比	个数	百分比	个数	百分比
三音节韵律词	430	65	0.66	0	0.00	183	0.53	1104	0.51
	431	20	0.20	44	0.31	80	0.23	450	0.21
	432	26	0.26	53	0.37	76	0.22	453	0.21
	433	16	0.16	19	0.13	67	0.19	612	0.28
	434	32	0.32	47	0.33	143	0.41	794	0.37
	440	155	1.57	146	1.03	0	0.00	1834	0.85
	441	29	0.29	76	0.53	122	0.35	884	0.41
	442	21	0.21	43	0.30	110	0.32	686	0.32
	443	35	0.35	69	0.48	147	0.42	586	0.27
	444	49	0.50	126	0.88	253	0.73	1688	0.78
	其他	1779	18.01	3379	23.73	7234	20.91	31080	14.35

表9—13、表9—14统计了两音节、三音节、四音节韵律词的每个音节出现各种不同声调的频率。

表9—13　四种不同场景对话中两音节韵律词各音节的声调出现分布

单位：次、%

场景	位置 声调	首音节		末音节	
		出现次数	百分比	出现次数	百分比
话剧	阴平	640	16.90	472	12.47
	阳平	796	21.01	432	11.41
	上声	1054	27.82	604	15.95
	去声	1298	34.27	1134	29.95
	轻声	0	0.00	1144	30.22
面对面聊天	阴平	1000	18.25	568	10.37
	阳平	1215	22.18	870	15.88
	上声	979	17.87	643	11.74
	去声	2284	41.69	2344	42.79
	轻声	0	0.00	1053	19.22

续表

场景	位置 声调	首音节 出现次数	首音节 百分比	末音节 出现次数	末音节 百分比
网络及手机聊天	阴平	2179	17.44	1702	13.63
	阳平	2946	23.58	1469	11.76
	上声	2805	22.46	1650	13.21
	去声	4561	36.51	4521	36.19
	轻声	0	0.00	3149	25.21
电话客服对话服务	阴平	17063	17.99	13684	14.43
	阳平	21355	22.51	12288	12.95
	上声	21062	22.20	15418	16.25
	去声	35376	37.29	33007	34.80
	轻声	0	0.00	20459	21.57

表9—14 四种不同场景对话中三音节韵律词各音节的声调出现分布

单位：次、%

场景	位置 声调	首音节 出现次数	首音节 百分比	第二音节 出现次数	第二音节 百分比	末音节 出现次数	末音节 百分比
话剧	阴平	410	15.94	397	15.44	280	10.89
	阳平	409	15.90	450	17.50	284	11.04
	上声	919	35.73	428	16.64	400	15.55
	去声	834	32.43	943	36.66	648	25.19
	轻声	0	0.00	354	13.76	960	37.33
面对面聊天	阴平	758	22.30	535	15.74	455	13.39
	阳平	552	16.24	745	21.92	503	14.80
	上声	843	24.80	552	16.24	361	10.62
	去声	1246	36.66	1281	37.69	1016	29.89
	轻声	0	0.00	286	8.41	1064	31.30
网络及手机聊天	阴平	1548	17.92	1294	14.98	1174	13.59
	阳平	1537	17.79	1803	20.87	867	10.04
	上声	2526	29.24	1543	17.86	1039	12.03
	去声	3027	35.04	3045	35.25	2445	28.31
	轻声	0	0.00	953	11.03	3113	36.04

续表

场景	位置 声调	首音节 出现次数	百分比	第二音节 出现次数	百分比	末音节 出现次数	百分比
电话客服对话服务	阴平	9350	18.96	8805	17.86	6472	13.13
	阳平	10269	20.83	10306	20.90	6500	13.18
	上声	12049	24.44	9131	18.52	6230	12.64
	去声	17638	35.77	17038	34.56	15050	30.52
	轻声	0	0.00	4026	8.17	15053	30.53

表9—15 四种不同场景对话中四音节韵律词各音节的声调出现分布

单位：次、%

场景	位置 声调	首音节 出现次数	百分比	第二音节 出现次数	百分比	第三音节 出现次数	百分比	末音节 出现次数	百分比
话剧	阴平	149	13.53	173	15.71	153	13.90	114	10.35
	阳平	172	15.62	157	14.26	203	18.44	113	10.26
	上声	417	37.87	210	19.07	214	19.44	133	12.08
	去声	363	32.97	385	34.97	337	30.61	263	23.89
	轻声	0	0.00	177	16.08	194	17.62	456	41.42
面对面聊天	阴平	391	20.72	291	15.42	306	16.22	217	11.50
	阳平	325	29.52	323	17.12	403	21.36	253	13.41
	上声	412	37.42	302	16.00	336	17.81	194	10.28
	去声	759	40.22	697	36.94	694	36.78	619	32.80
	轻声	0	0.00	274	14.52	151	8.00	604	32.01
网络及手机聊天	阴平	792	17.25	652	14.20	776	16.91	508	11.07
	阳平	909	19.80	798	17.39	912	19.87	447	9.74
	上声	1385	30.17	782	17.04	864	18.82	506	11.02
	去声	1504	32.77	1666	36.30	1535	33.44	1298	28.28
	轻声	0	0.00	692	15.08	503	10.96	1831	39.89
电话客服对话服务	阴平	3516	19.32	3058	16.80	2986	16.41	2313	12.71
	阳平	3868	21.25	3707	20.37	4065	22.34	2065	11.35
	上声	4413	24.25	3238	17.79	2716	14.92	1624	8.92
	去声	6403	35.18	6313	34.69	5792	31.82	6035	33.16
	轻声	0	0.00	1884	10.35	2641	14.51	6163	33.86

表9—13表明，两音节韵律词中，首音节去声出现率最高，阴平出现率较低，但也跟场景相关；末音节的声调频率分布与应用场景有关，话剧场景中去声和轻声的出现率最高，其余三个场景都表现出去声出现率最高、轻声出现率次之的特点，但去声和轻声之间的频率差异大于10%。

表9—14是四种不同场景对话中三音节韵律词各音节的声调分布统计，结果显示，除了话剧场景之外，其他三类对话场景的首音节和第二音节都是去声出现率最高，第二音节和末音节出现相当比例的轻声，特别是末音节的轻声比例超过去声，这一点与两音节韵律词有所差异，结合表9—12三音节韵律词的声调组合分布可以看到，相当一部分三音节韵律词后两个音节的声调是轻声。

表9—15是四种不同场景对话中四音节韵律词各音节的声调分布统计，结果显示，除了话剧之外，其他三个对话场景中的前三个音节都是去声出现率最高，第二音节和第三音节轻声出现的比率在8%—18%，最后末音节轻声出现的比例至少与去声出现比例相当。

⑧字频分布统计

表9—16　　　　四种不同场景对话中字频统计（部分）　　　　单位：个、%

领域 字	话剧 个数	话剧 百分比	面对面自由交谈 个数	面对面自由交谈 百分比	网络及手机聊天 个数	网络及手机聊天 百分比	客服电话对话 个数	客服电话对话 百分比
是	664	2.44	2216	4.73	3911	3.26	16001	3.32
的	939	3.45	1158	2.47	3018	2.52	14915	3.10
个	241	0.88	1764	3.76	2543	2.12	12051	2.50
您	238	0.87	——	——	39	0.03	11937	2.48
我	1381	5.07	512	1.09	3630	3.03	11497	2.39
那	183	0.67	1393	2.97	2969	2.48	10148	2.11
一	379	1.39	1104	2.35	1934	1.61	9856	2.05
这	535	1.96	838	1.79	1228	1.02	7642	1.59
就	257	0.94	1544	3.29	2607	2.18	7143	1.48
好	226	0.83	407	0.87	1290	1.08	6864	1.43
有	286	1.05	610	1.30	1405	1.17	6628	1.38
啊	132	0.48	149	0.32	1437	1.20	5968	1.24
对	77	0.28	331	0.71	767	0.64	5843	1.21

续表

领域 字	话剧 个数	百分比	面对面自由交谈 个数	百分比	网络及手机聊天 个数	百分比	客服电话对话 个数	百分比
嗯	114	0.42	406	0.87	1791	1.49	5841	1.21
不	732	2.69	756	1.61	2601	2.17	5528	1.15
了	604	2.22	589	1.26	2162	1.80	4786	0.99
你	1266	4.65	443	0.94	2724	2.27	4534	0.94
在	335	1.23	460	0.98	1246	1.04	4204	0.87
下	101	0.37	131	0.28	435	0.36	4071	0.85
吗	133	0.49	43	0.09	459	0.38	3932	0.82
十	41	0.15	52	0.11	381	0.32	3757	0.78
吧	126	0.46	208	0.44	815	0.68	3565	0.74
到	117	0.43	207	0.44	543	0.45	3533	0.73
们	211	0.77	329	0.70	1077	0.90	3422	0.71
没	184	0.68	237	0.51	1120	0.93	3237	0.67
二	44	0.16	49	0.10	210	0.18	3172	0.66
话	113	0.41	85	0.18	406	0.34	3170	0.66
么	382	1.40	253	0.54	1298	1.08	3060	0.64
三	37	0.14	70	0.15	279	0.23	3015	0.63
说	327	1.20	513	1.09	1244	1.04	2964	0.62
还	133	0.49	295	0.63	1086	0.91	2832	0.59
以	89	0.33	144	0.31	464	0.39	2842	0.59
点	98	0.36	99	0.21	407	0.34	2756	0.57
可	100	0.37	287	0.61	480	0.40	2729	0.57
要	303	1.11	158	0.34	741	0.62	2765	0.57
呃	56	0.21	57	0.12	306	0.26	2696	0.56
号	2	0.01	10	0.02	188	0.16	2676	0.56
后	50	0.18	680	1.45	1344	1.12	2719	0.56
五	4	0.01	33	0.07	220	0.18	2614	0.54

⑨语气词、感叹词

表9—17至表9—19分别统计了四种不同场景对话中语气词和感叹词的总体分布，以及感叹词和语气词的详细列表。

表 9—17　　　四种不同场景对话中语气词和感叹词分布　　　单位：个、%

领域 语气词和感叹词		话剧 个数/（百分比）	面对面自由交谈 个数/（百分比）	网络及手机聊天 个数/（百分比）	客服电话对话 个数/（百分比）
语气词	MO	475/（47.03）	669/（50.34）	3973/（47.39）	12861/（40.16）
感叹词	EX	535/（52.97）	660/（49.66）	4410/（52.61）	19161/（59.84）

表 9—18　　　四种不同场景对话中感叹词个数及出现的频率　　　单位：个、%

领域 感叹词	话剧 个数	百分比	面对面自由交谈 个数	百分比	网络及手机聊天 个数	百分比	客服电话对话 个数	百分比
嗯	109	20.37	382	57.88	1659	37.62	5175	27.01
啊	71	13.27	57	8.64	387	8.78	3474	18.13
呃	52	9.72	55	8.33	295	6.69	2430	12.68
呃	52	9.72	55	8.33	295	6.69	2430	12.68
哦	86	16.07	40	6.06	567	12.86	1232	6.43
喂	1	0.19	0	0.00	86	1.95	877	4.58
哎	13	2.43	11	1.67	157	3.56	745	3.89
恩	0	0.00	2	0.30	7	0.16	696	3.63
唉	19	3.55	12	1.82	187	4.24	599	3.13
欸	63	11.78	11	1.67	89	2.02	385	2.01
噢	4	0.75	7	1.06	99	2.24	367	1.92
奥	0	0.00	0	0.00	12	0.27	335	1.75
哈	0	0.00	0	0.00	11	0.25	65	0.34
嗯嗯	1	0.19	6	0.91	28	0.63	47	0.25
诶	1	0.19	0	0.00	1	0.02	24	0.13
哎哟	0	0.00	2	0.30	66	1.50	23	0.12
吧	0	0.00	0	0.00	0	0.00	19	0.10
哦哦	0	0.00	2	0.30	14	0.32	19	0.10
哎呀	3	0.56	1	0.15	81	1.84	18	0.09
嗯嗯嗯	0	0.00	0	0.00	8	0.18	18	0.09
哦哦哦	0	0.00	1	0.15	6	0.14	18	0.09

第九章 具有深度言语信息标注的口语语篇库 Discourse-CASS / 309

续表

领域 感叹词	话剧		面对面自由交谈		网络及手机聊天		客服电话对话	
	个数	百分比	个数	百分比	个数	百分比	个数	百分比
哟	0	0.00	1	0.15	6	0.14	18	0.09
嗌	1	0.19	1	0.15	43	0.98	14	0.07
呀	2	0.37	3	0.45	12	0.27	9	0.05
吗	0	0.00	0	0.00	0	0.00	8	0.04
唵	0	0.00	0	0.00	0	0.00	7	0.04
哦哦哦哦	0	0.00	0	0.00	2	0.05	7	0.04
哇	0	0.00	3	0.45	26	0.59	6	0.03
呃呃	2	0.37	0	0.00	0	0.00	4	0.02
噢噢	0	0.00	0	0.00	2	0.05	4	0.02
哎喂	0	0.00	0	0.00	0	0.00	3	0.02
哎哟喂	0	0.00	0	0.00	2	0.05	3	0.02
嗯嗯嗯嗯	0	0.00	0	0.00	4	0.09	3	0.02
哪	0	0.00	0	0.00	0	0.00	3	0.02
哦喂	0	0.00	0	0.00	0	0.00	3	0.02
哎呦	0	0.00	0	0.00	0	0.00	2	0.01
唉呀	0	0.00	0	0.00	33	0.75	2	0.01
唉哟	0	0.00	0	0.00	22	0.50	2	0.01
嗯呃	0	0.00	0	0.00	1	0.02	2	0.01
哈_儿	0	0.00	0	0.00	0	0.00	2	0.01
嗨	2	0.37	0	0.00	4	0.09	2	0.01
嘿	7	1.31	0	0.00	0	0.00	2	0.01
啦	0	0.00	0	0.00	0	0.00	2	0.01
哦哦哦哦哦	0	0.00	0	0.00	3	0.07	2	0.01
我操	0	0.00	0	0.00	14	0.32	2	0.01
啊啊	1	0.19	0	0.00	2	0.05	1	0.01
啊嗯	0	0.00	0	0.00	0	0.00	1	0.01
啊哈	0	0.00	0	0.00	1	0.02	1	0.01
啊哈哟	0	0.00	0	0.00	0	0.00	1	0.01
哎哎	0	0.00	0	0.00	0	0.00	1	0.01

续表

领域 感叹词	话剧 个数	话剧 百分比	面对面自由交谈 个数	面对面自由交谈 百分比	网络及手机聊天 个数	网络及手机聊天 百分比	客服电话对话 个数	客服电话对话 百分比
哎唉	0	0.00	0	0.00	0	0.00	1	0.01
哎呀呀	0	0.00	0	0.00	0	0.00	1	0.01
唉唉	0	0.00	0	0.00	1	0.02	1	0.01
唉唉唉	0	0.00	0	0.00	1	0.02	1	0.01
唉嗯	0	0.00	0	0.00	0	0.00	1	0.01
唉呦	0	0.00	0	0.00	0	0.00	1	0.01
欸欸	0	0.00	0	0.00	1	0.02	1	0.01
欸欸欸	1	0.19	0	0.00	0	0.00	1	0.01
欸呃	0	0.00	0	0.00	0	0.00	1	0.01
欸呀	0	0.00	0	0.00	7	0.16	1	0.01
欸哟	4	0.75	1	0.15	13	0.29	1	0.01
肮	0	0.00	0	0.00	10	0.23	1	0.01
昂	0	0.00	0	0.00	7	0.16	1	0.01
操	0	0.00	0	0.00	0	0.00	1	0.01
额	0	0.00	0	0.00	0	0.00	1	0.01
呃嗯	0	0.00	0	0.00	2	0.05	1	0.01
呃哦	0	0.00	0	0.00	0	0.00	1	0.01
呃喂	0	0.00	0	0.00	1	0.02	1	0.01
恩呢	0	0.00	0	0.00	0	0.00	1	0.01
嗯唉	0	0.00	0	0.00	1	0.02	1	0.01
嗯欸	0	0.00	0	0.00	0	0.00	1	0.01
嗯呃呃	0	0.00	0	0.00	0	0.00	1	0.01
嗯恩	0	0.00	0	0.00	0	0.00	1	0.01
嗯嗯嗯嗯嗯	0	0.00	0	0.00	1	0.02	1	0.01
嗯嗯嗯嗯嗯嗯	0	0.00	0	0.00	0	0.00	1	0.01
嗯哼	0	0.00	0	0.00	0	0.00	1	0.01
嗯呢	0	0.00	0	0.00	0	0.00	1	0.01
沉	0	0.00	0	0.00	1	0.02	1	0.01
哼	26	4.86	0	0.00	4	0.09	1	0.01

续表

领域 感叹词	话剧		面对面自由交谈		网络及手机聊天		客服电话对话	
	个数	百分比	个数	百分比	个数	百分比	个数	百分比
哼哼	0	0.00	0	0.00	0	0.00	1	0.01
嗖	0	0.00	0	0.00	2	0.05	1	0.01
嚯	0	0.00	0	0.00	0	0.00	1	0.01
靠	0	0.00	0	0.00	7	0.16	1	0.01
嘞	0	0.00	0	0.00	0	0.00	1	0.01
呣	0	0.00	0	0.00	0	0.00	1	0.01
噢嗯	0	0.00	0	0.00	0	0.00	1	0.01
噢噢噢	0	0.00	0	0.00	1	0.02	1	0.01
噢噢噢噢	0	0.00	0	0.00	1	0.02	1	0.01
噢呀	0	0.00	0	0.00	0	0.00	1	0.01
噢哟	0	0.00	0	0.00	0	0.00	1	0.01
哦呵呵	0	0.00	0	0.00	0	0.00	1	0.01
哦噢	0	0.00	0	0.00	2	0.05	1	0.01
哦哦哦哦哦哦	0	0.00	0	0.00	0	0.00	1	0.01
哦噻	0	0.00	0	0.00	0	0.00	1	0.01
塞	0	0.00	0	0.00	0	0.00	1	0.01
喔	0	0.00	1	0.15	1	0.02	1	0.01
咦	0	0.00	1	0.15	5	0.11	1	0.01
啊啊啊	0	0.00	0	0.00	1	0.02	0	0.00
啊啊啊嗯	0	0.00	1	0.15	0	0.00	0	0.00
啊哼	0	0.00	0	0.00	1	0.02	0	0.00
啊噢	0	0.00	0	0.00	0	0.00	0	0.00
啊呀	0	0.00	0	0.00	3	0.07	0	0.00
哎嘻	0	0.00	0	0.00	1	0.02	0	0.00
哎呀哎	0	0.00	0	0.00	1	0.02	0	0.00
哎呀嘞	0	0.00	0	0.00	1	0.02	0	0.00
哎呀妈	0	0.00	0	0.00	1	0.02	0	0.00
哎咦	0	0.00	0	0.00	1	0.02	0	0.00

续表

领域 感叹词	话剧 个数	百分比	面对面自由交谈 个数	百分比	网络及手机聊天 个数	百分比	客服电话对话 个数	百分比
哎哟哎	0	0.00	0	0.00	1	0.02	0	0.00
哎哟哟哟哟哟	0	0.00	0	0.00	1	0.02	0	0.00
唉呀唉	0	0.00	0	0.00	1	0.02	0	0.00
欸哦	0	0.00	0	0.00	1	0.02	0	0.00
欸喂	0	0.00	0	0.00	2	0.05	0	0.00
欸呦喂	0	0.00	0	0.00	1	0.02	0	0.00
盎嗯	0	0.00	0	0.00	1	0.02	0	0.00
嗷	0	0.00	0	0.00	1	0.02	0	0.00
奥奥奥	0	0.00	0	0.00	1	0.02	0	0.00
呃啊	0	0.00	0	0.00	1	0.02	0	0.00
嗯啊	0	0.00	0	0.00	2	0.05	0	0.00
嗯哪	0	0.00	0	0.00	1	0.02	0	0.00
嗯哇	0	0.00	0	0.00	1	0.02	0	0.00
乖乖	0	0.00	0	0.00	1	0.02	0	0.00
呵	7	1.31	1	0.15	0	0.00	0	0.00
呵呵	1	0.19	0	0.00	0	0.00	0	0.00
嗨	0	0.00	0	0.00	1	0.02	0	0.00
嗨哟	0	0.00	0	0.00	1	0.02	0	0.00
嘿嘿	1	0.19	0	0.00	0	0.00	0	0.00
嘿咻	1	0.19	0	0.00	0	0.00	0	0.00
嘿哟	0	0.00	0	0.00	7	0.16	0	0.00
哞	0	0.00	0	0.00	1	0.02	0	0.00
妈呀	0	0.00	0	0.00	2	0.05	0	0.00
嘛	0	0.00	0	0.00	1	0.02	0	0.00
噢哇	0	0.00	0	0.00	1	0.02	0	0.00
哦哎呀	0	0.00	0	0.00	1	0.02	0	0.00
哦嗯	0	0.00	1	0.15	0	0.00	0	0.00
哦呵哎呀妈	0	0.00	0	0.00	1	0.02	0	0.00
呸	0	0.00	0	0.00	1	0.02	0	0.00

续表

领域 感叹词	话剧 个数	话剧 百分比	面对面自由交谈 个数	面对面自由交谈 百分比	网络及手机聊天 个数	网络及手机聊天 百分比	客服电话对话 个数	客服电话对话 百分比
切	0	0.00	0	0.00	2	0.05	0	0.00
天哪	1	0.19	0	0.00	11	0.25	0	0.00
天呢	0	0.00	0	0.00	1	0.02	0	0.00
哇塞	0	0.00	1	0.15	2	0.05	0	0.00
哇噻	0	0.00	0	0.00	1	0.02	0	0.00
哇赛	0	0.00	1	0.15	0	0.00	0	0.00
喂喂	0	0.00	0	0.00	2	0.05	0	0.00
我靠	0	0.00	0	0.00	30	0.68	0	0.00
我去	0	0.00	0	0.00	3	0.07	0	0.00
我塞	0	0.00	0	0.00	5	0.11	0	0.00
我天	0	0.00	0	0.00	1	0.02	0	0.00
耶	0	0.00	0	0.00	5	0.11	0	0.00
呦	3	0.56	0	0.00	2	0.05	0	0.00

表9—19　　四种不同场景对话中语气词个数及分布　　单位：个、%

领域 语气词	话剧 个数	话剧 百分比	面对面自由交谈 个数	面对面自由交谈 百分比	网络及手机聊天 个数	网络及手机聊天 百分比	客服电话对话 个数	客服电话对话 百分比
吗	123	25.89	41	6.13	393	9.89	3781	29.40
吧	126	26.53	201	30.04	797	20.06	3221	25.04
啊	56	11.79	85	12.71	1011	25.45	1993	15.50
呢	86	18.11	122	18.24	384	9.67	1805	14.03
呀	73	15.37	79	11.81	546	13.74	1162	9.04
嘛	3	0.63	113	16.89	504	12.69	345	2.68
嘞	0	0.00	1	0.15	45	1.13	173	1.35
哈	0	0.00	17	2.54	60	1.51	97	0.75
哇	8	1.68	2	0.30	6	0.15	45	0.35
呗	0	0.00	2	0.30	89	2.24	42	0.33
哦	0	0.00	0	0.00	13	0.33	33	0.26
唻	0	0.00	1	0.15	26	0.65	29	0.23
嗯	0	0.00	1	0.15	2	0.05	20	0.16

续表

领域 语气词	话剧 个数	话剧 百分比	面对面自由交谈 个数	面对面自由交谈 百分比	网络及手机聊天 个数	网络及手机聊天 百分比	客服电话对话 个数	客服电话对话 百分比
噢	0	0.00	1	0.15	19	0.48	15	0.12
唉	0	0.00	0	0.00	7	0.18	14	0.11
呃	0	0.00	0	0.00	1	0.03	14	0.11
喽	0	0.00	0	0.00	9	0.23	11	0.09
哎	0	0.00	0	0.00	3	0.08	10	0.08
哒	0	0.00	0	0.00	7	0.18	5	0.04
奥	0	0.00	0	0.00	0	0.00	4	0.03
呐	0	0.00	0	0.00	0	0.00	4	0.03
啊哈	0	0.00	0	0.00	2	0.05	3	0.02
欸	0	0.00	1	0.15	16	0.40	3	0.02
肮	0	0.00	0	0.00	1	0.03	2	0.02
恩	0	0.00	0	0.00	0	0.00	3	0.02
哈_儿	0	0.00	0	0.00	0	0.00	3	0.02
咧	0	0.00	0	0.00	2	0.05	3	0.02
嘛啊	0	0.00	0	0.00	0	0.00	3	0.02
呢吧	0	0.00	0	0.00	0	0.00	2	0.02
吧_儿	0	0.00	0	0.00	0	0.00	1	0.01
吧啊	0	0.00	0	0.00	0	0.00	1	0.01
吧呵	0	0.00	0	0.00	0	0.00	1	0.01
吧哦	0	0.00	0	0.00	0	0.00	1	0.01
咯	0	0.00	0	0.00	0	0.00	1	0.01
沆	0	0.00	0	0.00	0	0.00	1	0.01
呵_儿	0	0.00	0	0.00	0	0.00	1	0.01
喽啊	0	0.00	0	0.00	1	0.03	1	0.01
吗呢	0	0.00	0	0.00	0	0.00	1	0.01
吗呀	0	0.00	0	0.00	0	0.00	1	0.01
呢啊	0	0.00	0	0.00	0	0.00	1	0.01
呢嘛	0	0.00	0	0.00	2	0.05	1	0.01
喏	0	0.00	0	0.00	0	0.00	1	0.01
喂	0	0.00	0	0.00	0	0.00	1	0.01

续表

领域 语气词	话剧 个数	话剧 百分比	面对面自由交谈 个数	面对面自由交谈 百分比	网络及手机聊天 个数	网络及手机聊天 百分比	客服电话对话 个数	客服电话对话 百分比
耶	0	0.00	0	0.00	4	0.10	1	0.01
哟	0	0.00	1	0.15	2	0.05	1	0.01
昂	0	0.00	0	0.00	1	0.03	0	0.00
盎	0	0.00	0	0.00	1	0.03	0	0.00
吧哈	0	0.00	0	0.00	1	0.03	0	0.00
夯	0	0.00	0	0.00	3	0.08	0	0.00
嗨哟	0	0.00	0	0.00	1	0.03	0	0.00
哼	0	0.00	1	0.15	1	0.03	0	0.00
哩	0	0.00	0	0.00	1	0.03	0	0.00
嘛哈	0	0.00	0	0.00	4	0.10	0	0.00
呢呗	0	0.00	0	0.00	1	0.03	0	0.00
呢哈	0	0.00	0	0.00	1	0.03	0	0.00
呢吗	0	0.00	0	0.00	1	0.03	0	0.00
呢呀	0	0.00	0	0.00	2	0.05	0	0.00
哦哈	0	0.00	0	0.00	1	0.03	0	0.00
呀啊	0	0.00	0	0.00	1	0.03	0	0.00
呀哈	0	0.00	0	0.00	1	0.03	0	0.00

三 不同场景对话中韵律单元统计

表9—20　韵律词、韵律短语、语调短语、话轮包含的音节个数

单位：个

领域 韵律单位	话剧 平均个数/标准差	面对面自由交谈 平均个数/标准差	网络及手机聊天 平均个数/标准差	客服电话对话 平均个数/标准差
韵律词	2.562/1.237	2.790/1.450	2.621/1.328	2.448/1.265
韵律短语	4.185/3.687	5.076/3.587	4.880/3.934	4.580/3.729
语调短语	5.666/4.242	8.015/6.836	7.995/7.635	8.196/7.510
话轮	13.261/15.292	18.377/7.115	12.347/15.837	11.661/15.455

表 9—21　话轮、语调短语、韵律短语包含的韵律词个数　　单位：个

领域 韵律单位	话剧 平均个数/ 标准差	面对面自由交谈 平均个数/ 标准差	网络及手机聊天 平均个数/ 标准差	客服电话对话 平均个数/ 标准差
韵律短语	1.935/1.537	2.091/2.278	2.151/2.268	2.233/2.547
语调短语	2.926/2.512	4.126/5.536	3.939/4.964	3.346/4.889
话轮	6.644/8.130	11.902/26.200	5.562/10.711	5.367/9.816

表 9—22　话轮、语调短语包含的韵律短语个数　　单位：个

领域 韵律单位	话剧 平均个数/ 标准差	面对面自由交谈 平均个数/ 标准差	网络及手机聊天 平均个数/ 标准差	客服电话对话 平均个数/ 标准差
语调短语	1.512/1.134	1.973/2.141	1.671/1.656	1.739/1.766
话轮	3.381/4.158	5.693/12.671	2.771/4.219	2.548/3.894

表 9—23　话轮包含的语调短语个数　　单位：个

领域 韵律单位	话剧 平均个数/ 标准差	面对面自由交谈 平均个数/ 标准差	网络及手机聊天 平均个数/ 标准差	客服电话对话 平均个数/ 标准差
话轮	2.212/2.062	2.882/5.445	1.659/1.851	1.419/1.395

表 9—24　对话包含的话轮个数　　单位：个

领域 韵律单位	话剧 平均个数/ 标准差	面对面自由交谈 平均个数/ 标准差	网络及手机聊天 平均个数/ 标准差	客服电话对话 平均个数/ 标准差
一段对话	—	108.143/68.894	163.678/93.435	49.591/43.104

韵律结构标注过程中，我们对韵律单元进行了详细的标注。韵律单元从大到小排列依次是：对话、话轮、语调短语、韵律短语、韵律词、音节。表 9—20 至表 9—24 统计了不同韵律单元包含下一级韵律单元的个数。四个场景对话中的音节长度反映了社交对话场景的信息交互特点，

如，客服和网络聊天都是没有面部表情和身体姿态等视觉信息，而面对面是熟人朋友就共同话题进行的聊天，面部表情跟身体姿态都参与交际。

从表9—20统计的不同韵律单元包含的音节数来看，一个话轮的平均长度为11.7—18.4个音节，其中面对面自由交谈最长，为18.4个音节且最长，客服电话对话最短，为11.7个音节，网络及手机聊天的平均音节长度略长于客服电话，为12.3个音节。一个语调短语的平均长度为5.7—8.2个音节；一个韵律短语的平均长度为4.2—5.1个音节；一个韵律词的平均长度为2.4—2.8个音节。换言之，韵律词平均2—3个音节，韵律短语平均4—5个音节，语调短语平均6—8个音节，这三个韵律单元的音节长度相对比较稳定，而话轮的平均音节长度与对话场景关系密切，同时跟交互的模态也有关系。

从表9—21统计的不同韵律单元包含的韵律词的个数来看，一个话轮平均有5.4—11.9个韵律词，一个语调短语平均包含2.9—4.1个韵律词，一个韵律短语平均包含1.9—2.2个韵律词。可以看出，面对面自由交谈场景中，话轮长度最长，平均包含12个韵律词，其他三个场景的长度稳定在6个韵律词左右。

从表9—22统计的不同韵律单元包含的韵律短语的个数来看，一个话轮平均有2.5—5.7个韵律短语，一个语调短语平均包含1.5—2.0个韵律短语。就场景来说，面对面场景中话轮最长，平均有5.7个韵律短语，其他三个场景的长度稳定在3个韵律短语左右。四个场景的语调短语包含的韵律短语相对稳定。

从表9—23统计的不同韵律单元包含的语调短语个数来看，一个话轮平均有1.4—2.9个语调短语，面对面场景中最长，网络聊天和客服电话对话平均1.5个语调短语左右。

从表9—24统计的话轮数来看，排除面对面聊天和话剧，网络及手机聊天和客服的每个对话中，平均话轮数分别是164个和49个。对比现在的聊天机器人，多轮对话能力还远远不够，有待提高。

四 不同场景对话中各种语言学单元的时长统计

时长变化跟对应的韵律单元性质、篇章韵律、信息以及对话结构、个人发音风格等相关。语篇库中每个场景对话的发音人众多，个人发音差异很大，这里的统计并没有对不同发音人的个人差异，如发音风格、年龄、性别等方面进行规整，因此，这里的时长统计结果是非常粗略的基本信息。

图 9—12 和表 9—25 为四个场景对话中不同声调的时长统计（T0 为轻声，T1 至 T4 为四个声调）。可以看出，话剧作为艺术语言，调长最长，其余三个对话场景中声调的平均时长为 120—150ms。这里 T0 均值并没有表现出我们以前语音学研究的结果，即轻声时长为正常音节的 50%—60%，我们核查数据发现，很多处于边界位置的轻声，由于语用功能引起时长的拉长。这也从另一个方面说明，轻声的第一重要特征是音高的变化（丢失本调，由前一个非轻字调决定其音高变化）。

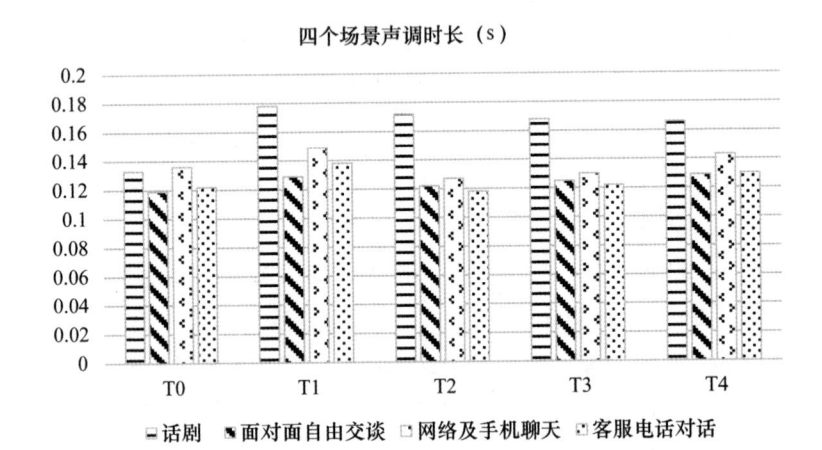

图 9—12 四个场景对话的声调平均时长

表 9—25　　　　　　　　　　　声调时长　　　　　　　　　　单位：s

领域 声调	话剧		面对面自由交谈		网络及手机聊天		客服电话对话	
	调长	标准差	调长	标准差	调长	标准差	调长	标准差
T0	0.133	0.126	0.119	0.086	0.136	0.125	0.122	0.102
T1	0.178	0.093	0.129	0.065	0.149	0.153	0.138	0.096
T2	0.172	0.103	0.122	0.059	0.127	0.072	0.118	0.076
T3	0.168	0.094	0.125	0.074	0.130	0.134	0.122	0.083
T4	0.166	0.097	0.129	0.098	0.143	0.329	0.130	0.096

图9—13、表9—26和表9—27为四个场景对话中声母和无调韵母的时长统计。四个场景对话下声母时长具有系统差异。主要是话剧作为艺术语言，表现出同其他三个自然场景对话的显著不同。同时也可以看出，辅音的时长与其发音部位、发音方法有关，擦音和送气音的时长明显长于边鼻音、不送气音，其中不送气塞音时长最短（这里统计的时长并不包含爆发音前闭塞段的成阻时长）。

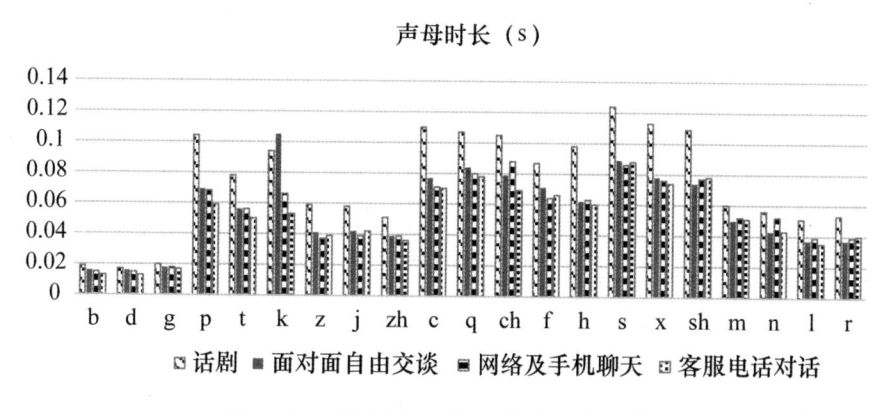

声母时长（s）

图9—13 四个场景对话中的声母辅音时长

表9—26　　　　　　　　　　声母时长　　　　　　　　　　单位：s

领域 声母	话剧 平均值	话剧 标准差	面对面自由交谈 平均值	面对面自由交谈 标准差	网络及手机聊天 平均值	网络及手机聊天 标准差	客服电话对话 平均值	客服电话对话 标准差
b	0.019	0.01	0.016	0.007	0.015	0.023	0.013	0.006
d	0.017	0.009	0.016	0.006	0.015	0.012	0.013	0.005
g	0.02	0.011	0.018	0.008	0.018	0.051	0.017	0.009
p	0.104	0.045	0.069	0.032	0.068	0.146	0.059	0.025
t	0.078	0.037	0.056	0.029	0.056	0.134	0.05	0.026
k	0.094	0.043	0.105	0.054	0.066	0.092	0.053	0.023
z	0.059	0.026	0.041	0.018	0.037	0.048	0.039	0.017
j	0.058	0.023	0.042	0.016	0.039	0.025	0.042	0.017
zh	0.051	0.022	0.039	0.016	0.039	0.025	0.036	0.016
c	0.11	0.056	0.077	0.036	0.071	0.125	0.07	0.029

续表

领域 声母	话剧 平均值	话剧 标准差	面对面自由交谈 平均值	面对面自由交谈 标准差	网络及手机聊天 平均值	网络及手机聊天 标准差	客服电话对话 平均值	客服电话对话 标准差
q	0.107	0.051	0.084	0.035	0.08	0.038	0.078	0.033
ch	0.105	0.046	0.079	0.037	0.088	0.047	0.069	0.065
f	0.087	0.046	0.071	0.035	0.064	0.095	0.066	0.028
h	0.098	0.05	0.062	0.032	0.063	0.072	0.06	0.028
s	0.124	0.067	0.089	0.036	0.086	0.112	0.088	0.035
x	0.113	0.051	0.078	0.037	0.076	0.08	0.074	0.031
sh	0.109	0.051	0.074	0.037	0.077	0.175	0.078	0.036
m	0.06	0.027	0.05	0.019	0.052	0.066	0.051	0.02
n	0.056	0.024	0.043	0.019	0.052	0.037	0.043	0.019
l	0.051	0.019	0.037	0.015	0.039	0.036	0.035	0.015
r	0.053	0.024	0.037	0.015	0.039	0.058	0.04	0.016

表9—27　　　　　　　　无调韵母时长　　　　　　　　单位：s

领域 韵母	话剧 平均时长	话剧 标准差	面对面自由交谈 平均时长	面对面自由交谈 标准差	网络及手机聊天 平均时长	网络及手机聊天 标准差	客服电话对话 平均时长	客服电话对话 标准差
a	0.173	0.120	0.110	0.06	0.142	0.08	0.141	0.072
o	0.237	0.198	0.224	0.18	0.29	0.187	0.239	0.16
e	0.118	0.068	0.098	0.07	0.11	0.076	0.113	0.089
ai	0.165	0.134	0.121	0.053	0.133	0.088	0.121	0.045
ei	0.136	0.064	0.100	0.04	0.111	0.058	0.097	0.044
er	0.245	0.236	0.143	0.05	0.147	0.047	0.158	0.059
ao	0.179	0.079	0.127	0.049	0.131	0.069	0.172	0.752
ou	0.168	0.08	0.108	0.062	0.116	0.064	0.118	0.061
an	0.183	0.075	0.123	0.054	0.13	0.055	0.135	0.054
en	0.143	0.074	0.114	0.053	0.108	0.061	0.107	0.07
ang	0.174	0.067	0.137	0.047	0.167	0.258	0.136	0.052
eng	0.210	0.170	0.128	0.046	0.136	0.057	0.126	0.049
i	0.133	0.073	0.092	0.047	0.098	0.051	0.095	0.049

续表

领域\韵母	话剧 平均时长	话剧 标准差	面对面自由交谈 平均时长	面对面自由交谈 标准差	网络及手机聊天 平均时长	网络及手机聊天 标准差	客服电话对话 平均时长	客服电话对话 标准差
ii	0.131	0.087	0.084	0.045	0.09	0.046	0.088	0.052
iii	0.109	0.064	0.093	0.065	0.082	0.068	0.087	0.067
ie	0.175	0.118	0.117	0.055	0.126	0.061	0.11	0.05
iao	0.183	0.065	0.14	0.058	0.146	0.057	0.149	0.06
iou	0.169	0.116	0.106	0.054	0.127	0.07	0.123	0.061
ian	0.191	0.089	0.150	0.056	0.154	0.070	0.138	0.06
in	0.158	0.078	0.133	0.056	0.13	0.053	0.114	0.05
iang	0.198	0.078	0.158	0.06	0.167	0.059	0.155	0.055
ing	0.193	0.109	0.136	0.054	0.137	0.054	0.137	0.058
iong	0.245	0.101	0.162	0.043	0.167	0.055	0.158	0.057
u	0.133	0.086	0.086	0.052	0.082	0.043	0.098	0.059
ua	0.196	0.085	0.134	0.061	0.159	0.068	0.135	0.058
uo	0.171	0.091	0.116	0.054	0.126	0.057	0.115	0.057
uai	0.185	0.069	0.153	0.053	0.165	0.046	0.132	0.048
uan	0.209	0.084	0.159	0.055	0.166	0.067	0.156	0.058
uei	0.174	0.085	0.128	0.057	0.134	0.076	0.14	0.071
uen	0.202	0.095	0.165	0.06	0.159	0.059	0.14	0.052
uang	0.213	0.082	0.163	0.051	0.176	0.062	0.169	0.056
v	0.139	0.085	0.101	0.054	0.098	0.067	0.099	0.064
van	0.221	0.086	0.181	0.074	0.181	0.072	0.181	0.077
ve	0.187	0.079	0.107	0.051	0.118	0.056	0.133	0.077
vn	0.184	0.072	0.164	0.054	0.186	0.078	0.133	0.065
ng	0.256	0.096	0.287	0.108	0.319	0.156	0.257	0.134

表9—28和图9—14为韵律单元时长统计结果。可以看出，音节平均时长是0.19—0.22s，韵律词平均时长0.6—0.9s，韵律短语平均时长1.2—1.6s，语调短语平均时长1.9—2.1s，话轮平均时长3—4.7s。但我们也可以看到不同韵律单元的时长标准差也非常大，因此这里统计的韵律单元的时长均值是一种元数据，只能作为一个参考。

对话时长其实跟场景、社交内容关系比较大，如客服电话对话的平均时长为 151 秒，也就是 2 分钟多一点，该统计结果可以给人机交互系统提供一些参考。

四个领域韵律单元时长（s）

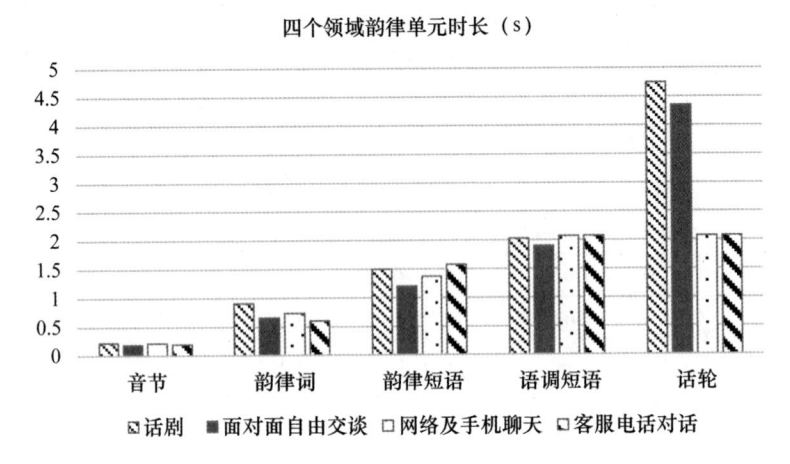

图 9—14　四个场景对话中韵律单元的时长统计

表 9—28　　　　　　　　　韵律单元时长　　　　　　　　　单位：s

领域 韵律单位	话剧 平均时长/ 标准差	面对面自由交谈 平均时长/ 标准差	网络及手机聊天 平均时长/ 标准差	客服电话对话 平均时长/ 标准差
音节	0.223/0.579	0.189/0.522	0.215/0.319	0.195/0.584
韵律词	0.911/1.504	0.661/0.716	0.737/0.592	0.605/1.172
韵律短语	1.497/1.036	1.202/1.036	1.372/0.936	1.578/1.719
语调短语	2.027/2.273	1.898/1.474	2.069/1.476	2.072/2.499
话轮	4.744/5.999	4.351/1.476	3.471/3.644	3.047/4.045
对话	—	—	568.114/376.603	151.104/147.180

五　不同场景对话中言语行为功能与形式标注统计

①话轮重叠现象统计

表 9—29 统计了四类场景对话中话轮重叠的现象，可以看到，面对面自由交谈中话轮的叠接现象非常严重，26% 的话轮存在重叠现象，电话

和话剧对话中只有11.5%的话轮叠接。这也是交互场景决定的，在面对面聊天中，肢体语言、面部表情提供了很多信息，因此，话轮的转换效率很高，而服务类电话对话，只有声音一个模态信息，看不到面部和肢体信息，客户咨询要得到可靠的信息，双方大部分时间是在比较礼貌的情况下完成交互，因此，交互中完整的话轮信息更为重要，话轮叠接情况自然最少；话剧尽管也是面对面交流，但话轮叠接是艺术表现的需要；网络及手机聊天也只有语音一个通道，但聊天双方是比较熟悉的朋友关系，话轮叠加的程度处于中间水平。

表9—29　　　　四种不同场景对话中叠接现象所占比例　　　单位：个、%

领域 重叠比例	话剧		面对面自由交谈		网络及手机聊天		客服电话对话	
	个数	百分比	个数	百分比	个数	百分比	个数	百分比
非重叠句子	2420	88.58	3419	73.94	12369	79.93	62397	88.36
重叠句子	312	11.42	1205	26.06	3106	20.07	8217	11.64

②通用言语行为统计

表9—30　　　　四种不同场景对话中通用言语行为分布　　　单位：个、%

领域 句型（符号）		话剧		面对面自由交谈		网络及手机聊天		客服电话对话	
		个数	百分比	个数	百分比	个数	百分比	个数	百分比
陈述句	s	1636	55.38	4099	88.65	9045	73.13	44293	70.99
陈述疑问句	dq	6	0.20	60	1.30	100	0.81	399	0.64
回声问	eq	47	1.59	19	0.41	142	1.15	1864	2.99
感叹句	es	201	6.80	63	1.36	540	4.37	204	0.33
祈使句	is	396	13.41	15	0.32	120	0.97	2678	4.29
非疑问形式 +语气词	ne	17	0.58	3	0.06	18	0.15	216	0.35
修辞问	qh	138	4.67	136	2.94	284	2.30	521	0.83
开放式提问	qo	86	2.91	7	0.15	321	2.60	655	1.05
正反问	qpn	4	0.14	47	1.02	0	0.00	0	0.00

续表

领域 句型（符号）		话剧 个数	话剧 百分比	面对面自由交谈 个数	面对面自由交谈 百分比	网络及手机聊天 个数	网络及手机聊天 百分比	客服电话对话 个数	客服电话对话 百分比
选择问	qr	7	0.24	10	0.22	61	0.49	424	0.68
是非问后追加选择子句	qrr	0	0.00	1	0.02	61	0.49	424	0.68
附加问	qt	16	0.54	40	0.87	248	2.01	3708	5.94
特指问	qw	235	7.96	51	1.10	590	4.77	3844	6.16
是非问	qy	165	5.59	73	1.58	839	6.78	3167	5.08

③中断集

表9—31　　四种不同场景对话中话语中断现象　　单位：个、%

领域 中断集（符号）		话剧 个数	话剧 百分比	面对面自由交谈 个数	面对面自由交谈 百分比	网络及手机聊天 个数	网络及手机聊天 百分比	客服电话对话 个数	客服电话对话 百分比
难以辨识的语言现象	-	20	17.70	31	7.93	530	46.65	1781	39.36
话语被打断	-	34	30.09	187	47.83	400	35.21	1719	37.99
话语省略、丢失	- -	59	52.21	173	44.25	206	18.13	1027	22.69

④言语行为特殊功能

表9—32　　四种不同场景对话中言语行为特殊功能分布　　单位：个、%

领域 功能（符号）		话剧 个数	话剧 百分比	面对面自由交谈 个数	面对面自由交谈 百分比	网络及手机聊天 个数	网络及手机聊天 百分比	客服电话对话 个数	客服电话对话 百分比
请求确认	raf	0	0.00	217	5.01	0	0.00	8640	14.12
认可	aa	47	2.11	394	9.10	64	0.80	7414	12.12
细节	e	155	6.96	1710	39.49	1425	17.71	7124	11.64
维护—解释	df	653	29.32	389	8.98	2322	28.86	6884	11.25
回应	b	124	5.57	635	14.67	1720	21.38	6222	10.17
请求详细信息	rdt	337	15.13	68	1.57	886	11.01	4499	7.35

续表

功能（符号）	领域	话剧 个数	话剧 百分比	面对面自由交谈 个数	面对面自由交谈 百分比	网络及手机聊天 个数	网络及手机聊天 百分比	客服电话对话 个数	客服电话对话 百分比
命令	co	367	16.48	14	0.32	147	1.83	2690	4.40
打招呼	sh	3	0.13	0	0.00	28	0.35	2438	3.98
与说话人交流	bu	58	2.60	106	2.45	82	1.02	1531	2.50
肯定答案	na	0	0.00	134	3.09	0	0.00	1528	2.50
重复他人	m	10	0.45	36	0.83	103	1.28	1525	2.49
再见	bye	5	0.22	0	0.00	91	1.13	1169	1.91
否定答案	nd	72	3.23	176	4.06	274	3.41	1098	1.79
致谢	ft	9	0.40	0	0.00	4	0.05	1091	1.78
建议	cs	54	2.42	16	0.37	209	2.60	1052	1.72
许诺	cc	48	2.16	3	0.07	63	0.78	989	1.62
吸引注意力	f	216	9.70	31	0.72	115	1.43	832	1.36
重述	r	6	0.27	56	1.29	96	1.19	751	1.23
否定	ar	0	0.00	14	0.32	0	0.00	483	0.79
道歉	fa	0	0.00	0	0.00	0	0.00	423	0.69
请求重复	br	0	0.00	2	0.05	79	0.98	387	0.63
或许	am	0	0.00	127	2.93	0	0.00	353	0.58
自言自语	so	29	1.30	5	0.12	41	0.51	320	0.52
不知道	no	14	0.63	61	1.41	127	1.58	303	0.50
不用谢	fw	0	0.00	0	0.00	4	0.05	284	0.46
纠正错误	bc	11	0.49	7	0.16	32	0.40	262	0.43
摘要	bs	0	0.00	12	0.28	10	0.12	200	0.33
自我纠正	bsc	5	0.22	18	0.42	43	0.53	164	0.27
祝福	ws	0	0.00	0	0.00	8	0.10	135	0.22
寒暄	phu	0	0.00	0	0.00	0	0.00	103	0.17
自我肯定	bsa	4	0.18	20	0.46	36	0.45	83	0.14
合作完成	2	0	0.00	74	1.71	27	0.34	80	0.13
部分认可	aap	0	0.00	1	0.02	0	0.00	63	0.10
询问建议	rsg	0	0.00	0	0.00	0	0.00	38	0.06
部分否定	arp	0	0.00	4	0.09	0	0.00	31	0.05
同情	by	0	0.00	0	0.00	3	0.04	6	0.01
谦虚	db	0	0.00	0	0.00	7	0.09	0	0.00

⑤非规范/口语现象（插入语、重复修订、次序颠倒）

表9—33　　　四种不同场景对话中非规范/口语现象　　　单位：个、%

领域 非规范现象 （符号）		话剧		面对面自由交谈		网络及手机聊天		客服电话对话	
		个数	百分比	个数	百分比	个数	百分比	个数	百分比
维持话语权	prt^fh	34	14.47	335	17.50	696	24.95	6033	30.51
重复1	rpt^cf1	77	32.77	375	19.59	703	25.20	3595	18.18
修订1	rpt^xd1	34	14.47	428	22.36	482	17.28	3245	16.41
修订2	rpt^xd2	33	14.04	419	21.89	470	16.85	3220	16.28
重复2	rpt^cf2	17	7.23	77	4.02	131	4.70	904	4.57
接收话语权	prt^h	7	2.98	7	0.37	72	2.58	843	4.26
修订3	rpt^xd3	6	2.55	71	3.71	22	0.79	269	1.36
主语后置	ovt^zh	0	0.00	3	0.16	12	0.43	238	1.20
前后部分意思一致，表达方式不一致1	rpt^yz1	2	0.85	14	0.73	49	1.76	230	1.16
前后部分意思一致，表达方式不一致2	rpt^yz2	2	0.85	13	0.68	47	1.68	226	1.14
修饰成分后置	ovt^xh	0	0.00	1	0.05	5	0.18	225	1.14
重复3	rpt^cf3	3	1.28	11	0.57	31	1.11	162	0.82
宾语前置	ovt^bq	1	0.43	1	0.05	3	0.11	143	0.72
其他比较复杂的情况	rpt^fz	0	0.00	62	3.24	15	0.54	133	0.67
重复4	rpt^cf4	2	0.85	3	0.16	6	0.22	41	0.21
其他复杂现象	ovt^qt	0	0.00	5	0.26	16	0.57	40	0.20
其他比较复杂的情况1	rpt^fz1	0	0.00	0	0.00	0	0.00	36	0.18

续表

领域 非规范现象	（符号）	话剧 个数	话剧 百分比	面对面自由交谈 个数	面对面自由交谈 百分比	网络及手机聊天 个数	网络及手机聊天 百分比	客服电话对话 个数	客服电话对话 百分比
争夺话语权	prt^fg	15	6.38	63	3.29	5	0.18	35	0.18
状语后置	ovt^zyh	0	0.00	1	0.05	7	0.25	34	0.17
修订4	rpt^xd4	1	0.43	7	0.37	0	0.00	33	0.17
其他比较复杂的情况2	rpt^fz2	0	0.00	0	0.00	0	0.00	31	0.16
其他比较复杂的情况3	rpt^fz3	0	0.00	0	0.00	0	0.00	16	0.08
不相关话语	prt^t3	0	0.00	7	0.37	4	0.14	8	0.04
重复5	rpt^cf5	1	0.43	0	0.00	3	0.11	8	0.04
后部是对前面的否定，整个重复部分对句子的意思没有作用1	rpt^fd1	0	0.00	5	0.26	4	0.14	6	0.03
后部是对前面的否定，整个重复部分对句子的意思没有作用2	rpt^fd2	0	0.00	5	0.26	4	0.14	6	0.03
修订5	rpt^xd5	0	0.00	1	0.05	0	0.00	4	0.02
其他比较复杂的情况4	rpt^fz4	0	0.00	0	0.00	0	0.00	3	0.02
重复6	rpt^cf6	0	0.00	0	0.00	1	0.04	4	0.02
状语后置	rpt^zyh	0	0.00	0	0.00	2	0.07	0	0.00

⑥话语标记

表9—34 四种不同场景对话中话语标记功能分布 单位：个、%

领域 话语标记	（符号）	话剧 个数	话剧 百分比	面对面自由交谈 个数	面对面自由交谈 百分比	网络及手机聊天 个数	网络及手机聊天 百分比	客服电话对话 个数	客服电话对话 百分比
应声回执	dm^feed	24	14.91	183	61.82	167	37.36	1343	49.52
简单确认	dm^conf	36	22.36	50	16.89	133	29.75	654	24.12
思索填词	dm^thin	12	7.45	18	6.08	18	4.03	166	6.12
开启话题	dm^init	2	1.24	4	1.35	2	0.45	143	5.27
自我确认	dm^seco	2	1.24	9	3.04	44	9.84	88	3.24
忽然明白（恍然大悟）	dm^tumb	0	0.00	5	1.69	7	1.57	82	3.02
请求重复	dm^repe	0	0.00	0	0.00	5	1.12	70	2.58
强调（引起注意，增强语气）	dm^emph	12	7.45	6	2.03	6	1.34	58	2.14
表示感叹	dm^excl	3	1.86	7	2.36	42	9.40	27	1.00
修正口误	dm^repa	1	0.62	2	0.68	1	0.22	21	0.77
请求回答	dm^ques	13	8.07	2	0.68	5	1.12	19	0.70
忽然想起	dm^sudd	2	1.24	2	0.68	4	0.89	6	0.22
奇怪	dm^stra	1	0.62	4	1.35	0	0.00	5	0.18
情感态度：惊讶	dm^atti-jy	1	0.62	0	0.00	0	0.00	4	0.15
难以归类	dm^pend	2	1.24	0	0.00	8	1.79	4	0.15
出乎意料（惊讶）	dm^surp	3	1.86	1	0.34	3	0.67	4	0.15
情感态度：烦闷	dm^atti-fm	0	0.00	0	0.00	0	0.00	3	0.11
否定回答	dm^deny	3	1.86	0	0.00	0	0.00	3	0.11
情感态度：奇怪	dm^atti-qg	2	1.24	0	0.00	0	0.00	2	0.07

续表

领域 话语标记（符号）		话剧		面对面自由交谈		网络及手机聊天		客服电话对话	
		个数	百分比	个数	百分比	个数	百分比	个数	百分比
情感态度：无奈	dm^atti-wn	3	1.86	0	0.00	0	0.00	2	0.07
征求意见	dm^chec	11	6.83	3	1.01	0	0.00	2	0.07
情感态度：拒绝	dm^atti-juj	0	0.00	0	0.00	1	0.22	1	0.04
情感态度：失望	dm^atti-sw	0	0.00	0	0.00	0	0.00	1	0.04
情感态度：遗憾	dm^atti-yih	0	0.00	0	0.00	0	0.00	1	0.04
请求回答_忽然想起	dm^ques—surp	0	0.00	0	0.00	0	0.00	1	0.04
忽然想起_开启话题	dm^sudd—init	7	4.35	0	0.00	0	0.00	1	0.04
思索填词_开启话题	dm^thin—init	0	0.00	0	0.00	0	0.00	1	0.04
情感态度：不满	dm^atti-bm	2	1.24	0	0.00	0	0.00	0	0.00
情感态度：鄙笑	dm^atti-bx	1	0.62	0	0.00	0	0.00	0	0.00
情感态度：嘲讽	dm^atti-cf	3	1.86	0	0.00	0	0.00	0	0.00
情感态度：高兴	dm^atti-gx	1	0.62	0	0.00	0	0.00	0	0.00
情感态度：害怕	dm^atti-hp	1	0.62	0	0.00	0	0.00	0	0.00
情感态度：可笑	dm^atti-kx	1	0.62	0	0.00	0	0.00	0	0.00
情感态度：轻视	dm^atti-qs	4	2.48	0	0.00	0	0.00	0	0.00

续表

领域 话语标记（符号）		话剧		面对面自由交谈		网络及手机聊天		客服电话对话	
		个数	百分比	个数	百分比	个数	百分比	个数	百分比
情感态度：轻视、自豪	dm^atti-qs—zh	1	0.62	0	0.00	0	0.00	0	0.00
情感态度：讨好	dm^atti-th	1	0.62	0	0.00	0	0.00	0	0.00
情感态度：委屈	dm^atti-wq	1	0.62	0	0.00	0	0.00	0	0.00
情感态度：自豪	dm^atti-zh	1	0.62	0	0.00	0	0.00	0	0.00
情感态度：自责	dm^atti-zz	1	0.62	0	0.00	0	0.00	0	0.00
否定回答：情感态度：轻视	dm^deny—atti-qs	1	0.62	0	0.00	0	0.00	0	0.00
开启话题忽然想起	dm^init—sudd	1	0.62	0	0.00	1	0.22	0	0.00
出乎意料（惊讶）_强调（引起注意，增强语气）	dm^surp—emph	1	0.62	0	0.00	0	0.00	0	0.00

⑦回应功能和形式

将各回应按功能分类进行统计分析，分布详见表9—35和表9—36。百分比值（%）为不同场景对话内单项回应类型个数占回应总个数的百分比。

表9—35的回应功能统计结果显示，平均64.80%的回应属于典型回应，也就是直接回答；平均29.20%为转换回应（其中措辞型转换和规程型转换分别为18.83%和10.37%）；平均5.60%为非答案型回应。

表9—35　　　四种不同场景对话中回应功能统计　　　单位：个、%

领域 回应功能	话剧		面对面自由交谈		网络及手机聊天		服务行业电话录音		平均占比
	个数	百分比	个数	百分比	个数	百分比	个数	百分比	
典型回应	257	56.73	113	68.90	1049	58.51	9072	75.06	64.80
措辞型回应	83	18.32	34	20.73	439	24.48	1426	11.80	18.83
规程型回应	79	17.43	4	2.44	212	11.83	1180	9.76	10.37
非答案型回应	34	7.50	13	7.93	93	5.18	408	3.37	5.60

表9—36　　　四种不同场景对话中回应功能详细分类统计　　　单位：个、%

领域 回应功能 （符号）		话剧		面对面自由交谈		网络及手机聊天		客服电话对话	
		个数	百分比	个数	百分比	个数	百分比	个数	百分比
典型回应	typrp	257	56.73	113	68.90	1049	58.51	9072	75.06
信息型回应	infrp	74	16.34	33	20.12	373	20.80	1210	10.01
他发修正型回应	othrerp	42	9.27	2	1.22	133	7.42	1036	8.57
不确定型回应	unrp	16	3.53	13	7.93	87	4.85	363	3.00
纠正型回应	reprp	3	0.66	0	0.00	16	0.89	151	1.25
预设型转换回应	prsrp	18	3.97	2	1.22	27	1.51	76	0.63
焦点型转换回应	focrp	19	4.19	0	0.00	41	2.29	57	0.47
拒绝型回应	refrp	18	3.97	0	0.00	6	0.33	45	0.37
更换词语型回应	chwrp	2	0.44	0	0.00	12	0.67	35	0.29
程度型回应	degrp	4	0.88	1	0.61	38	2.12	30	0.25
偏倚型转换回应	biarp	0	0.00	0	0.00	11	0.61	11	0.09

表9—36的详细分类统计结果表明，典型回应占比最高的是服务领域，为75.06%，最低的是话剧领域，为56.73%。面对面聊天和网络聊

天语境比例居中，分别为69%和58.5%。疑问句是以寻求答案为主要目的，得到直接有效回答比较符合疑问句的设置初衷，这一点在统计结果中得到证实。服务行业中典型回应占比最高，这是由行业性质决定的，客服是以解决客户问题为主要工作内容，典型回应可以高效解决问题，同时减少通话时间，节省电话费。典型回应在舞台话剧中的占比是最低的，究其原因，话剧是一种文学创作形式，从始至终所要突出的是各种故事矛盾，所要展现的是剧情的设计，重点不在解决问题上。

间接回答中，以措辞转换中的信息型回应和规程转换中的焦点转换和预设转换居多，四个场景对话中，信息型回应占比为10%—20%，焦点转换和预设转换平均占比分别为1.74%和1.83%。其中，信息型回应出现较多的场景为面对面自由交谈和网络手机聊天，均为20%。面对面自由交谈时轻松自由的谈话氛围会出现相谈甚欢的情况，网络和手机聊天时，往往需要通过提供更多的信息来弥补面对面交谈时表情、行为带来的辅助信息缺失，这些情境都会使信息型回应占比较高。四个场景对话中，焦点转换型回应（平均1.74%）和预设转换型回应（平均1.83%）是根据答者对问题设置的不配合程度来决定的，通过这两种转换，可以使态度的表达更加委婉，对方更容易接受，从而达到更有效的沟通。

在四个场景对话的非答案型回应中，占比较高的回应类型是他发修正回应（平均6.62%）和不确定性回应（平均4.83%）。客服电话对话和话剧领域中他发修正回应占比最高，分别为8.57%和9.27%，面对面自由交谈中不确定性回应较高，为7.93%。他发修正回应存在于对问题本身设置存在疑问，回应是对问题本身再次发问，不确定性回应存在于答者没有能力回答或委婉拒绝回答的情况下，这两种回应都是问题不能得到直接或间接有效回答的主要类型。服务行业对话中，客服需要重复客户问题来加以确认，或者对于听不清的问题要求重复时都会增加他发修正型回应的比例；话剧可以用对问题设置的疑问来强调矛盾。不确定型回应不同于拒绝型回应，前者多出现在人们面对面沟通时含蓄、礼貌的交流方式。拒绝型回应除话剧场景（3.97%）外整体占比较低，其他三个场景对话占比分别为0、0.33和0.37%左右。话剧在塑造人物角色时会突出人物个性，在展开故事情节时会侧重矛盾，这一点不同于人们的日常交流，这也是话剧场景会出现较多拒绝型回应的原因。

回应的形式统计如表9—37所示，在四个场景对话中，单句型回应占比最高，均接近50%。其次，话剧场景是小句型回应较高，网络及手机聊天场景内，小句型回应和单词型回应占比相当，均为25%左右。客服电话对话和面对面交谈场景内单词型回应占比明显高于小句型回应，其中，客服电话对话单词型回应和小句型回应占比分别为38.67%和12.37%，面对面交谈场景中单词型回应和小句型回应占比分别为39.63%和14.63%。

表9—37　　　　四种不同场景对话中回应三种句法形式分布　　单位：个、%

回应形式（符号）	领域	话剧		面对面自由交谈		网络及手机聊天		客服电话对话	
		个数	百分比	个数	百分比	个数	百分比	个数	百分比
小句型	clause	163	35.98	24	14.63	464	25.88	1495	12.37
单句型	phrase	217	47.90	75	45.73	872	48.63	5917	48.96
单词型	word	73	16.11	65	39.63	457	25.49	4674	38.67

由此看来，单句回应是最符合人们一问一答的基本话轮交互的，是回应形式的主要类型。这种占比较高的单句回应形式在客服电话对话、网络及手机聊天、面对面自由交谈以及话剧等场景都无例外。对于客服电话对话和面对面自由交谈场景来说，单词型回应明显高于小句型回应，究其原因，电话服务场景，对话的目的是咨询或者解决问题，以问题为导向。问话方对应答的主导大于回答方，双方都需要高效解决问题，所以应答以简短回应为主，如"嗯、啊、对、好"等比例较高，而较长应答占比相对其他场景要少。面对面自由交谈时，视觉上看到的信息可以帮助对话双方理解对话含义，比如一个眼神、一个动作都可以代替语言解释，这种心领神会也是导致单词是非判断应答占比大于小句型应答占比的原因。对于话剧来说，由于时间限制和叙述手法的要求，一些背景或人物关系需要通过话语交谈中的扩充信息来展示。而网络聊天通常是在相互比较熟悉的人之间进行的，点到为止的简短回答和相谈甚欢的情景均可能出现。

表 9—38 为四种不同场景对话中的回应句法单元对应的韵律单元平均长度。比如服务行业对话的一个单词类回应对应 1.38 个韵律词、1.12 个韵律短语、1.03 个语调短语；一个单句类回应对应 3.25 个韵律词、1.66 个韵律短语、1.09 个语调短语；一个小句类回应对应 8.93 个韵律词、4.33 个韵律短语、2.03 个语调短语。从韵律单元的长度分布，也看出不同语境的差异，比如面对面自由交谈的小句类最长，平均 2.46 个语调短语；服务行业电话最短，以最有效的方式交流信息。

表 9—38　　四种不同场景对话中的回应句法单元对应韵律单元的平均长度　　单位：个

回应形式（符号） \ 韵律停顿		话剧			面对面自由交谈			网络及手机聊天			服务行业电话录音		
		韵律词	韵律短语	语调短语	韵律词	韵律短语	语调短语	韵律词	韵律短语	语调短语	韵律词	韵律短语	语调短语
单词类	wrd	1.18	1.07	1.06	1.12	1.05	1.02	1.24	1.08	1.03	1.38	1.12	1.03
单句类	phra	2.54	1.45	1.19	2.75	1.63	1.16	2.99	1.60	1.16	3.25	1.66	1.09
小句类	clau	5.71	3.12	2.28	9.21	3.92	2.46	8.09	3.90	2.15	8.93	4.33	2.03

六　不同场景对话情感态度标注统计

情感态度出现类型跟分布和应用场景密切相关。表 9—39 分别给出四种场景对话中出现频率排名在前 20 位的情感态度分布。话剧的分布比较宽，出现种类多，体现了艺术语言表达丰富情感的特点；电话服务行业比较集中，体现在疑惑、感谢、祈求、许诺、抱歉等几个重要情感态度上；面对面和网络聊天，跟聊天话题关系密切。

表 9—39　　四种场景对话中的情感态度分类分布（给出频率最高的前 20 个示例）

话剧			面对面自由交谈		
情感态度类型	标记	出现频率（%）	情感态度类型	标记	出现频率（%）
疑惑	yhu1	6.27	疑惑	yhu1	50.54

续表

话剧			面对面自由交谈		
情感态度类型	标记	出现频率（%）	情感态度类型	标记	出现频率（%）
质问	zwl	5.2	赞扬	zyl	8.3
祈求	qql	3.58	否认	frl	7.22
担心	dxl	3.41	可笑	kxl	6.14
奇怪	qgl	3.32	奇怪	qgl	3.25
不耐烦	bnfl	3.05	醒悟	xwul	3.25
惊讶	jyl	2.96	感谢	ganxl	2.89
不满	bml	2.69	猜测	ccl	2.89
无奈	wnl	2.6	厌恶	ywl	2.53
感谢	ganxl	2.51	惊讶	jyl	1.81
抱怨	byl	2.51	喜爱	xal	1.26
激动	jidl	2.42	真诚	zcl	1.08
焦急	jjl	2.33	责怪	zgl	0.9
拒绝	jujl	2.33	无奈	wnl	0.72
生气	sql	2.15	不满	bml	0.72
轻视	qsl	2.15	愤怒	fnl	0.72
告诫	gjl	1.88	嫌弃	xql	0.72
安慰	awl	1.79	拒绝	jujl	0.54
难过	ngl	1.79	生气	sql	0.54
厌恶	ywl	1.7	怜悯	lml	0.54

网络及手机聊天			服务行业电话录音		
情感态度类型	标记	出现频率（%）	情感态度类型	标记	出现频率（%）
疑惑	yhul	38.91	疑惑	yhul	62.37
否认	frl	7.18	感谢	ganxl	5.98
奇怪	qgl	6.47	祈求	qql	4.99
惊讶	jyl	3.74	许诺	xnl	4.82
猜测	ccl	3.67	否认	frl	3.56

续表

网络及手机聊天			服务行业电话录音		
情感态度类型	标记	出现频率（%）	情感态度类型	标记	出现频率（%）
无奈	wn1	3.18	抱歉	bq1	2.43
可笑	kx1	2.32	无奈	wn1	1.24
感谢	ganx1	2.28	不满	bm1	1.13
抱怨	by1	2.1	奇怪	qg1	0.98
醒悟	xwu1	1.98	质问	zw1	0.98
拒绝	juj1	1.8	焦急	jj1	0.93
赞扬	zy1	1.8	不耐烦	bnf1	0.92
不满	bm1	1.76	告诫	gj1	0.86
友好	yh1	1.65	抱怨	by1	0.75
许诺	xn1	1.53	拒绝	juj1	0.72
安慰	aw1	1.53	生气	sq1	0.64
担心	dx1	1.35	愤怒	fn1	0.58
激动	jid1	1.23	惊讶	jy1	0.53
告诫	gj1	1.2	醒悟	xwu1	0.52
厌恶	yw1	1.12	担心	dx1	0.47

第三节　本章小结

本章详细介绍了具有深度标注的汉语语篇库 Discourse-CASS，包括三个子库的内容、多层级标注信息。基于大规模的真实场景标注数据，统计了基本的语言学信息。这些基于真实口语数据的得到的统计结果，与以往基于文本材料或者朗读材料得到的结果有所不同，体现了与语境相关的汉语口语语篇的特色、真实言语互动的过程。相信在这个库基础上，可以开展更多有价值的研究。

参考文献

贾媛：《汉语语篇分层表示体系构建与韵律接口研究》，中国社会科学出版社 2019 年版。

李爱军、殷治纲、王茂林、徐波、宗成庆:《口语对话语音语料库 CADCC 和其语音研究》,《新世纪的现代语音学》,清华大学出版社 2001 年版。

刘方舟:《汉语韵律节奏预测方法的研究》,博士学位论文,中国科学院,2009 年。

刘连元、马亦凡:《普通话声调分布和声调结构频度》,《语文建设》1986 年第 3 期。

刘亚斌:《汉语自然口语的韵律分析和自动标注研究》,硕士学位论文,中国社会科学院,2003 年。

刘亚斌、李爱军:《朗读语料与自然口语的差异分析》,《中文信息学报》2002 年第 1 期。

殷治纲:《汉语普通话朗读语篇节奏研究》,博士学位论文,中国社会科学院,2011 年。

俞士汶、朱学锋等:《现代汉语语法信息词典详解》,清华大学出版社 1998 年版。

Li, A., Chen, X., et al. 2000. Speech corpus collection and annotation. *Proceedings of ICSLP 2000*, Beijing.

Li, A., Chen, X., Sun, G., et al. 2000. The phonetic labeling on read and discourse corpora. *Proceedings of ICSLP 2000*, Beijing.

Li, A., Lin, M, Chen, X., et al. 2000. Speech corpus of Chinese discourse and the phonetic research. *Proceedings of ICSLP 2000*, Beijing.

Jia, Y., Li, A. 2016. Alinguistic annotation scheme of Chinese discourse structures and study of prosodic interactions. *Proceedings of ISCSLP 2016*, Tianjin.

Li, A., Zu, Y. 2006. Corpus design and annotation for speech synthesis and recognition. In C-H. Lee, H. Li, L. Lee, R-H. Wang, Q. Huo (Eds.), *Advances in Chinese Spoken Language Processing* (pp. 243–268). Singapore: World Scientific Publishing Co. Pte. Ltd.

附 录

国际音标中文版

国际音标（修订至 2005 年）

中文版 © 2007 中国语言学会语音学分会

国际音标英文版

THE INTERNATIONAL PHONETIC ALPHABET (revised to 2018)

CONSONANTS (PULMONIC)
© 2018 IPA

	Bilabial	Labiodental	Dental	Alveolar	Postalveolar	Retroflex	Palatal	Velar	Uvular	Pharyngeal	Glottal
Plosive	p b			t d		ʈ ɖ	c ɟ	k ɡ	q ɢ		ʔ
Nasal	m	ɱ		n		ɳ	ɲ	ŋ	ɴ		
Trill	ʙ			r					ʀ		
Tap or Flap		ⱱ		ɾ		ɽ					
Fricative	ɸ β	f v	θ ð	s z	ʃ ʒ	ʂ ʐ	ç ʝ	x ɣ	χ ʁ	ħ ʕ	h ɦ
Lateral fricative				ɬ ɮ							
Approximant		ʋ		ɹ		ɻ	j	ɰ			
Lateral approximant				l		ɭ	ʎ	ʟ			

Symbols to the right in a cell are voiced, to the left are voiceless. Shaded areas denote articulations judged impossible.

CONSONANTS (NON-PULMONIC)

Clicks	Voiced implosives	Ejectives
ʘ Bilabial	ɓ Bilabial	ʼ Examples:
ǀ Dental	ɗ Dental/alveolar	pʼ Bilabial
ǃ (Post)alveolar	ʄ Palatal	tʼ Dental/alveolar
ǂ Palatoalveolar	ɠ Velar	kʼ Velar
ǁ Alveolar lateral	ʛ Uvular	sʼ Alveolar fricative

OTHER SYMBOLS

ʍ Voiceless labial-velar fricative
w Voiced labial-velar approximant
ɥ Voiced labial-palatal approximant
ʜ Voiceless epiglottal fricative
ʢ Voiced epiglottal fricative
ʡ Epiglottal plosive

ɕ ʑ Alveolo-palatal fricatives
ɺ Voiced alveolar lateral flap
ɧ Simultaneous ʃ and x

Affricates and double articulations can be represented by two symbols joined by a tie bar if necessary. t͡s k͡p

VOWELS

	Front	Central	Back
Close	i•y	ɨ•ʉ	ɯ•u
	ɪ Y		ʊ
Close-mid	e•ø	ɘ•ɵ	ɤ•o
		ə	
Open-mid	ɛ•œ	ɜ•ɞ	ʌ•ɔ
	æ	ɐ	
Open	a•ɶ		ɑ•ɒ

Where symbols appear in pairs, the one to the right represents a rounded vowel.

SUPRASEGMENTALS

ˈ Primary stress   ˌfoʊnəˈtɪʃən
ˌ Secondary stress
ː Long   eː
ˑ Half-long   eˑ
˘ Extra-short   ĕ
| Minor (foot) group
‖ Major (intonation) group
. Syllable break   ɹi.ækt
‿ Linking (absence of a break)

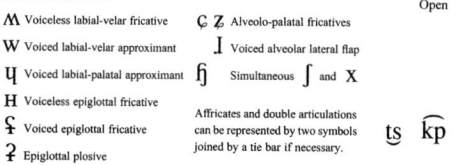

DIACRITICS
Some diacritics may be placed above a symbol with a descender, e.g. ŋ̊

̥	Voiceless	n̥ d̥		Breathy voiced	b̤ a̤		Dental	t̪ d̪
̬	Voiced	s̬ t̬		Creaky voiced	b̰ a̰		Apical	t̺ d̺
ʰ	Aspirated	tʰ dʰ		Linguolabial	t̼ d̼		Laminal	t̻ d̻
̹	More rounded	ɔ̹	ʷ	Labialized	tʷ dʷ	̃	Nasalized	ẽ
̜	Less rounded	ɔ̜	ʲ	Palatalized	tʲ dʲ	ⁿ	Nasal release	dⁿ
̟	Advanced	u̟	ˠ	Velarized	tˠ dˠ	ˡ	Lateral release	dˡ
̠	Retracted	e̠	ˤ	Pharyngealized	tˤ dˤ	̚	No audible release	d̚
̈	Centralized	ë	̴	Velarized or pharyngealized	ɫ			
̽	Mid-centralized	ĕ	̝	Raised	e̝ (ɹ̝ = voiced alveolar fricative)			
̩	Syllabic	n̩	̞	Lowered	e̞ (β̞ = voiced bilabial approximant)			
̯	Non-syllabic	e̯	̘	Advanced Tongue Root	e̘			
˞	Rhoticity	ɚ ɑ˞	̙	Retracted Tongue Root	e̙			

TONES AND WORD ACCENTS

LEVEL	CONTOUR
e̋ or ˥ Extra high	ě or ˩˥ Rising
é ˦ High	ê ˥˩ Falling
ē ˧ Mid	e᷄ ˦˥ High rising
è ˨ Low	e᷅ ˩˨ Low rising
ȅ ˩ Extra low	e᷈ Rising-falling
↓ Downstep	↗ Global rise
↑ Upstep	↘ Global fall